PÔLE NORD
OCÉAN GLACIAL ARCTIQUE
ESTONIE
LETTONIE
LITUANIE
RÉPUBLIQUE TCHÈQUE
RUSSIE
Moscou
EUROPE
SLOVAQUIE
HONGRIE
SLOVÉNIE
CROATIE
ROUMANIE
BULGARIE
GRÈCE
Ankara
TURQUIE
CHYPRE
Méditerranée
Téhéran
IRAN
Le Caire
Riyad
ÉGYPTE
ARABIE SAOUDITE
Mer Rouge
PAKISTAN
Karachi
New Delhi
UNION INDIENNE
Golfe d'Oman
Golfe du Bengale
ASIE
Pékin
CHINE
Tokyo
OCÉAN PACIFIQUE
CONGO
République
Jakarta
INDONÉSIE
Mayotte
La Réunion
OCÉAN INDIEN
OCÉANIE
Nouvelle-Calédonie
Pretoria
AUSTRALIE
Canberra
Nouvelle-Amsterdam
Saint-Paul
Crozet
Kerguelen
NOUVELLE-ZÉLANDE
N
O
E
S
OCÉAN GLACIAL ANTARCTIQUE
ANTARCTIQUE
Terre Adélie
PÔLE SUD

Français

Tout Savoir

CM2

Français
Dominique Marchand
•
Mathématiques
André Mul
•
Histoire, Enseignement moral et civique
Géographie
Bénédicte Idiard
•
Sciences et technologie
Marc Antoine et Richard Minguez
•
Anglais
Corinne Touati

Hatier

Mode d'emploi

QUAND utiliser Tout Savoir au CM2 ?

- Tu rencontres des difficultés en faisant tes devoirs.
- Tu veux réviser et t'entrainer avant un contrôle.
- Tu as besoin de vérifier tes connaissances dans une matière… c'est le moment d'ouvrir Tout Savoir !

COMMENT utiliser Tout Savoir au CM2 ?

- Pour profiter au mieux de chaque leçon :
  - commence par lire très attentivement le **RÉSUMÉ** de la leçon ;
  - observe la **MÉTHODE** qui t'est proposée pour comprendre et savoir faire ;
  - fais les **EXERCICES** par ordre de difficulté pour t'entraîner.

- Dans le **GUIDE PARENTS DÉTACHABLE** tu trouveras :
  - des infos, des conseils et des explications pour informer tes parents sur les nouveaux programmes de façon à t'aider au mieux dans ton travail ;
  - les corrigés détaillés de tous les exercices accompagnés de conseils. Lorsque tu as vérifié tes réponses, seul ou avec tes parents, reporte tes résultats en cochant la case correspondante sous les exercices et sur la page sommaire de chaque matière.
- Dans ce livre, certains mots sont écrits selon les prérogatives du ministère de l'Éducation nationale recommandant d'appliquer la nouvelle orthographe. Par exemple, « entraîner » devra s'écrire « entrainer » ou encore le mot composé « un abat-jour » s'écrira au pluriel « des abat-jours ». Seuls les textes d'auteur restent dans l'ancienne orthographe.

Cet ouvrage est conforme à la nouvelle orthographe
www.orthographe-recommandee.info

- Dans l'onglet « **Vers la 6ᵉ** », tu trouveras des conseils pour l'année prochaine et des exercices de révision.

+ UN SITE D'ENTRAINEMENT

avec **DES JEUX INTERACTIFS ET DES PODCASTS D'ANGLAIS EN ACCÈS GRATUIT** sur www.hatier-entrainement.com

Pour profiter de toutes ces ressources, identifiez-vous à partir d'un mot de passe contenu dans votre ouvrage.

Scannez ce code sur votre smartphone pour découvrir le site www.hatier-entrainement.com

© Éditions Hatier – 8 rue d'Assas, 75006 Paris – 2016 – ISBN 978-2-218-99560-6

Chaque notion est traitée sur 2 pages.

Le numéro de la leçon

Les compétences à acquérir dans le chapitre

Le titre de la leçon

Le **RÉSUMÉ** de la leçon

★ ★★ ★★★
3 niveaux de difficulté repérés par des étoiles

Des **EXERCICES VARIÉS** à faire directement sur le livre

Une couleur par matière

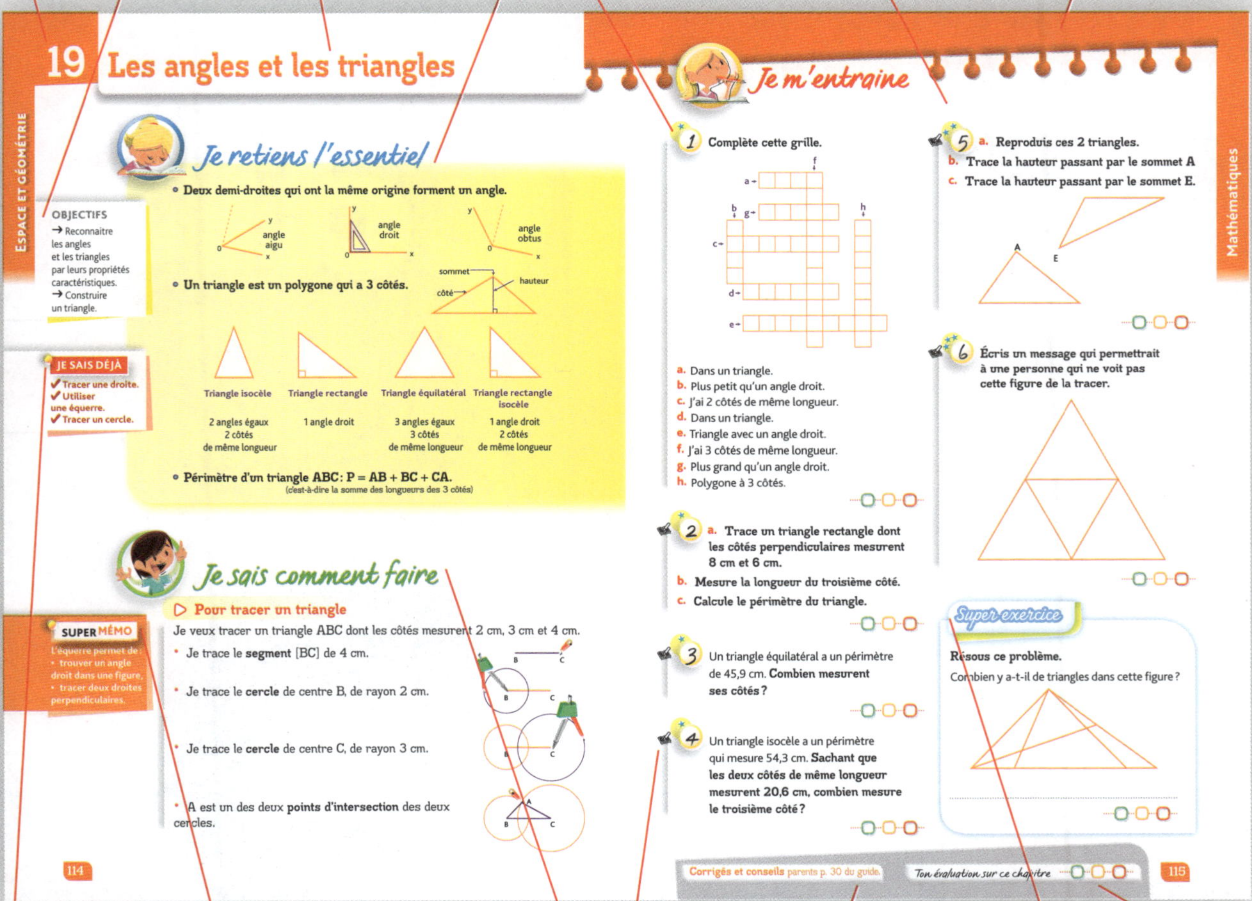

19 Les angles et les triangles

ESPACE ET GÉOMÉTRIE

OBJECTIFS
→ Reconnaître les angles et les triangles par leurs propriétés caractéristiques.
→ Construire un triangle.

JE SAIS DÉJÀ
✔ Tracer une droite.
✔ Utiliser une équerre.
✔ Tracer un cercle.

Je retiens l'essentiel

- Deux demi-droites qui ont la même origine forment un angle.

angle aigu — angle droit — angle obtus

- Un triangle est un polygone qui a 3 côtés.

sommet — côté — hauteur

Triangle isocèle	Triangle rectangle	Triangle équilatéral	Triangle rectangle isocèle
2 angles égaux 2 côtés de même longueur	1 angle droit	3 angles égaux 3 côtés de même longueur	1 angle droit 2 côtés de même longueur

- Périmètre d'un triangle ABC : P = AB + BC + CA.
(c'est-à-dire la somme des longueurs des 3 côtés)

Je sais comment faire

SUPER MÉMO
L'équerre permet de :
• trouver un angle droit dans une figure,
• tracer deux droites perpendiculaires.

▷ Pour tracer un triangle

Je veux tracer un triangle ABC dont les côtés mesurent 2 cm, 3 cm et 4 cm.
- Je trace le **segment** [BC] de 4 cm.
- Je trace le **cercle** de centre B, de rayon 2 cm.
- Je trace le **cercle** de centre C, de rayon 3 cm.
- A est un des deux **points d'intersection** des deux cercles.

114

Je m'entraîne

Mathématiques

1 Complète cette grille.

a. Dans un triangle.
b. Plus petit qu'un angle droit.
c. J'ai 2 côtés de même longueur.
d. Dans un triangle.
e. Triangle avec un angle droit.
f. J'ai 3 côtés de même longueur.
g. Plus grand qu'un angle droit.
h. Polygone à 3 côtés.

2 a. Trace un triangle rectangle dont les côtés perpendiculaires mesurent 8 cm et 6 cm.
b. Mesure la longueur du troisième côté.
c. Calcule le périmètre du triangle.

3 Un triangle équilatéral a un périmètre de 45,9 cm. **Combien mesurent ses côtés ?**

4 Un triangle isocèle a un périmètre qui mesure 54,3 cm. **Sachant que les deux côtés de même longueur mesurent 20,6 cm, combien mesure le troisième côté ?**

5 a. Reproduis ces 2 triangles.
b. Trace la hauteur passant par le sommet A.
c. Trace la hauteur passant par le sommet E.

6 Écris un message qui permettrait à une personne qui ne voit pas cette figure de la tracer.

Super exercice

Résous ce problème.
Combien y a-t-il de triangles dans cette figure ?

Corrigés et conseils parents p. 30 du guide.

Ton évaluation sur ce chapitre

115

Les connaissances déjà acquises

Un super mémo pour approfondir tes connaissances

Une **MÉTHODE** pour comprendre et savoir faire

Là, tu as besoin d'une feuille séparée pour faire ton exercice

Le renvoi au guide des parents (corrigés et conseils)

Un super exercice pour terminer le chapitre

Les cases à cocher pour évaluer ton travail

Édition : collectifedition.net • Conception graphique : Favre & Lhaïk • Réalisation : Ici & ailleurs • Cartographie : Jean-Pierre Crivellari • Dessins : Corédoc, Ici & ailleurs, Bernard Sullerot • Illustrations : Sébastien Telleschi (pictos rubriques), Hélène Fuggetta, Mathias Gally, Vincent Landrin, Benoît Perroud, François Vincent • Iconographie : Hatier Illustration et Thierry Freiberg (guide parents)

Français

Plus d'exercices et de conseils sur
www.hatier-entrainement.com

Français

DATE ÉVALUATION

Grammaire

1 La classe ou nature des mots 6
2 Les pronoms 8
3 Les pronoms relatifs 10
4 L'enrichissement du groupe nominal 12
5 Les types et les formes de phrases 14
6 Les propositions juxtaposées, coordonnées et subordonnées 16
7 Analyser une phrase complexe 18
8 Le sujet et l'attribut du sujet 20
9 Les compléments de verbe 22
10 L'expression du temps et du lieu 24
11 L'expression de la manière et de la cause 26

Conjugaison

12 Les temps composés de l'indicatif 28
13 Employer le passé simple 30
14 Le conditionnel présent et passé 32
15 Le subjonctif présent 34

Orthographe

16 Le pluriel des adjectifs et des noms composés 36
17 Les homophones : *ce*, *se* ou *ceux*, *ses*, *ces*, *c'est*, *s'est*, *sais* ou *sait* 38
18 Les homophones : *si* ou *s'y*, *ni* ou *n'y*, *quand*, *qu'en* ou *quant*, *sans* ou *s'en* 40
19 Les difficultés orthographiques *quel* et *tout* 42
20 Les adverbes en *-ment* 44
21 L'accord du participe passé 46
22 Les mots terminant en *-é*, *-té*, *-tié* et les mots commençant par *ap-* et *ac-* 48

Vocabulaire

23 Les registres de langue 50
24 Les différents sens d'un mot 52
25 Sens propre, sens figuré 54
26 Les préfixes et les suffixes 56
27 Étymologie 58

Lire et écrire

28 Commencer un récit 60
29 La description 62
30 Résumer un texte documentaire 64
31 Argumenter 66
32 Approche de la poésie 68
33 Reconnaitre les différents genres littéraires 70
34 Écrire un texte cohérent 72
35 Savoir se relire et améliorer ses écrits 74

1 La classe ou nature des mots

Je retiens l'essentiel

OBJECTIF
→ Repérer et analyser la nature et la fonction des mots.

JE SAIS DÉJÀ
✔ Identifier les classes grammaticales.

SUPER MÉMO
Un mot se définit par sa classe grammaticale. On distingue les mots variables et les mots invariables.

- **Un mot se définit par sa nature dite aussi classe grammaticale.**

Le dictionnaire indique la nature d'un mot sous forme abrégée (raccourcie) : *CHIEN n.* → chien est un nom commun.
La nature d'un mot ne change pas.

- **On distingue les mots variables et les mots invariables.**

mots variables	mots invariables
déterminants (articles, adjectifs possessifs, démonstratifs, indéfinis, numéraux) **noms** (noms propres, noms communs) **pronoms** **adjectifs qualificatifs** **verbes**	**adverbes** **prépositions** **conjonctions de coordination** **conjonctions de subordination** **interjections**

- **Les mots invariables sont des mots outils.**

Les prépositions établissent un lien :
– entre un verbe et un groupe nominal : Il **pense à son ami**.
– entre un nom (ou un groupe nominal) et un autre nom (ou un autre groupe nominal) : Des **patins à roulettes**.
– entre un adjectif et un nom : Être **vert de rage**.
Les conjonctions de coordination relient des termes de même nature et même fonction. Mon frère **et** ma sœur sont plus jeunes que moi.
2 noms sujets

Les conjonctions de subordination introduisent une proposition subordonnée.
Quand mon frère joue du violon, la chatte s'enfuit
proposition subordonnée de temps

Les **adverbes** modifient le sens d'un verbe, d'un adjectif ou d'un autre adverbe.
Il **viendra demain**.
Les interjections marquent la surprise, l'étonnement, etc.
Oh ! un crocodile dans la baignoire !

Je sais comment faire

▷ Pour orthographier correctement les mots

- **J'apprends** par cœur l'orthographe des mots invariables qui s'écrivent toujours de la même façon.
- **J'accorde** toujours en genre et en nombre les déterminants et les adjectifs qualificatifs avec le nom auquel ils se rapportent.

Une **rose** odorante, des **roses** odorantes.

- **J'accorde** le verbe avec le groupe nominal sujet.

Les enfants se poursuivent en criant.

Je m'entraine

1 Relève deux prépositions, une conjonction de subordination, deux déterminants, deux pronoms, un adjectif qualificatif et deux noms communs.

S'il était le plus laid
De tous les chiens du monde
Je l'aimerais encore
À cause de ses yeux.

Ce que m'a dit l'alouette.

2 Donne la nature de tous les mots de ce texte.

Nous vivons au milieu des microbes mais ils ne nous rendent pas toujours malades. Notre peau les empêche de passer dans notre organisme.

3 Souligne toutes les prépositions.

Comme elle désirait sortir de cette pièce sombre, pour aller se promener au milieu des parterres de fleurs aux couleurs éclatantes et des fraîches fontaines ! Mais elle ne pouvait même pas faire passer sa tête par l'entrée.
« Et même si ma tête pouvait passer, se disait la pauvre Alice, ça ne servirait à rien à cause de mes épaules. »

Les Aventures d'Alice au pays des merveilles.

4 Souligne les noms communs et les pronoms.

Nous avons reçu des lettres de nos grands-parents qui sont restés dans le pays où je suis né, très loin d'ici. Ces lettres parlent de soleil et de mer bleue. Elles mélangent la langue française et la langue créole. Je ne sais pas parler le créole.

5 Complète avec ces mots invariables :

quand – à – comme – très – de.

Quand un météore réussit .... traverser l'atmosphère terrestre, il brûle entièrement. .... il frappe le sol, on l'appelle une météorite. S'il est .... gros, il peut former un cratère important, ... sur la Lune. Quand la Terre croise la trajectoire d'une comète, des milliers .... poussières viennent heurter notre atmosphère, formant une pluie d'étoiles filantes.

Comètes et météorites.

6 Complète avec les adjectifs suivants :

écarquillés – vides – noirs – gros – noir.

Les lits étaient .... Sur chacun d'eux, roulé en boule, dormait un chat .... Deux .... chats .... à la place de Charles et Judith. Madame Maitrot restait les yeux .... comme ceux d'une chouette.

D'après *Alerte aux chats.*

Super exercice

Relève six verbes, quatre pronoms, une conjonction de coordination, une conjonction de subordination et un adverbe.

LE TAMBOUR – Quand j'ai dîné, il y a des fois que je sens une espèce de démangeaison ici. Ça me chatouille ou plutôt ça me gratouille.
KNOCK – Attention. Ne confondons pas. Est-ce que ça vous chatouille, ou est-ce que ça vous gratouille ?
LE TAMBOUR – Ça me gratouille. Mais ça me chatouille bien un peu aussi.

Knock ou le Triomphe de la médecine, Jules Romains.

Corrigés et conseils parents p. 10 du guide.

Ton évaluation sur ce chapitre

2 Les pronoms

Je retiens l'essentiel

OBJECTIF

→ Reconnaitre et utiliser les pronoms.

JE SAIS DÉJÀ

✔ Identifier les classes grammaticales.

SUPER MÉMO

Un pronom remplace un nom ou un groupe nominal.

- **Les pronoms remplacent un nom ou un groupe nominal.**

Pierre a ri de bon cœur. → **Il** a ri de bon cœur.

- **Il y a six catégories de pronoms**

– **Les pronoms personnels** représentent la personne qui parle *(je, nous)*, la personne à qui on parle *(tu, vous)*, celle dont on parle *(il, elle, ils, elles)*. Ils servent à conjuguer les verbes.
Je suis grand et mince, **tu** es petit et trapu.
– **Les pronoms possessifs** indiquent la possession. Ils varient en genre et en nombre (*le mien, la mienne, les miens, les miennes*, etc).
Ton chien est un épagneul, **le mien** est un boxer.
– **Les pronoms démonstratifs** désignent un objet ou une personne. Ils existent sous une forme simple (*ce, ceci*, etc.) ou composée (*celui-ci, celle-là*, etc.). Ils varient en genre et en nombre.
Ceci n'est qu'un conte à dormir debout !
– **Les pronoms indéfinis** sont nombreux et variés (*aucun, certains, chacun, quelqu'un, quelque chose, rien, tout*, etc.). **Quelqu'un** a sonné.
– **Les pronoms relatifs** (*qui, que, quoi, dont, où, lequel*, etc.) introduisent une subordonnée relative. Cet oiseau **qui** siffle sur le cerisier est un merle.
– **Les pronoms interrogatifs** servent à poser une question.
Qui a sonné à la porte du jardin ?

Je sais comment faire

▷ Pour trouver la fonction d'un pronom

- **Je remplace** le pronom par le nom ou le groupe nominal dont il est l'antécédent.

Alice a vu un flacon posé sur la table.
Elle a bu la potion **qu'il** contenait.

Elle = Alice — *Elle*, sujet de *a bu*.
qu' = potion — *qu'*, compl. de verbe de *contenait*.
il = le flacon — *il*, sujet de *contenait*.

▷ Pour orthographier certains pronoms

- **Je cherche le genre et le nombre** des mots qu'ils remplacent.

Mes amis sont déjà partis en vacances, **les tiens** sont encore là.
les tiens = tes am**is** → masculin pluriel

Mes amies sont parties en vacances, **les miennes** sont encore là.
les miennes = mes am**ies** → féminin pluriel

Je m'entraine

1 Souligne les pronoms personnels.

Quand le petit oiseau chantait, rien ne se passait car il était inoffensif. Un jour, le chasseur le surprend ; il le met en joue et il tire une flèche. Mais l'oiseau va se percher sur la flèche et lui dit : « Laisse-moi donc, chasseur. Je ne suis qu'un oiseau magique. Tiens, voici les foulées de l'éléphant, suis-les et tu feras bonne chasse. »

D'après *Petits Contes nègres pour les enfants des Blancs.*

2 Donne la nature et la fonction des pronoms soulignés

Un éléphant trouva un morceau de bois magique dans la savane. Il l'emporta chez un pivert auquel il dit : « J'aime bien ce bout de bois qui a une forme de défense d'éléphant. Je voudrais le conserver précieusement. Pourrais-tu avec ton bec graver les lettres de mon nom sur le plus petit bout ? Cela est bien facile, répondit le pivert. Ce sera fait dans une semaine.

3 Souligne tous les pronoms et donne leur nature.

Elle hésitait entre ce labrador gris et ce griffon blanc. Le gris avait des yeux doux, le blanc avait le regard vif et joueur. Chacun lui plaisait. « Toi, tu ne me joueras jamais de vilain tour », disait-elle au labrador. Puis, elle se tournait vers le griffon : « Et avec toi, je ne m'ennuierai pas ! »
Les deux chiens la regardaient avec espoir. Chacun espéraient quitter le refuge et trouver une maitresse. Celle-ci semblait charmante.

4 Accorde correctement les pronoms possessifs en gras.

a. Tes chaussettes sont rouges et jaunes, les **mien**.......... sont vertes et bleues.

b. Mes monstres préférés sont les Maximonstres, les **tien**.................. sont les vampires.

c. Vos skis sont démodés, les **leur** .... leur permettent de glisser plus vite.

d. Nos livres sont bien rangés, les **vôtre** .... sont dispersés sur la moquette de votre chambre.

e. Vos projets de vacances sont très séduisants, les **nôtre** .... ne sont pas encore fixés.

5 Donne la nature et la fonction des pronoms soulignés.

La sorcière est très en colère. Elle change la petite fille en grenouille. Elle l'enferme dans un bocal qu'elle couvre d'un bouchon et elle lui dit : « Tu ne sortiras pas d'ici avant de m'avoir dit où tu as caché mon balai ! »

Super exercice

Donne la nature et la fonction des pronoms soulignés.

Demain dès l'aube, à l'heure où blanchit la campagne,
Je partirai. Vois-tu, je sais que tu m'attends.
J'irai par la forêt, j'irai par la montagne,
Je ne puis demeurer loin de toi plus longtemps.

Je marcherai les yeux fixés sur mes pensées,
Sans rien voir au dehors, sans entendre aucun bruit,
Seul, inconnu, le dos courbé, les mains croisées,
Triste, et le jour pour moi sera comme la nuit.

Les Contemplations, V. Hugo.

3 Les pronoms relatifs

Je retiens l'essentiel

OBJECTIF
→ Reconnaitre et utiliser les pronoms relatifs.

JE SAIS DÉJÀ
✔ Identifier les pronoms.

SUPER MÉMO
Un pronom relatif introduit une proposition subordonnée relative.

- **Les pronoms relatifs introduisent une proposition subordonnée relative.**
- **Ils remplacent des noms ou d'autres pronoms.**

La fée **qui** s'est penchée sur ton berceau t'a comblé de talents.
(La fée : nom, antécédent du pronom relatif ; qui : pronom relatif ; qui s'est penchée sur ton berceau : prop. subordonnée relative)

- **Les pronoms relatifs sont simples ou composés.**

pronoms relatifs simples	pronoms relatifs composés et variables			
	singulier		pluriel	
	masculin	féminin	masculin	féminin
qui que quoi dont où	lequel duquel auquel	laquelle de laquelle à laquelle	lesquels desquels auxquels	lesquelles desquelles auxquelles

- **Les pronoms relatifs ont les mêmes fonctions que le nom :**

– **sujet** du verbe de la subordonnée relative : J'ai acheté un avion **qui vole**.
(qui : sujet de *vole*)

– **complément du verbe** du verbe de la subordonnée relative :
J'ai acheté l'avion **que** tu **voulais** pour Noël.
(que : compl. du verbe *voulais*)
J'ai acheté l'avion **dont** tu m'**as parlé**.
(dont : compl. du verbe *as par*)

– **complément** de lieu du verbe de la subordonnée relative :
Je l'ai vu près de la librairie **où** il travaille.
(où : compl. de lieu de *travaille*)

– **complément d'un nom** de la subordonnée relative :
J'ai acheté un avion **dont** la **carlingue** est très fine.
(dont : complément du nom *carlingue*)

Je sais comment faire

▷ Pour orthographier un pronom relatif composé

Les **personnes** avec **lesquelles** Mélanie discute habitent le village.
(personnes : antécédent féminin pluriel → lesquelles : pronom relatif composé féminin pluriel)

1 • Je cherche **l'antécédent** : l'antécédent de *lesquelles* est *les personnes*.

2 • J'analyse **le genre et le nombre** de cet antécédent : *les personnes* est féminin pluriel.

3 • **J'accorde** le pronom : *lesquelles* est féminin pluriel.

Je m'entraine

1 **Mets les propositions subordonnées relatives entre crochets.**

Les Esquimaux qui vivent sur des plaines glacées ne peuvent cultiver ni fruits ni légumes. La nourriture qu'ils préfèrent est le gras de baleine. Les villages où ils vivent sont petits car les habitants sont peu nombreux. Quand les chasseurs partent au loin, ils construisent des abris en neige qu'on appelle des igloos dans lesquels ils se réfugient en cas de tempête.

2 **Complète avec la forme du pronom relatif composé qui convient.**

a. Voici la famille Dumont avec qui tout le monde se dispute.

b. Elle a pris la précaution de lui faire répéter le numéro de l'autobus dans lequel il doit monter.

c. Les fondations sur laquel on a construit cet édifice datent du XVIIe siècle.

d. Ils eurent beaucoup d'enfants auxquels ils donnèrent des jouets et des bonbons.

e. Les règles d'orthographe auxquelles tu dois être le plus attentif sont les règles d'accord singulier-pluriel.

3 **Donne la fonction des pronoms relatifs soulignés.**

Un professeur a demandé à ses élèves de trouver un moyen de garder des glaçons. L'élève qui a mis son glaçon dans un pull de laine avait raison. Les autres s'étaient moqués de l'idée qu'il avait eue, mais c'est son glaçon qui a tenu le plus longtemps. La conclusion à laquelle tous sont arrivés est celle-ci : la laine est un isolant dans lequel on peut conserver le chaud et le froid.

4 **Donne la fonction de *dont* dans chaque phrase.**

a. Les châteaux dont les douves sont gorgées d'eau sont des châteaux forts.

b. Les châteaux dont les façades sont symétriques ont été construits sous Louis XIV.

c. Les châteaux dont on parle dans les légendes de vampires se trouvent dans les Carpates.

d. Les châteaux dont tu te souviendras longtemps sont les châteaux de sable de ton enfance.

e. Les châteaux dont les maitres sont des enfants sont imaginaires.

5 **Souligne *que* quand il est pronom relatif et indique son antécédent.**

a. Les ballons que nous avons lancés sont arrivés en Australie. ....

b. Je pense que tu seras un bon jardinier.

....

c. Les livres que tu lis en ce moment sont passionnants. ....

d. Les poissons que tu as pêchés sont délicieux.

....

e. Crois-tu que les mails vont remplacer les lettres ? ....

Super exercice

Souligne les pronoms relatifs et donne leur fonction.

Le coche qui va d'Avranche à Fougères
Fait claquer son fouet comme un vif éclair ;
Voici le moment où flottent dans l'air
Tous ces bruits confus que l'ombre exagère.

Je ne sais plus quand, je ne sais plus où
Maître Yvon soufflait dans son biniou.

Odes et Ballades, V. Hugo.

GRAMMAIRE

4 L'enrichissement du groupe nominal

Je retiens l'essentiel

OBJECTIF
→ Préciser un groupe nominal avec un adjectif, un complément de nom ou une proposition subordonnée relative.

JE SAIS DÉJÀ
✔ Enrichir un groupe nominal.

SUPER MÉMO
Un nom ou un groupe nominal peuvent être complétés par un adjectif épithète, un complément de nom, une proposition subordonnée relative.

- **Un nom ou un groupe nominal (groupe du nom) peut être précisé :**

– par un **adjectif qualificatif épithète** :

Je suis un **homme** **important**.
(un homme : groupe nominal ; important : fonction : épithète du nom *homme*)

– par un autre **nom complément de nom** :

Je suis un **homme** d'**importance**.
(un homme : groupe nominal ; d'importance : fonction : complément du nom *homme*)

– par une **proposition subordonnée relative** :

Je suis un **homme** **qui est important**.
(un homme : groupe nominal ; qui est important : fonction : complément du nom *homme*)

La proposition subordonnée relative appartient au groupe nominal. Elle est placée après le nom qu'elle précise. Elle est rattachée à celui-ci par un pronom relatif (*qui, que, quoi, dont, où, lequel, auquel*, etc.).

- **Attention**

La proposition subordonnée relative est complément de l'antécédent du pronom relatif.

Le **chat** **qui a volé le poisson sur la table** s'est enfui.
(Le chat : fonction : antécédent ; qui : pronom relatif ; qui a volé le poisson sur la table : proposition subordonnée relative, fonction : complément du nom *chat*)

- L'adjectif épithète, le complément de nom, la subordonnée relative sont les expansions possibles d'un nom ou d'un groupe nominal.

Je sais comment faire

▷ Pour repérer la place de l'adjectif épithète

- Je place les adjectifs courts et souvent utilisés comme **grand, gros, petit, beau, joli** devant le nom qu'ils qualifient.

Je place plutôt les autres adjectifs juste après le nom qu'ils qualifient.

« Moi, dit le hibou à l'hirondelle, j'ai un beau jabot et des gants élégants. »

élégants est placé derrière le nom qu'il qualifie.

beau = adjectif court et très utilisé
→ Il est placé entre le déterminant et le nom qu'il qualifie.

Je m'entraine

1 Encadre les compléments de nom et souligne les noms complétés.

a. J'ai vu un grand loup avec des taches blanches !
b. Ah oui ! le loup qui a mangé le frère de l'agneau qui buvait dans son eau !
c. Ah non ! Ça, c'est le loup de La Fontaine. Moi je te parle du loup des autres contes. Il est bien plus méchant !
d. Mais au fait, pourquoi me parles-tu de ce loup de légende ?
e. Parce qu'il a été tué ce matin.
f. Bonne nouvelle, il va devenir un loup de décor qui amusera les enfants !

2 Souligne les adjectifs qualificatifs épithètes.

Bientôt la potion magique se mit à mousser. Une épaisse fumée, couleur de plume de paon, s'éleva et une odeur épouvantable envahit la cuisine… Jamais Georges n'avait senti une odeur aussi brutale, dès qu'il en respirait une bouffée, des frissons électriques couraient le long de ses jambes.

■ *La Potion magique de Georges Bouillon.*

3 Mets entre crochets les propositions subordonnées relatives.

Il y a encore des endroits en Amérique où l'on parle français. Tout un bout de côte est parsemé de villages acadiens où l'on cherche à créer des ennuis aux Anglais dont la présence est jugée indésirable. Les Acadiens ont mis en cause une usine à papier qui s'est installée à Newcastle. Ils ont réussi à en chasser les Anglais qui la dirigeaient.

4 Complète ces mots avec successivement un adjectif épithète, un complément de nom, une proposition subordonnée relative.

Exemple : une salade → une salade russe, une salade de fruits, une salade que j'aime

a. un loup
b. une maison
c. un oiseau
d. une lumière
e. un artiste

5 Souligne les compléments de nom et encadre les compléments de phrase.

Avec appréhension, Violette s'engagea dans la rue d'un quartier qu'elle ne connaissait pas. Elle portait dans son sac à main le précieux livre de magie. Elle avait rendez-vous à l'angle de la rue Guisarde, dans une petite boutique de livres anciens.

6 Souligne les propositions relatives et encadre leur antécédent.

a. C'est mon grand-père qui m'a offert cette bicyclette, dont je suis très fier.
b. La sorcière a construit sa cabane près du village dont elle aime persécuter les habitants qu'elle déteste sans raison.
c. Dans un pays lointain, vivait un loup qui adorait dévorer crus les petits enfants.

Super exercice

Donne la nature et la fonction des mots soulignés dans « Chansons d'automne ».

Les sanglots longs
Des violons
De l'automne
Blessent mon cœur
D'une langueur
Monotone.

■ *Poèmes saturniens*, P. Verlaine.

Corrigés et conseils parents p. 11 du guide.

Ton évaluation sur ce chapitre

5 Les types et les formes de phrases

Je retiens l'essentiel

OBJECTIF
→ Reconnaitre et utiliser les types et formes de phrases.

JE SAIS DÉJÀ
✔ Identifier les types et les formes de phrases.

SUPER MÉMO
Il y a quatre types de phrases qui peuvent être soit à la forme affirmative, soit à la forme négative.

- **Il y a quatre types de phrases.**

– La **phrase déclarative** énonce ou déclare un fait. Je mange trop de bonbons.
– La **phrase exclamative** exprime un sentiment fort et se termine par un point d'exclamation. Tu manges trop de bonbons !
– La **phrase impérative** exprime un ordre ou une défense.
Son verbe est conjugué le plus souvent à l'impératif.
Ne mange pas tous ces bonbons.
– La **phrase interrogative** pose une question et se termine par un point d'interrogation. Veux-tu encore des bonbons ?

- **Forme affirmative et forme négative**

Chaque type de phrase peut prendre :
– la forme affirmative
Je mange trop de bonbons.
– la forme négative
Je ne mange pas trop de bonbons.
Pour former une phrase à la forme négative, on utilise une négation qui comprend toujours deux éléments :
ne... pas, ne... plus, ne... jamais, ne... personne, ne... guère.
Il **ne** court **pas** jusqu'à la mer, car il a peur des vagues.
Il **ne** court **plus** jusqu'à la mer, car il a peur des vagues.
Il **ne** court **jamais** jusqu'à la mer, car il a peur des vagues.
Il **n'**a vu **personne** courir jusqu'à la mer.
Il **n'**est **guère** courageux face aux vagues.

Je sais comment faire

▷ Pour faire varier les types et formes de phrases

- **J'utilise ce tableau :**

	phrase déclarative	phrase exclamative	phrase impérative	phrase interrogative
forme affirmative	*Tu chantes juste.*	*Que tu chantes juste !*	*Chante juste.*	*Chantes-tu juste ?*
forme négative	*Tu ne chantes pas juste.*	*Que tu ne chantes pas juste !*	*Ne chante pas juste.*	*Ne chantes-tu pas juste ?*

Je m'entraine

1 Transforme chaque phrase selon le modèle suivant :

Tu ris jaune. → Ris jaune. Ris-tu jaune ?

a. Tu vas à la piscine.

b. Nous faisons nos exercices avant d'aller jouer.

c. Vous voyez l'oiseau qui chante sur la plus haute branche.

d. Tu prends un parapluie s'il pleut.

e. Vous êtes attentifs aux consignes.

f. Nous partons en voyage pour nos vacances.

2 Mets la ponctuation qui convient à la place des pointillés.

Ce n'est pas bientôt fini .... a crié le professeur. Je vous ai demandé de vous mettre en rang, vous aurez toute la journée pour faire les clowns................

On s'est mis en rang pour pas faire d'histoires et il a levé les bras et il les a baissés et un des types de l'hôtel de la Mer nous a dit que notre hôtel était moche ....

– C'est pas vrai, a crié Irénée, il est rien chouette notre hôtel, c'est le vôtre qui est drôlement laid ....

Dans le nôtre, a dit un type de l'hôtel de la Plage, on a de la glace au chocolat tous les soirs ....

Bah....... a dit un de ceux de l'hôtel de la Mer, nous, on en a aussi à midi ....

■ *Les Vacances du Petit Nicolas.*

3 Fais varier la phrase suivante avec les négations *ne... jamais, ne... guère, ne... plus.*

On ne devait pas dire « tu » à la maitresse.

4 Indique le type de chaque phrase.

« Alors, dit la maîtresse, nous aussi nous t'appellerons Fifi. Mais voyons un peu ce que tu sais. Commençons par le calcul. Peux-tu me dire, Fifi, combien font 7 et 5 ? » Fifi étonnée répondit : « Si tu ne le sais pas toi-même, n'imagine pas que je vais te le dire ! »

Tous les élèves regardèrent Fifi d'un air effaré et la maîtresse expliqua que ce n'est pas ainsi qu'on devait répondre à l'école. On ne devait pas dire « tu » à la maîtresse.

■ *Fifi Brindacier.*

5 Conjugue ces verbes à la 1re personne de l'impératif présent.

a. sauter................................ **e.** venir ....

b. crier .... **f.** faire ....

c. finir .... **g.** voir ....

d. aller .... **h.** jouer................................

Super exercice

Indique pour chaque phrase son type et sa forme.

MAÎTRE DE PHILOSOPHIE : Sont-ce des vers que vous lui voulez écrire ?

MONSIEUR JOURDAIN : Non, non, je ne veux point de vers.

MAÎTRE DE PHILOSOPHIE : Vous ne voulez que de la prose ?

MONSIEUR JOURDAIN : Non, non, je ne veux ni prose ni vers.

MAÎTRE DE PHILOSOPHIE : Il faut bien que ce soit l'un, ou l'autre. Tout ce qui n'est point prose est vers ; et tout ce qui n'est point vers est prose.

■ D'après *Le Bourgeois gentilhomme,* Molière.

6 Les propositions juxtaposées, coordonnées et subordonnées

Je retiens l'essentiel

OBJECTIF
→ Distinguer une phrase simple et une phrase complexe.

JE SAIS DÉJÀ
✔ Identifier les phrases simples.

SUPER MÉMO
Une phrase complexe a autant de propositions que de verbes conjugués.

- **Phrase simple**

Une phrase qui a un seul verbe conjugué est une **phrase simple**.
C'est une proposition **indépendante**. Le glaçon **a fondu** au soleil.

- **Phrase complexe**

Une phrase qui a plusieurs verbes conjugués est une **phrase complexe**. Elle a autant de **propositions** que de verbes conjugués.

J'**ai plongé** les pieds dans la gadoue et je me **suis fait** gronder.

- **Il y a trois liens possibles entre les propositions.**

À l'intérieur d'une phrase, les propositions peuvent être liées entre elles de trois manières :
– **la juxtaposition** : les **propositions juxtaposées** sont séparées par une virgule, un point-virgule ou deux-points ;
Grand-Ma est un peu malade, Georges Bouillon lui prépare une potion magique.
– **la coordination** : les **propositions coordonnées** sont reliées par une conjonction de coordination (*mais, ou, et, donc, or, ni, car*)
Grand-Ma est un peu malade **donc** Georges Bouillon lui prépare une potion magique.
– **la subordination** : une **proposition subordonnée** introduite par un pronom relatif ou une conjonction de subordination (*que, pendant que, comme*, etc.) dépend d'une **proposition principale**.

Parce que Grand-Ma est malade, Georges Bouillon lui prépare une potion magique.

- Parce que → conjonction de subordination
- Parce que Grand-Ma est malade → prop. subordonnée conjonctive
- Georges Bouillon lui prépare une potion magique → prop. principale

Je sais comment faire

▷ Pour distinguer une phrase simple et une phrase complexe

- Dans une phrase, **je compte le nombre de verbes conjugués** pour trouver le nombre de propositions et donc distinguer phrase simple et phrase complexe.

Le petit Poucet, une fois perdu dans la forêt, **a retrouvé** son chemin, grâce aux cailloux jetés sur son passage.
1 verbe → phrase simple

Il **pleut** et il **vente**.
2 verbes → phrase complexe

Je m'entraine

1 Classe ces phrases en deux colonnes : les phrases simples et les phrases complexes.

Madame Bartolotti se leva et sillonna sa salle de séjour à cloche-pied pour se débarrasser des miettes. Puis elle suça l'un après l'autre ses doigts poisseux de miel. Elle se mit à converser avec elle-même : « Ma chère enfant, tu vas maintenant aller te laver et t'habiller correctement et puis tu vas aller travailler. Et que ça saute ! » Madame Bartolotti se disait toujours « ma chère enfant » lorsqu'elle se parlait à elle-même.

■ *Le Môme en conserve.*

2 Souligne en bleu les propositions coordonnées, en rouge les propositions juxtaposées, encadre en vert les propositions subordonnées.

Je me sentais très bien, j'ai mangé des tas de caramels, de bonbons, de gâteaux mais dans la nuit j'ai été malade. Le docteur est venu voir maman qui l'avait appelé au téléphone. Quand il est rentré dans ma chambre, j'ai pleuré par habitude car je connais le docteur et il est rudement gentil. Le docteur n'est pas resté longtemps, il m'a donné une tape dans le dos et il a dit à maman de me mettre à la diète.

■ D'après *Le Petit Nicolas.*

3 Souligne les propositions subordonnées dans ces phrases.

a. Quand il ne fera plus de bruit, ses voisins l'apprécieront.

b. Ils étaient au bord de l'asphyxie parce qu'ils avaient bloqué trop longtemps leur respiration.

c. Si elle avait dormi plus profondément, elle n'aurait pas entendu le chat entrer.

4 Transforme chaque phrase complexe en deux phrases simples.

Exemple : Le chêne plaignait le roseau car il le trouvait bien fragile.

→ Le chêne plaignait le roseau. Il le trouvait bien fragile.

a. La fourmi n'est pas prêteuse donc elle n'a pas prêté d'argent à la cigale.

b. Le lièvre fut prétentieux, il était sur de gagner la course contre la tortue.

c. Le renard n'a pas été agréable avec la cigogne, qui le lui a bien rendu.

d. Le renard a été très rusé, si bien qu'il a réussi à déguster le fromage du corbeau.

e. Le loup a dévoré l'agneau qui buvait de l'eau dans un ruisseau voisin.

Super exercice

Dans ces deux strophes, mets entre crochets deux phrases complexes contenant des propositions juxtaposées. Souligne les verbes de ces propositions.

Le chat

De sa fourrure blonde et brune
Sort un parfum si doux, qu'un soir
J'en fus embaumé, pour l'avoir
Caressée une fois, rien qu'une.

C'est l'esprit familier du lieu ;
Il juge, il préside, il inspire
Toutes choses dans son empire ;
Peut-être est-il fée, est-il dieu ?

■ *Les Fleurs du mal,* C. Baudelaire.

GRAMMAIRE

7 Analyser une phrase complexe

Je retiens l'essentiel

OBJECTIF

→ Faire l'analyse logique d'une phrase complexe.

JE SAIS DÉJÀ

✔ Identifier les phrases simples et les phrases complexes.

SUPER MÉMO

Une phrase complexe peut comporter une proposition principale et des propositions subordonnées.

- **Faire une analyse logique, c'est décomposer la phrase en propositions pour trouver la nature de chaque proposition et la fonction des subordonnées.**
- **Dans une phrase complexe, on peut juxtaposer ou coordonner deux propositions indépendantes.**
- **Dans une phrase complexe, on peut subordonner deux propositions.**

La proposition principale commande les subordonnées :
on donne uniquement sa nature.
La proposition subordonnée peut être :
– **relative**. Elle est complément de l'antécédent du pronom relatif :

Le premier enfant **qui rira** aura une tapette.
(qui rira : proposition subordonnée relative, complément du nom *enfant* ; Le premier enfant … aura une tapette : proposition principale)

– **conjonctive complétive**. Elle est introduite par *que* et est complément du verbe de la principale :

Je pense **que tu dois travailler davantage.**
(Je pense : prop. principale ; que tu dois travailler davantage : prop. subordonnée complétive)

– **conjonctive circonstancielle**. Elle marque le temps, la cause, etc., et est complément de phrase du verbe de la principale :

Quand les hirondelles reviennent, le printemps est là.
(Quand les hirondelles reviennent : prop. subordonnée conjonctive compl. de phrase de la principale ; le printemps est là : prop. principale)

Puisque tu as bien travaillé, je vais t'offrir un cadeau.
(Puisque tu as bien travaillé : prop. subordonnée conjonctive compl. de phrase de la proposition principale ; je vais t'offrir un cadeau : prop. principale)

Je sais comment faire

▷ Pour analyser une phrase complexe

Quand il **fait** beau, je **vais** me promener.

1 • **Je repère les verbes conjugués** : *fait, vais.*

2 verbes conjugués → 2 propositions → C'est une phrase complexe.

2 • **Quel est le lien** entre la 1re et la 2e proposition ?

C'est la conjonction de subordination *quand* → lien de subordination.

J'ai donc : – **une proposition subordonnée** : *Quand il fait beau.*

– **une proposition principale** : *Je vais me promener.*

Je m'entraine

1 a. **Découpe ces phrases en propositions que tu mets entre crochets.**
b. **Souligne les propositions principales.**

Les mouettes rieuses s'appellent ainsi parce que leur cri ressemble à un éclat de rire. Elles vivent près des côtes où elles cherchent de la nourriture. Elles mangent presque tout ce qu'elles trouvent. Elles nichent à même le sol et sont répandues sur tout le rivage. Comme elles se nourrissent surtout de poissons et de coquillages, leur chair est coriace et d'une odeur désagréable.

2 a. **Souligne les propositions principales en rouge.**
b. **Souligne les propositions indépendantes en bleu.**

Il était une fois un roi qui avait trois fils. Deux étaient intelligents et instruits. Le troisième ne parlait guère. Il paraissait simple d'esprit et tout le monde l'appelait Simplet.
Le roi, en vieillissant, voyait ses forces décliner et il songeait à sa mort. Quand il sentit sa fin prochaine, il fit venir ses trois fils.
Il leur dit :
« Partez tous les trois. Celui de vous trois qui me rapportera le plus fin tapis sera roi après ma mort. »
Afin d'éviter toute dispute, il les conduisit devant la porte du château.
Il leur dit :
« Je vais jeter trois plumes en l'air, une pour chacun d'entre vous. Chacun partira dans la direction que sa plume aura prise. »
■ *Les Trois Plumes.*

3 **Relève une proposition indépendante, deux propositions principales, une proposition subordonnée relative et une proposition subordonnée conjonctive complément de phrase.**

La tortue et le lièvre discutaient de problèmes de vitesse. Ils fixèrent un jour et un endroit pour concourir et se quittèrent. Au jour dit, le lièvre qui avait confiance en sa vitesse ne se pressa pas de partir. Il se coucha au bord de la route et s'assoupit. La tortue, parce qu'elle se savait lente, n'arrêta pas de courir jusqu'à la victoire.

4 **Recopie et complète ces phrases en écrivant une proposition principale.**

a. Quand je serai grand, je ....
b. Si tu étais mon ami, je ....
c. Quand les chats parleront, ils ....
d. Puisque tu boudes, nous ....

Super exercice

Analyse la deuxième et la troisième phrase de ce texte.

Ce que j'écoutais, ce que je guettais, c'était les mots : car j'avais la passion des mots ; en secret, sur un petit carnet, j'en faisais une collection, comme d'autres font pour les timbres.
J'adorais *grenade, fumée, bourru, vermoulu* et surtout *manivelle* et je me les répétais souvent, quand j'étais seul, pour le plaisir de les entendre.
Or, dans les discours de l'oncle, il y en avait de tout nouveaux et qui étaient délicieux.
■ *La Gloire de mon père,* M. Pagnol.

Corrigés et conseils parents p. 13 du guide.

Ton évaluation sur ce chapitre

8 Le sujet et l'attribut du sujet

Je retiens l'essentiel

OBJECTIF
→ Reconnaitre un sujet et un attribut du sujet.

JE SAIS DÉJÀ
✔ Identifier le sujet dans une phrase.

SUPER MÉMO
L'attribut est relié au sujet par un verbe d'état appelé aussi verbe attributif.

- **Le sujet fait varier le verbe en nombre et en personne.**
Le crocodile dort dans le marais. **Les crocodiles dorment** dans les marais.

- **Le sujet ne peut être ni supprimé, ni déplacé.**
Quand c'est un nom ou un groupe nominal, il peut être remplacé par le pronom personnel *il(s)* ou *elle(s)*.
Dort dans le marais est une phrase qui n'a pas de sens.
On ne peut pas non plus dire : Dort dans le marais le crocodile.
On peut dire et écrire : **Il** dort dans le marais.

- **Peuvent être sujets du verbe :**
– un nom : **Pierre joue** bien au foot.
– un groupe nominal : **Ce petit garçon joue** bien au foot.
– un pronom : **Il joue** bien au foot.
– un infinitif : **Jouer** au foot **est** un grand plaisir.

- **Après un verbe d'état, ou verbe attributif (*être, sembler, demeurer, devenir, paraitre, rester, avoir l'air*), on trouve un attribut du sujet :**
Le **crocodile** semble **béat**.

- **Peuvent être attributs du sujet :**
– un nom : **Pierre** est **footballeur**.
– un groupe nominal : **Ce petit garçon** est **un grand footballeur**.
– un pronom : Pierre est un grand footballeur. **Je le** deviendrai aussi.
– un infinitif : **Son talent** est de **savoir** aussi bien jouer au foot.
– un adjectif qualificatif : **Pierre** est **petit**.

- **L'attribut s'accorde en genre et en nombre avec le sujet.**
Les **éléphants** sont **étonnants**.
sujet au masculin pluriel → attribut du sujet au masculin pluriel

Je sais comment faire

▷ Pour respecter les règles d'accord du verbe avec le sujet inversé

- Attention ! Le sujet n'est pas toujours devant le verbe. Il peut être inversé.

Comment fais-tu ce gâteau ? → *fais* s'accorde avec le pronom *tu* à la 2e personne du singulier.

Sur la mer voguent les bateaux. → *voguent* s'accorde avec *les bateaux* qui est au pluriel.
Ce sont les bateaux **qui** voguent. Ils voguent.

Je m'entraine

1 Souligne les sujets dans le texte ci-dessous.

Un jour, en revenant de la chasse, Gara vit une ombre s'agiter au fond de la caverne. Il comprit tout de suite : c'était un ours sortant de son long sommeil. Le regard de la bête était fixé vers un recoin où était blotti, terrorisé, un jeune garçon, Ourec. Ourec était désarmé, sa lance gisait aux pieds de l'animal. Gara bondit à l'intérieur de la grotte en poussant un cri terrible pour détourner l'attention de l'ours. La bête se retourna aussitôt, Gara cria à nouveau.

■ *L'Exploit de Gara.*

2 a. Entoure les verbes d'état qui sont dans ce texte.

b. Souligne les termes qui sont attributs du sujet.

La chauvesouris n'est pas un oiseau dangereux. Si on ne l'oblige pas à se servir de ses crocs pointus pour se défendre, elle est inoffensive et utile car elle dévore beaucoup d'insectes nuisibles. Elle demeure cependant encore associée au diable et parait effrayante à bien des gens. Elle reste notre principale alliée dans la chasse aux moustiques.

3 Accorde les verbes entre parenthèses avec les sujets.

Mais le renard revint à son idée :

– Ma vie .... (être) monotone. Je .... (chasser) les poules, les hommes me .... (chasser). Toutes les poules se .... (ressembler) et tous les hommes se .... (ressembler). Je m'.......................... (ennuyer) donc un peu. Mais si tu m' .... (apprivoiser), ma vie sera comme ensoleillée. Je .... (connaître *au futur*) un bruit de pas qui .... (être *au futur*) différent de tous les autres. Les autres pas me .... (faire *au futur*) rentrer sous terre. Le tien m'appellera hors du terrier, comme une musique.

■ *Le Petit Prince.*

4 Dans chacune de ces phrases, souligne le sujet. Indique sa classe grammaticale.

a. La princesse Mathilde était jeune et jolie.

b. Se marier était pour elle impossible.

c. Elle était en effet sous le coup d'un mauvais sort jeté par une horrible sorcière.

d. Mathilde avait pourtant beaucoup de soupirants.

e. Comment allait-elle pouvoir échapper au terrible sortilège ?

Super exercice

Donne la fonction des mots soulignés dans ce texte.

Ma Bohème

Je m'en allais, les poings dans mes poches crevées ;
Mon paletot aussi devenait idéal,
J'allais sous le ciel, Muse ! et j'étais ton féal[1] ;
Oh ! là ! là ! que d'amours splendides j'ai rêvées !
Mon unique culotte avait un large trou.
– Petit Poucet rêveur, j'égrenais dans ma course
Des rimes. Mon auberge était à la Grande Ourse.
– Mes étoiles au ciel avaient un doux froufrou.

■ *Illuminations,* A. Rimbaud.

1. Féal : serviteur.

Corrigés et conseils parents p. 13 du guide.

Ton évaluation sur ce chapitre

9 Les compléments de verbe

Je retiens l'essentiel

OBJECTIF
→ Reconnaitre les compléments de verbe et les propositions subordonnées conjonctives complétives.

JE SAIS DÉJÀ
✔ **Identifier les compléments essentiels dans une phrase.**

SUPER MÉMO
Les compléments de verbe ne peuvent être ni supprimés, ni déplacés sans changer le sens d'une phrase.

- **Le verbe a besoin de compléments qui ne peuvent être ni supprimés ni déplacés. Ce sont des compléments de verbe appelés aussi compléments essentiels.**

- **Le complément de verbe peut se construire directement.**
Quand c'est un nom ou un groupe nominal, il peut être remplacé par le pronom personnel *le, la, les*. Il est construit directement sans préposition.
Mon frère porte **des sacs**.
Mon frère porte est une phrase qui n'a pas de sens.
On ne peut pas non plus dire : Mon frère des sacs porte.
Mais on peut dire et écrire : Mon frère **les** porte.

- **Le complément de verbe peut être précédé d'une préposition.**
Il parle **à ses amis**.

- **Peuvent être compléments de verbe :**
– un nom : Je vois **Paul**. Je parle **à Paul**.
– un groupe nominal : Je vois **un petit garçon**. Je parle **à un petit garçon**.
– un pronom : Je **le** vois. Je **lui** parle.
– un infinitif : J'aime **manger**. Je me plais **à lire** au soleil.

- Certains verbes sont obligatoirement suivis d'un **complément de lieu**.
Ce complément de lieu ne peut être ni déplacé ni supprimé, c'est donc un complément de verbe. On l'appelle **complément essentiel de lieu**.
→ Les enfants vont à l'école. Je ne peux pas dire : les élèves vont, il faut obligatoirement un complément « à l'école » derrière le verbe « aller ».

- **La subordonnée conjonctive complétive ne peut être ni déplacée, ni supprimée.** Elle commence par la conjonction de subordination *que*. Elle est complément du verbe de la proposition principale.

J'ai rêvé **que** j'avais une console de jeux pour Noël.

- J'ai rêvé : proposition principale
- que j'avais une console de jeux pour Noël : nature : proposition subordonnée conjonctive complétive ; fonction : complément du verbe *rêver*

Je sais comment faire

▷ Pour trouver le complément de verbe

- Si je ne trouve pas le complément de verbe, **je peux utiliser l'expression *c'est... que***. Le complément de verbe se trouve entre ces deux mots.

Je vois un oiseau de paradis. = **C'est** un oiseau de paradis **que** je vois.
→ *Oiseau de paradis* est complément de *vois*.

Je m'entraine

1 Souligne les compléments de verbe construits directement.

Prends des cure-dents, un verre d'eau, un pot de terre, du terreau. Coupe un avocat en deux. Sépare le noyau de la pulpe. Lave bien le noyau et laisse-le tremper une nuit dans un verre d'eau tiède. Pique ensuite dedans des cure-dents et pose-le sur un verre d'eau, la base la plus large trempant dans l'eau. Place ton verre près d'une fenêtre ensoleillée et maintiens le niveau de l'eau.

■ D'après *Un jardin dans la maison.*

2 Dans quelle(s) phrase(s) suivante(s) trouve-t-on un complément essentiel de lieu ?

a. Je vais au cinéma.
b. J'ai perdu mes clés au cinéma.
c. Il dort dans sa chambre.
d. Il sort de sa chambre.
e. Les voyageurs regagnent Paris.

3 Souligne les subordonnées conjonctives complétives.

Un après-midi, Petit Louis contemplait de sa chambre la Forêt Interdite. Sa mère lui avait dit que même les grandes personnes avaient peur d'y pénétrer. Il avait appris avec effroi que beaucoup n'en ressortaient jamais. Petit Louis regardait cette forêt. Il pensait que lui réussirait à sortir de ce lieu magique. Tout le monde savait qu'il était très malin.

■ D'après *Les Minuscules.*

4 Encadre les compléments de verbe et souligne les verbes dont ils dépendent.

La journée finissait. La petite Aurore avait parcouru le monde et c'était l'heure où elle devait remettre en place les habitants du ciel. Elle prit son sac d'étoiles, appela les animaux célestes et se mit à les reclouer. Quand elle en fut à la Petite Ourse, elle la fixa du mieux qu'elle put avec les étoiles qu'elle avait, quand la Petite Ourse l'arrêta. « Eh bien, et mon étoile Polaire ? Tu oublies mon étoile Polaire ! »

■ *La Sorcière de la rue Mouffetard.*

5 Indique la classe grammaticale des compléments de verbe, dans les phrases suivantes.

a. Le loup ressemble au chien. ....
b. Il n'aime pas travailler. ....
c. Ces jeux de cartes nous plaisent beaucoup. ....
d. On ne peut pas plaire à tout le monde. ....

Super exercice

Donne la nature et la fonction des mots soulignés.

Ah ! non ! c'est un peu court, jeune homme !
On pouvait dire… Oh ! Dieu !… bien des choses en somme…
En variant le ton, – par exemple, tenez :
Agressif : « Moi, monsieur, si j'avais un tel nez,
Il faudrait sur-le-champ que je me l'amputasse[1] ! »
Amical : « Mais il doit tremper dans votre tasse :
Pour boire, faites-vous fabriquer un hanap[2] ! »

■ *Cyrano de Bergerac,* E. Rostand.

1. Amputasse vient de amputer (couper).
2. Un hanap : grand vase à boire.

Ton évaluation sur ce chapitre

GRAMMAIRE

10 L'expression du temps et du lieu

Je retiens l'essentiel

OBJECTIF
→ Reconnaitre et employer les compléments de phrase de temps et de lieu.

JE SAIS DÉJÀ
✔ Identifier les compléments de phrase.

SUPER MÉMO
Les compléments de phrase peuvent être supprimés ou déplacés. Ils peuvent répondre et la question *où ?* ou à la question *quand ?*

• **Le complément de phrase peut répondre à la question : *quand ?***
Il **joue** au tennis **chaque mercredi matin**. Quand joue-t-il au tennis ? chaque mercredi matin.
On peut le supprimer et le déplacer sans changer le sens de la phrase :
Il joue au tennis. Chaque mercredi matin, il joue au tennis.

• **Peuvent être compléments de phrase exprimant le temps :**
– un groupe nominal construit sans préposition : **Le soir**, je n'**ai** jamais sommeil.
– un groupe nominal construit avec préposition :
Avant le diner, il **est allé** se promener.
– un pronom construit avec préposition :
Louis XIV s'installa à Versailles. **Avant lui**, les rois **habitaient** Paris.
– un infinitif construit avec préposition :
Après avoir fermé la porte, **range** soigneusement les clés dans ton sac.
– un adverbe : Il **est** **souvent** grognon.
– une subordonnée conjonctive :
Quand tu seras parti nous t'**écrirons** régulièrement.

• **Le complément de phrase peut répondre à la question : *où ?***
Nous **avons vu** un lapin **au bord de la route**. Où avons-nous vu un lapin ? au bord de la route.
On peut souvent le supprimer et parfois le déplacer sans changer le sens de la phrase : Nous avons vu un lapin. Au bord de la route, nous avons vu un lapin.

• **Peuvent être compléments de phrase exprimant le lieu :**
– un groupe nominal construit avec préposition :
Dans une boite de conserve, **habitait** un grillon.
– un adverbe : **Ici**, nous **pouvons** faire du feu.
– une subordonnée relative introduite par *où* :
Ils **feront** éclater leurs pétards **où ils voudront**, mais pas ici.

Je sais comment faire

▷ Pour identifier les nuances d'un complément de phrase exprimant le temps

• Je peux situer **un évènement ponctuel** : **Le 25 décembre**, nous partîmes en Laponie.

• Je peux insister sur **la durée** : **Pendant sa sieste** rien ne saurait le tirer de sa chaise longue.

• Je peux marquer **la répétition** : **Chaque samedi**, il va au cinéma.

Je m'entraine

1 Souligne les compléments de phrase qui indiquent le lieu.

À présent, dans tout le pays, que dis-je dans le monde entier, c'était la ruée vers les bâtons de chocolat. Tout le monde cherchait avec frénésie les précieux tickets qui restaient à trouver. On voyait des femmes adultes entrer dans des boutiques de confiserie pour acheter dix bâtons de chocolat Wonka à la fois. Puis elles déchiraient le papier comme des folles avides d'y trouver un éclair de papier doré.

Charlie et la chocolaterie.

2 Souligne les compléments de phrase de temps en bleu et les compléments de phrase de lieu en rouge.

Les mois puis les années passèrent. Chaque matin, Lustucru s'asseyait dans un grand fauteuil, devant la fenêtre ouverte et passait la journée à regarder la voisine d'en face, une certaine madame Michel qui vivait seule dans une maison aux volets verts, avec son chat pour toute compagnie. À force de la regarder, comme ça, tous les jours, il en devint amoureux. Un beau dimanche, après la messe, il acheta un bouquet, mit son bel habit noir, sa cravate et ses gants, puis traversa la rue et fut sonner chez la voisine.

La Sorcière de la rue Mouffetard.

3 Dans ces phrases, remplace les groupes nominaux compléments de phrase qui indiquent le temps par des subordonnées conjonctives. Indique, à chaque fois, s'il s'agit d'une répétition, d'une durée ou d'une action ponctuelle.

Exemple : À la sonnerie du réveil, tout le monde se lève. → Quand le réveil sonne, tout le monde se lève (répétition).

a. À chaque coup de sonnette, il sursaute.
b. Dès ton retour, téléphone-moi.
c. La nuit venue, ils s'endormirent sur la plage.
d. Dès l'aube, les oiseaux se mettent à chanter.
e. Pendant ton cours de tennis, je finis mes devoirs.
f. À mon coup de sifflet, les élèves se mettent en rangs.
g. Pendant le diner, nous ne regardons jamais la télévision.

Super exercice

Souligne les compléments de phrase de lieu en bleu, les compléments de phrase de temps en rouge et indique leur nature grammaticale.

Elle avait pris ce pli dans son âge enfantin
De venir dans ma chambre un peu chaque matin.
Je l'attendais ainsi qu'un rayon qu'on espère ;
Elle entrait et disait : Bonjour mon petit père !
Prenait ma plume, ouvrait mes livres, s'asseyait
Sur mon lit, dérangeait mes papiers et riait
Puis soudain s'en allait comme un oiseau qui passe.
Alors je reprenais, la tête un peu moins lasse,
Mon œuvre interrompue et tout en écrivant
Parmi mes manuscrits je rencontrais souvent
Quelque arabesque folle et qu'elle avait tracée
Et mainte page blanche entre ses mains froissée.

Les Contemplations, V. Hugo.

Corrigés et conseils parents p. 14 du guide.

Ton évaluation sur ce chapitre

11 L'expression de la manière et de la cause

Je retiens l'essentiel

OBJECTIF
→ Reconnaitre et employer les compléments de phrase de manière et de cause.

JE SAIS DÉJÀ
✔ **Identifier les compléments de phrase.**

SUPER MÉMO
Les compléments de phrase peuvent être supprimés, ou déplacés. Ils peuvent répondre à la question *comment ?* ou à la question *pourquoi ?*

- **Le complément de phrase peut répondre à la question : *comment ?***

La jeune fille lui **adressa** la parole **d'une voix douce**.
Comment lui adressa-t-elle la parole ? d'une voix douce.
On peut le supprimer et le déplacer sans changer le sens de la phrase : La jeune fille lui adressa la parole. D'une voix douce, la jeune fille lui adressa la parole.

- **Peuvent être compléments de phrase exprimant la manière :**

– un groupe nominal construit sans préposition : Il s'avança **l'air menaçant**.
– un groupe nominal construit avec préposition :
Le colosse se releva **avec un hurlement de rage**.
– un adverbe (généralement en *-ment*) : Il jongle **adroitement**.
– un infinitif construit avec préposition : Avancez **sans crier** !

- **Le complément de phrase peut répondre à la question : *pourquoi ?***

En raison des travaux, le musée est **fermé**.
Pourquoi le musée est-il fermé ? en raison des travaux.
On peut le supprimer et le déplacer sans changer le sens de la phrase :
Le musée est fermé. Le musée est fermé en raison des travaux.

- **Peuvent être compléments de phrase exprimant la cause :**

– un groupe nominal construit avec préposition :
En raison de ce beau temps, nous **aurons** des cerises au mois de mai.
– un pronom construit avec préposition : **À cause de lui**, nous **serons** en retard.
– une subordonnée conjonctive circonstancielle de cause : Il **est** fâché **parce qu'il n'a pas marqué de but**.

Je sais comment faire

▷ Pour identifier un complément de phrase

Nous ferons les courses, tranquillement, puisque nous sommes en vacances.

1 • **Je cherche le verbe et le complément de verbe** qui ne peut être ni supprimé ni déplacé : ***faire les courses.***

2 • **Je pose la question : comment** ferons-nous les courses ?
→ *tranquillement*, compl. de phrase de manière.

3 • **Je pose la question : pourquoi** ferons-nous les courses ?
→ *puisque nous sommes en vacances*, compl. de phrase exprimant la cause.

Je m'entraine

1 **Souligne les compléments de phrase qui expriment la manière.**

Grands amateurs de mythes, les Grecs ont raconté des histoires sur le peuple des Amazones. Ces femmes étaient d'un courage exceptionnel. Elles maniaient avec habileté le glaive et brulaient leur sein droit pour mieux tirer à l'arc. Elles se battaient énergiquement contre leurs ennemis. Aucun homme ne pénétrait sur leurs terres sans risquer sa vie.

2 **Souligne les compléments de phrase qui expriment la cause dans ces phrases.**

a. Parce que les savants d'autrefois connaissaient bien le latin et le grec, ils ont formé beaucoup de nos mots scientifiques à partir de ces deux langues.

b. Gay-Lussac a appelé « iode » le gaz qu'il a découvert, en raison de sa couleur violette. En effet, la violette se dit *iodos* en grec.

c. Puisqu'en frottant de l'ambre contre une peau de chat on obtient du courant électrique, le terme « électricité » vient de *electron,* l'ambre.

d. À cause de son étymologie grecque *hema* (le sang), le mot savant qui désigne un bleu est un hématome.

3 **Souligne les compléments de phrase qui expriment la cause dans ces phrases.**

a. À cause d'une épidémie de rage, il faut tenir les chiens en laisse.

b. Il a pris un congé pour raison de santé.

c. Il tousse à cause de la fumée.

4 **a. Souligne les compléments de phrase exprimant la cause et la manière.**

b. Donne leur nature.

Il était une fois une petite fille qui ne pouvait pas s'empêcher de mentir. Elle mentait par habitude. Elle aimait tellement inventer des histoires, qu'elle mentait sans s'en rendre compte. Elle ne faisait pas comme les autres enfants qui mentent par lâcheté, ou par paresse. Elle mentait par excès d'imagination. Elle inventait naturellement des explications bizarres, enjolivait ce qui lui arrivait par besoin d'embellir ses récits. Mais ses copains ne la croyaient plus.

5 **Complète cette phrase avec un complément de phrase de cause et un complément de phrase de manière.**

Il est tombé ....

Super exercice

Donne la nature et la fonction des mots soulignés. Attention ! il n'y a pas que des compléments de phrase.

Le cœur de d'Artagnan battait <u>à lui briser la poitrine</u>, non pas <u>de peur</u> mais <u>d'émulation</u>. Il se battait comme un tigre en fureur. Jussac était, comme on le disait alors, <u>friand</u> de la lame et avait fort pratiqué. Cependant il avait toutes les <u>peines</u> du monde <u>à se défendre</u> contre un adversaire <u>qui</u>, agile et bondissant, s'écartait à tout moment <u>des règles reçues</u>, attaquant de tous côtés à la fois et tout cela en parant en homme qui a le plus grand <u>respect</u> de son <u>épiderme</u>.

D'après *Les Trois Mousquetaires,* A. Dumas.

Corrigés et conseils parents p. 14 du guide.

Ton évaluation sur ce chapitre

Conjugaison

12 Les temps composés de l'indicatif

Je retiens l'essentiel

OBJECTIF
→ Conjuguer et employer les temps composés de l'indicatif.

JE SAIS DÉJÀ
✔ Conjuguer les verbes à l'indicatif.

SUPER MÉMO
Pour former les temps composés de l'indicatif, on emploie les auxiliaires *être* ou *avoir* suivis du participe passé.

- **Conjugaison**

Les temps composés de l'indicatif sont formés de l'auxiliaire *être* ou *avoir* et du participe passé.

temps	passé composé	plus-que-parfait	futur antérieur
être	j'ai été nous avons été	j'avais été nous avions été	j'aurai été nous aurons été
avoir	j'ai eu nous avons eu	j'avais eu nous avions eu	j'aurai eu nous aurons eu
aller	je suis allé(e) nous sommes allé(e)s	j'étais allé(e) nous étions allé(e)s	je serai allé(e) nous serons allé(e)s
finir	j'ai fini nous avons fini	j'avais fini nous avions fini	j'aurai fini nous aurons fini
dire	j'ai dit nous avons dit	j'avais dit nous avions dit	j'aurai dit nous aurons dit

Passé composé = auxiliaire *être* ou *avoir* au **présent** + participe passé.
Il **est venu** et il **a mangé** tout le gâteau.
Plus-que-parfait = auxiliaire *être* ou *avoir* à l'**imparfait** + participe passé.
Il **était venu** et il **avait mangé** tout le gâteau.
Futur antérieur = auxiliaire *être* ou *avoir* au **futur** + participe passé.
Il **sera venu** et il **aura mangé** tout le gâteau.

- **Attention** à l'accord du participe passé avec le sujet lorsqu'il est employé avec l'auxiliaire *être* :

Elles **sont** all**ées** au théâtre et elles **ont** beaucoup ri.
(allées : accord ; ri : pas d'accord)

Je sais comment faire

▷ Pour employer les temps composés

- J'emploie les temps composés pour marquer qu'un événement se passe avant un autre.

Quand il **a fini** ses devoirs, il **regarde** la télévision.
(a fini : passé composé ; regarde : présent)

Quand il **avait fini** ses devoirs, il **regardait** la télévision.
(avait fini : plus-que-parfait ; regardait : imparfait)

Quand il **aura fini** ses devoirs, il **regardera** la télévision.
(aura fini : futur antérieur ; regardera : futur)

Je m'entraine

1 Souligne en bleu les verbes au passé composé, en rouge ceux qui sont au futur antérieur et en vert ceux au plus-que-parfait.

a. Pour notre héros, tout a commencé par un après-midi de mars, sous un ciel couleur de bave d'escargot.

b. Sur un présentoir bariolé garni de brochures alléchantes, une jeune fille avait découvert le monde des images qui invitent au rêve.

c. Rien n'avait changé quand je suis revenu dans la maison de mes vacances.

d. Quand tu auras bien compris l'énoncé de ce problème, la solution te paraitra évidente.

2 Écris les formes suivantes au passé composé, au plus-que-parfait et au futur antérieur.

a. j'ai
b. tu es
c. nous allons
d. il prend
e. ils tiennent
f. vous dites
g. elle voit
h. ils viennent
i. tu vas
j. vous aimez
k. tu cours
l. ils tiennent

3 Réécris ce texte en passant les verbes entre parenthèses au passé composé puis au passé simple.

Quand César (conquérir) la Gaule, les produits du terroir (changer) de nom. Ainsi, les Romains (faire) très vite du troc avec le suc des abeilles dont ils raffolaient. Ils utilisaient le mot *mel*. On (oublier) le nom gaulois et on (forger) le mot miel.

4 Complète ces phrases en utilisant les formes qui conviennent des auxiliaires *être* et *avoir*.

a. Quand l'engin .... dépassé les couches denses de l'atmosphère, l'ogive de la fusée se détache.

b. Quand nous .... obtenu de bonnes notes, grand-père nous emmenait au cinéma.

c. Quand il .... rentré de vacances, tu lui téléphoneras.

d. Quand il .... réussi son saut périlleux, le directeur du cirque le félicitait.

e. Quand il .... plu, les fleurs du désert refleuriront.

5 Indique à quel temps est chacun de ces verbes.

a. elle sera venue ....
b. ils ont pris ....
c. nous sommes partis ....
d. tu avais dormi ....
e. j'aurai dit ....
f. vous êtes sortis ....
g. tu seras revenu ....
h. tu auras raconté ....
i. elle avait joué ....

Super exercice

Remplace les verbes au passé composé par des verbes au passé simple pour retrouver le véritable texte de La Fontaine.

Compère le Renard s'est mis un jour en frais,
Et a retenu à dîner commère la Cigogne.
Le régal a été petit et sans beaucoup d'apprêts :
La Cigogne au long bec n'a pu en attraper miette.

D'après « Le renard et la cigogne », *Fables*, Jean de La Fontaine.

Corrigés et conseils parents p. 15 du guide.

Ton évaluation sur ce chapitre

13 Employer le passé simple

Je retiens l'essentiel

OBJECTIF
→ Conjuguer et employer les verbes *dire*, *faire*, *voir* et *prendre* au passé simple.

JE SAIS DÉJÀ
✔ Conjuguer les verbes à l'indicatif.

SUPER MÉMO
Le passé simple des verbes du premier groupe est en « a », du deuxième groupe en « i », du troisième groupe en « i », « u » ou « in ».

• Conjugaison

Voici le passé simple de quelques verbes souvent utilisés.

dire	faire	prendre	voir
je dis tu dis il/elle dit nous dîmes vous dîtes ils/elles dirent	je fis tu fis il/elle fit nous fîmes vous fîtes ils/elles firent	je pris tu pris il/elle prit nous prîmes vous prîtes ils/elles prirent	je vis tu vis il/elle vit nous vîmes vous vîtes ils/elles virent

Attention à l'accent circonflexe à la première et à la deuxième personne du pluriel.

• Emploi

Le passé simple est un temps du récit qu'on emploie pour raconter **les évènements importants du passé.**
L'imparfait s'utilise davantage pour les actions secondaires, pour mettre en place le décor, l'ambiance d'une histoire, présenter les personnages.

Lise **était** une fille drôle. Un jour elle **vint** me voir et me **dit** un secret.
imparfait → présentation — passé simple → action

Je sais comment faire

▷ Pour utiliser l'alternance imparfait-passé composé quand je parle

Il **était** une fois un géant qui **avait** des chaussettes rouges. Il **était** haut comme trois étages et **vivait** sous la terre. **Un beau jour, il a fait un grand trou dans la terre au-dessus de sa tête et a débouché au milieu d'un village.**
situation initiale à l'imparfait
rupture dans le récit → **passé composé**

▷ Pour utiliser l'alternance imparfait-passé simple quand j'écris

Il **était** une fois un géant qui **avait** des chaussettes rouges. Il **était** haut comme trois étages et **vivait** sous la terre. **Un beau jour, il fit un grand trou dans la terre au-dessus de sa tête et déboucha au milieu d'un village.**
rupture dans le récit → **passé simple**

• Quand j'écris une petite histoire au passé, j'associe le passé simple à des **connecteurs de temps** (**soudain, alors, un jour, ce jour-là…**) qui indiquent que l'action se met en place et vient rompre l'équilibre de la situation initiale.

Je m'entraine

1 Souligne les verbes au passé simple.

Un beau matin, Petit Pierre ouvrit la porte du jardin et alla dans le grand pré vert. Un canard arriva bientôt en se dandinant. Il décida de faire un plongeon dans la mare. En voyant le canard, le petit oiseau vint se poser à côté. Les deux amis discutèrent longtemps. Soudain Pierre aperçut un chat qui rampait dans l'herbe. « Attention ! », cria Pierre. Le chat sauta, le canard s'envola.

2 Complète avec les verbes *faire*, *dire*, *voir* ou *prendre* au passé simple.

a. Pierre .... que les garçons comme lui n'avaient pas peur du loup.

b. Il se .... un fusil avec un morceau de bois.

c. Il .... le chemin de la forêt.

d. Soudain il .... les oreilles du loup qui dépassaient des fourrés.

e. Pierre .... ses jambes à son cou.

3 Conjugue les verbes entre parenthèses au passé simple.

Il y a très longtemps, à l'époque des Romains, vivait un roi barbare. Quand ce roi .... (avoir) un fils, une bonne fée .... (apparaître) qui lui dit ces mots : « Ton fils sera immortel si seulement tu l'appelles Lustucru. » Le roi .... (avoir) une hésitation : même pour un barbare, le nom de Lustucru était ridicule. Mais il .... (réfléchir) et il se .... (dire) que l'immortalité valait bien ce petit inconvénient.

■ D'après *Contes de la rue Broca*.

4 Écris ces formes au passé simple.

a. nous avons été ....

b. tu as fait ....

c. il prend ....

d. nous voyons ....

e. vous faites ....

5 Conjugue les verbes entre parenthèses à l'imparfait ou au passé simple.

Il .... (être) une fois un vieux roi qui .... (régner) sur une île, une île magnifique au beau milieu de l'océan. Ce roi .... (avoir) un fils qui .... (s'appeler) Blub. Chaque matin, Blub .... (aller) se baigner dans la mer. Chaque jour il .... (retrouver) une sirène avec laquelle il .... (jouer) depuis qu'il .... (être) petit. Un jour qu'ils .... (converser) le prince lui .... (faire) la promesse suivante : « Quand je serai grand, je t'épouserai. »

■ D'après *Contes de la rue Broca*.

Super exercice

Souligne les verbes au passé simple.

Tous les vœux allaient au chevalier Déshérité, quand, au signal de la trompette, les deux combattants foncèrent l'un sur l'autre avec la rapidité de l'éclair. Ils se heurtèrent au centre de la lice dans un fracas de tonnerre ; les deux lances volèrent en éclats et le choc fut si violent que les deux chevaux plièrent sur les jarrets.

■ *Ivanhoé*, Walter Scott.

Corrigés et conseils parents p. 15 du guide.

Ton évaluation sur ce chapitre

14 Le conditionnel présent et passé

Je retiens l'essentiel

OBJECTIF
→ Conjuguer et employer le conditionnel présent et passé.

JE SAIS DÉJÀ
✔ Conjuguer les verbes à l'indicatif.

SUPER MÉMO
Pour conjuguer un verbe au conditionnel présent, on ajoute au radical du futur les terminaisons de l'imparfait.

- **Conjugaison**

Conditionnel présent : on prend le radical du verbe au futur de l'indicatif et on ajoute les terminaisons de l'imparfait de l'indicatif.

être	avoir	chanter	aller
je se**rais**	j'au**rais**	je chante**rais**	j'i**rais**
tu se**rais**	tu au**rais**	tu chante**rais**	tu i**rais**
il/elle se**rait**	il/elle au**rait**	il/elle chante**rait**	il/elle i**rait**
nous se**rions**	nous au**rions**	nous chante**rions**	nous i**rions**
vous se**riez**	vous au**riez**	vous chante**riez**	vous i**riez**
ils/elles se**raient**	ils/elles au**raient**	ils/elles chante**raient**	ils/elles i**raient**

Conditionnel passé : on prend l'auxiliaire *être* ou *avoir* au conditionnel présent et on ajoute le participe passé.

j'aurais été	j'aurais eu	j'aurais chanté	je serais allé
nous aurions été	nous aurions eu	nous aurions chanté	nous serions allés

- **Emploi**

Le conditionnel marque :
– **une action qui ne se réalisera que si une condition est déjà remplie**. Cette condition est introduite par **si** et exprimée par un verbe conjugué à l'imparfait de l'indicatif ou au plus-que-parfait :
Si le monde était à l'envers, je **marcherais** les pieds en l'air.
Si le monde avait été à l'envers, j'**aurais marché** les pieds en l'air.
– le caractère **imaginaire** d'un événement :
On **jouerait** à chat perché, je **serais** le chat.
– des informations à mettre en **doute** :
Dans votre monde, deux et un ne **feraient** plus trois.
– la **politesse** : **Pourriez**-vous me donner l'heure, s'il vous plait ?

- **Attention à la concordance des temps :** *si* + imparfait → proposition principale au conditionnel présent : Si tu **venais**, je **serais** content ; *si* + plus-que-parfait → proposition principale au conditionnel passé : Si tu **étais venu**, j'**aurais été** content.

Je sais comment faire

▷ Pour exprimer une condition

- J'observe et je compare :

« Si tu m'**apprivoises**, je **serai** ton ami », dit le renard au Petit Prince.
condition au présent — proposition principale au futur simple de l'indicatif

Le renard est presque sûr que le Petit Prince l'apprivoisera et qu'ils seront amis.

« Si tu m'**apprivoisais**, je **serais** ton ami. »
condition à l'imparfait — proposition principale au conditionnel présent

Le renard pose une condition pour être l'ami du Petit Prince : être apprivoisé.

Je m'entraine

1 Souligne les verbes conjugués au conditionnel présent.

« Colonel Moutarde, nous aimerions vous parler d'une affaire qui nous préoccupe.
– Si je pouvais vous aider, je le ferais avec plaisir mais je n'ai rien entendu.
– Il semblerait que vous étiez dans la cuisine quand le crime a eu lieu. Nous n'hésiterions pas à penser que vous êtes de bonne foi s'il n'y avait pas eu madame Violette dans le jardin. Il semblerait qu'elle n'ait vu personne dans la cuisine. Il y aurait fort à penser que vous mentez, monsieur Moutarde. »

2 Souligne en rouge les verbes au futur de l'indicatif et en bleu les verbes au conditionnel.

a. nous appuierons
b. vous appuieriez
c. ils essuieront
d. vous essuieriez
e. je nouerais
f. tu nouerais
g. il enverra
h. ils enverraient
i. nous épierons
j. ils épieront
k. je pourrais
l. il pourrait
m. tu saurais
n. ils sauront
o. je jouerai
p. tu jouerais
q. elle ira
r. vous irez
s. nous viendrons
t. elle viendrait

3 Écris ces verbes au futur, au conditionnel présent et au conditionnel passé.

Nous (essuyer). → Nous essuierons. Nous essuierions. Nous aurions essuyé.

a. je (finir)
b. elle (boire)
c. vous (voir)
d. ils (manger)
e. vous (être)
f. tu (jouer)
g. nous (envoyer)
h. je (passer)
i. elles (savoir)
j. elles (avoir)

4 Réécris ces phrases en conjuguant les verbes au conditionnel présent ou passé.

a. Nous (partir) encore une fois à l'aventure. Moi, je (se déguiser) en Robin des Bois et toi tu (mettre) une armure. Nous (aller) armés jusqu'aux dents au cœur de forêts immenses.
b. Si vous étiez romantiques, vous (rêver) de décrocher la lune. Si vous étiez scientifiques, vous (préférer) décrocher le soleil.
c. Si je savais conduire une fusée, je t' (emmener) passer la soirée sur la lune.
d. Si j'avais su que tu venais, j' (préparer) un gâteau.
e. Si la tempête avait continué, les avions n' (pouvoir) pas décoller.
f. Si tu (connaitre) mon grand-père, tu l'aurais adoré.

Super exercice

Orthographie correctement les verbes entre parenthèses.

SGANARELLE : Ouais ! (Être)-ce bien moi qui me tromperais, et (être)-je devenu médecin sans m'en être aperçu ?
VALÈRE : Monsieur, vous ne vous (repentir) pas de nous montrer ce que vous êtes ; et vous (voir) que vous en serez satisfait.
SGANARELLE : Mais, Messieurs, (dire)-moi, ne vous trompez-vous pas vous-mêmes (…)
VALÈRE : Comment ! vous (être) le plus habile médecin du monde !

D'après *Le Médecin malgré lui*, Molière.

15 Le subjonctif présent

Je retiens l'essentiel

OBJECTIF
→ Conjuguer et employer le subjonctif présent des auxiliaires et des verbes du premier groupe.

JE SAIS DÉJÀ
✔ Conjuguer les verbes à l'indicatif.

SUPER MÉMO
Au subjonctif présent les terminaisons sont les mêmes pour tous les verbes : e, es, e, ions, iez, ent.

• Conjugaison

Les terminaisons du subjonctif présent sont : **e**, **es**, **e**, **ions**, **iez**, **ent**.

être	avoir	aller	chanter
que je **sois**	que j'**aie**	que j'aille	que je chante
que tu **sois**	que tu **aies**	que tu ailles	que tu chantes
qu'il/elle **soit**	qu'il/elle **ait**	qu'il/elle aille	qu'il/elle chante
que nous **soyons**	que nous **ayons**	que nous allions	que nous chantions
que vous **soyez**	que vous **ayez**	que vous alliez	que vous chantiez
qu'ils/elles **soient**	qu'ils/elles **aient**	qu'ils/elles aillent	qu'ils/elles chantent

Attention aux verbes dont les radicaux se terminent par un *i*.
On **redouble** cette voyelle lorsqu'on les conjugue au subjonctif présent :
que nous épiions, que vous épiiez

• Emploi

Le subjonctif exprime ce qu'on veut, ce qu'on ressent, ce qu'on pense. Ainsi, on l'utilise pour marquer :
- **un souhait** : Je souhaite que tu **sois** riche et heureux.
- **un désir** : Je voudrais qu'elles **aillent** se promener au soleil.
- **un doute** : Je ne suis pas sur que tu **aies** un violon assez grand.
- **une crainte** : J'ai peur qu'il ne **soit** pas assez sage.
- **un regret** : Je regrette qu'ils **soient** partis si tôt.
- **un sentiment** : Je suis content que tu **sois** revenu.
- **une obligation** : Il faut que vous **reveniez** vite.

Je sais comment faire

▷ Pour différencier le mode indicatif du mode subjonctif

Il **est** bien petit pour jouer au basket.
(présent de l'indicatif)

Je crains qu'il ne **soit** trop petit pour jouer au basket.
(présent du subjonctif)

• Dans le mot **indicatif**, je retrouve le verbe *indiquer*. J'emploie le mode indicatif pour parler d'une chose dont je suis sûr.

• Dans le mot **subjonctif**, je retrouve le mot *sujet*, comme dans *subjectivité*. J'emploie le mode subjonctif pour donner mon avis, exprimer un souhait, un doute, une crainte, un regret, etc.

Je m'entraine

1 Dans ce texte, souligne les verbes au subjonctif.

Pour faire fonctionner ce robot, il faut que vous appuyiez sur les boutons rouges pour ses déplacements. Il faut que vous actionniez les boutons verts pour qu'il dorme et se nourrisse. Pour le mettre au repos, poussez les boutons noirs. Si vous souhaitez qu'il fasse vos devoirs, à vous de trouver le bon bouton !

2 Complète avec le verbe *être* ou le verbe *avoir* au subjonctif.

a. Je cherche un chien qui .... intelligent et gentil.

b. Pourvu que nous .... à l'heure à ce rendez-vous !

c. Je crains que tu n'.......................... pris froid.

d. Nous souhaitons que vous .... les gagnants de ce tournoi.

e. Tu es heureux qu'elles .... un nouveau jeu.

3 a. Complète les phrases avec la bonne terminaison.
b. À quel temps et quel mode sont les verbes que tu as complétés ?

À 17 ans, Mathilde sait qu'il faut qu'elle apprenn..... un métier, mais elle ne sait lequel choisir. Parmi tous ceux qui s'offrent à la guilde des Elfes, aucun ne l'attire vraiment.

– Que voudriez-vous que je fass.......... ? demande-t-elle à son père.

– Même si je serais heureux que tu devienn.......... enchanteur comme moi et que nous puiss.......... travailler ensemble, je préfère que tu choisiss.......... un métier dans lequel tu te sent.......... bien.

– Il faut que vous sach.......... que j'aimerais voyager avant de prendre une décision. Il faut que je soi.......... plus sure de moi.

4 Réécris ce texte en commençant chacune des phrases par l'expression *supposons que.*

Tu es un bandit et tu envoies des messages codés à tes complices. Tu n'as pas envie qu'on reconnaisse ton écriture. Tes complices et toi, vous êtes fort ennuyés. Vous avez soudain une bonne idée. Vous achetez des journaux ; vous y découpez des lettres, vous les recollez et composez vos messages. Les policiers ont quand même des indices pour vous retrouver.

Super exercice

Souligne en rouge trois verbes au subjonctif et en bleu deux verbes à l'impératif.

MARTINE : Et je te dis, moi, que je veux que tu vives à ma fantaisie et que je ne me suis point mariée avec toi pour souffrir tes fredaines.

SGANARELLE : Ô la grande fatigue que d'avoir une femme ! et qu'Aristote a bien raison, quand il dit qu'une femme est pire qu'un démon !

MARTINE : Voyez l'habile homme, avec son Aristote !

SGANARELLE : Oui, habile homme : trouve-moi un faiseur de fagots qui sache, comme moi, raisonner des choses, qui ait servi six ans un fameux médecin, et qui ait su, dans son jeune âge, son rudiment[1] par cœur.

Le Médecin malgré lui, Molière.

1. Rudiment : première grammaire latine.

16 Le pluriel des adjectifs et des noms composés

Je retiens l'essentiel

OBJECTIF

→ Orthographier le pluriel des adjectifs et des noms composés.

JE SAIS DÉJÀ

✔ **Faire les accords dans le groupe nominal.**

SUPER MÉMO

Un nom composé est formé de deux ou trois mots.

Les noms composés	Règle du pluriel
Type nom + nom *un chou-fleur*	**double pluriel** *des choux-fleurs*
Type adjectif + nom *un beau-frère*	**double pluriel** *des beaux-frères*
Type verbe + nom *un pèse-lettre*	**Verbe au singulier nom au pluriel** *des pèses-lettres*
Mot invariable + nom *une avant-garde*	**Nom au pluriel** *des avant-gardes*
Type verbe + verbe *un laissez-passer*	**invariables** *des laissez-passer*

Les adjectifs	Règle du pluriel	Exceptions
la plupart des adjectifs *un petit livre*	**-s** *des petits livres*	
en **-s** et **-x** *un bonbon délicieux*	**invariables** *des bonbons délicieux*	
en **-au** et **-eu** *un beau meuble*	**-x** *des beaux meubles*	**-s** pour **bleu**
en **-al** *un mur vertical*	**-aux** *des murs verticaux*	**-s** pour quelques adjectifs **banal, bancal, fatal, natal, naval…**
de **couleur** *blanc*	**-s** *des draps blancs*	invariables lorsque : – ce sont aussi des **noms** *cerise, orange, marron…* (sauf *rose, mauve, fauve* et *pourpre* qui s'accordent) ; – ce sont des **adjectifs composés** : *gris perle, bleu marine…*

Je sais comment faire

▷ Pour orthographier certains noms composés

Les noms composés, avec trait d'union, formés à l'origine soit d'une forme verbale et d'un nom, soit d'une préposition et d'un nom, parce qu'ils sont perçus comme des mots simples, prennent la marque du pluriel au second élément, seulement et toujours lorsqu'ils sont au pluriel.

un essuie-main/des essuie-mains; un cure-ongle/des cure-ongles; un garde-meuble/des garde-meubles ; un après-midi/des après-midis.

Je m'entraine

1 Accorde si nécessaire les adjectifs de couleur avec les noms soulignés.

De vives lumières **jaune**......... attiraient les invités vers la salle où allait se tenir le défilé d'automne. Les spectateurs étaient à peine installés dans les sofas **mauve**......... que le premier mannequin se présenta. Ève était enveloppée d'une robe soyeuse ornée de rubans **rose**........., **noir**......... et **marron**......... . Angie la suivait, drapée d'une cape **gris**......... **clair**......... qui descendait au niveau de ses bottines **blanche**......... . Sous la cape, on devinait une chemise **vert**......... **pomme**......... . Les yeux **noisette**......... de Linda luisaient de fierté lorsqu'elle apparut au bras du couturier qui l'avait parée d'une robe de tulle aux volants **ivoire**......... et **blanc**......... .

2 Mets au pluriel les noms composés suivants.

a. Un rouge-gorge.

....

b. Un nouveau-né.

....

c. Un cure-dent.

....

d. Un perce-neige.

....

e. Un sans-abri.

....

f. Un wagon-restaurant.

....

g. Un porte-avion.

....

3 Réécris ce texte en mettant au pluriel les mots soulignés.

– Vous êtes bien silencieux, Gustave ? poil de carotte et riz Caroline, vous n'êtes pas souffrant ?
– Mais non, mon amie, chiendent, crocodile, pousse-caillou, vous voyez bien que je fais une réussite.
Bon, bon, mais vous savez, bal, carnaval, cheval, combien votre silence me pèse à la ville comme à la campagne.

D'après *Les mots inutiles.*

4 Écris les mots suivants au pluriel est classe-les dans un tableau.

sapeur-pompier - sac orange - tabouret bancal - camion-citerne - maitre-chien - ceinture marron clair - jupe bleu marine - jour fatal.

Nom composé	Nom et adjectif de couleur	Nom et adjectif au pluriel irrégulier

Super exercice

a. Complète les terminaisons des mots en gras.
b. Fais-toi dicter ce texte.

Sur les Pyrénées, la chaleur lourde va déclencher des **orage**......... **violent**......... cet après-midi. Demain, après dissipation des brouillards **matin**........., les vents **fort**......... souffleront sur la côte basque. Les zones **pluvieus**......... seront **rejeté**......... vers l'intérieur du pays où des vents plus **modéré**......... seront **orienté**......... au sud. Les **température**......... seront **élevé**......... pour la saison.

ORTHOGRAPHE

17 Les homophones *ce, se* ou *ceux, ses, ces, c'est, s'est, sais* ou *sait*

Je retiens l'essentiel

OBJECTIF
→ Identifier et orthographier ces homophones.

JE SAIS DÉJÀ
✔ Différencier les principaux homophones grammaticaux.

SUPER MÉMO
Les homophones se prononcent pareil mais ne s'écrivent pas pareil.

- **Les homophones sont des mots qui se prononcent de la même manière mais qui s'écrivent différemment.**
- ***Ce, se* ou *ceux* ?**

– **Ce** est un pronom démonstratif ou un déterminant démonstratif singulier.

Ce (pronom) n'est pas bien de regarder **ce** (déterminant) dessin animé stupide.

– **Se** est un pronom personnel réfléchi qui signifie **lui-même, elle-même** ou **eux-mêmes.**

Il **se** lave. → Il se lave lui-même.

– **Ceux** est le pronom démonstratif pluriel de **celui** ou **celle**. On peut le remplacer par **les gens qui**.

Ceux qui auront rangé leurs chambres pourront aller se baigner.
→ Les gens qui auront rangé leurs chambres pourront aller se baigner.

- ***Ses, ces, c'est, s'est, sais* ou *sait* ?**

– **Ses** est le déterminant possessif pluriel de **son** ou **sa.**

Il a fini **ses** devoirs. → Il a fini **son** devoir.

– **Ces** est le déterminant démonstratif pluriel de **ce, cet** ou **cette.**

Elle a terminé **ces** travaux. → Elle a terminé **ce** travail.

– Dans **c'est**, le **c'** est la forme élidée du pronom démonstratif **ce.**

C'est lui qui a gagné le marathon.

– Dans **s'est**, le **s'** est la forme élidée du pronom personnel réfléchi **se.**

Il **s'est** fâché.

– **Sais** et **sait** sont des formes du présent du verbe **savoir.**

Je **sais** mes leçons. Tu **sais** tes leçons. Il **sait** ses leçons.

Je sais comment faire

▷ Pour distinguer *c'est* et *s'est*

- Je mets la phrase **à la forme négative.**

C'est un joli trois-mâts. → **Ce n'est pas** un joli trois-mâts.
Il **s'est** perdu en chemin. → Il **ne s'est pas** perdu en chemin.
C'est devient **ce n'est pas**, alors que **s'est** devient **ne s'est pas.**

▷ Pour distinguer *se* et *ce*

- Je mets la phrase **à la 1re personne du singulier.**

Il **se** souvient de tout. → Je **me** souviens de tout.
Ce n'est pas à son tour de jouer. → **Ce** n'est pas à mon tour de jouer.
Se devient **me**, alors que **ce** reste invariable.

Je m'entraine

1 Souligne en bleu les homophones de *ces* et en rouge les homophones de *ce.*

À la fin du printemps, le faon se risqua à s'éloigner un peu de ses ainés. Ses pattes étaient plus solides et ses yeux plus perçants. Mais il lui arrivait de se trouver surpris par un oiseau ou un simple papillon. Il se précipitait alors vers sa mère. Ces manières auraient fait sourire si elles n'étaient pas aussi le signe qu'il n'était pas prêt à éviter les dangers de ces bois pleins de mystères.

2 Complète avec *ce, se, c'est, s', s'est, sait* ou *ces.*

a. .... n'est pas très raisonnable de .... ronger les ongles.

b. On ne .... qui .... trompé si .... nous ou si .... vous.

c. .... glaïeuls .... inclinent sur leurs tiges.

d. .... canards .... dandinent.

3 Donne le singulier des groupes nominaux.

Exemple : ces chemises → cette chemise.

a. ces bijoux ....

b. ses cartes ....

c. ces princesses ....

d. ses stylos ....

e. ces oiseaux ....

4 Complète avec *ce, c', se* ou *ceux.*

a. La sorcière .... mit à rire en .... frottant les mains à l'idée de la tête de .... qui retrouveraient leurs voitures transformées en patates.

b. La guitare mentait : .... n'était pas elle qui avait quitté son maitre mais .... était son maitre qui l'avait quittée. Elle ne l'avouait jamais à .... qu'elle rencontrait.

c. .... qui aiment le parfum des roses de Damas ne comprennent pas .... qui préfèrent le parfum des autres roses. C'est une querelle qui .... répète à travers les siècles.

5 Complète avec des formes du verbe *savoir* correctement conjuguées.

a. Depuis 1816 nous .... fixer la lumière pour faire des photographies.

b. ....-vous planter les choux, à la mode de chez nous ?

c. Les hommes .... aujourd'hui guérir des maladies qu'ils ne .... pas guérir au début de ce siècle. Dans quelques années ils .... surement guérir le cancer.

Super exercice

Complète en utilisant *c'est, se, cette, s'était, s'étaient* ou *ces.*

Cosette leva les yeux, elle avait vu venir l'homme à elle avec .... poupée comme elle eût vu venir le soleil, elle entendit .... paroles inouïes : .... pour toi, elle le regarda, elle regarda la poupée, puis elle recula lentement, et elle alla .... cacher tout au fond sous la table dans le coin du mur. Les buveurs eux-mêmes .... arrêtés. Il .... fait un silence solennel dans tout le cabaret.

D'après *Les Misérables*, V. Hugo.

ORTHOGRAPHE

18 Les homophones *si* ou *s'y*, *ni* ou *n'y*, *quand*, *qu'en* ou *quant*, *sans* ou *s'en*

Je retiens l'essentiel

OBJECTIF
→ Identifier et orthographier ces homophones.

JE SAIS DÉJÀ
✔ Différencier les principaux homophones grammaticaux.

SUPER MÉMO
Les homophones se prononcent pareil mais ne s'écrivent pas pareil.

- ***Si* ou *s'y* ?**

C'est une ville **si** grande que ses habitants risquent de **s'y** perdre.
(**si** = très ; **s'y** = se + y)

Si tu veux voir la comète, apporte des jumelles.
(**si** = au cas où)

- ***Ni* ou *n'y* ?**

Il n'a **ni** frère, **ni** sœur. ≠ Il a un frère et une sœur.
(**ni** ≠ et)

Il **n'y** a personne. ≠ Il y a quelqu'un.
(**n'y** = ne + y)

- ***Quand, qu'en* ou *quant (à)* ?**

Quand vous aurez un animal, vous ne saurez **qu'en** faire.
(**quand** = lorsque ; **qu'en** = que + en)
Vous ne saurez que faire de cet animal.

Quant à nous, nous préférons ne pas avoir d'animaux.
(**quant** (à) = en ce qui concerne)

- ***Sans, s'en, sens* ou *sent* ?**

Le vagabond **s'en** va, **sans** argent et **sans** papiers.
(**s'en** = se + en ; **sans** ≠ avec)

Je **sens** que je vais m'énerver. Ce parfum **sent bon**.
Sens et **sent** sont des formes du verbe *sentir*.

Je sais comment faire

▷ Pour distinguer *si* et *s'y*

- Je mets la phrase **à la première personne du singulier**.

Elle **s'y** connait en maths. → Je **m'y** connais en maths.
S'y devient **m'y**, alors que **si** reste invariable.

▷ Pour distinguer *ni* et *n'y*

- Je mets la phrase **à la forme affirmative**.

Ils ne sont **ni** fins **ni** distingués. → Ils sont fins **et** distingués.
Vous **n'y** êtes pas revenus. → Vous **y** êtes revenus.
Ni devient **et**, alors que **n'y** devient **y**.

▷ Pour reconnaitre *s'en*

- Je mets la phrase **à la première personne du singulier**.

Ce livre, elles **s'en** souviendront. → Ce livre, je **m'en** souviendrai.
S'en devient **m'en**.

Je m'entraine

1 Complète avec *si* ou *s'y*.

a. .... tu te transformes en animal, j'aimerais qu'il soit .... doux qu'on puisse .... frotter sans .... piquer.

b. Il n'y a pas moyen de .... tromper. .... ce bébé pleure .... fort c'est qu'il est malade.

c. .... tu veux, il ira te rejoindre ce soir à la piscine mais il .... rendra en autobus.

d. Elle est .... grande qu'il a fallu lui fabriquer un lit sur mesure.

2 Complète avec *ni* ou *n'y*.

a. Ce que tu dis n'a .... queue .... tête.

b. Ces chiens ne portaient .... collier, ... plaque et ressemblaient étrangement à des loups, mais il .... avait pas de quoi avoir peur.

c. Quand on porte un appareil dentaire on ne peut manger .... bonbon, ... caramel .... chewing-gum. Il .... a rien d'autre à faire qu'à attendre la fin du traitement.

d. Il .... a pas de quoi se fâcher.

3 Complète avec *quand, qu'en* ou *quant*.

a. Aurais-tu peur du ....-dira-t-on ?

b. .... je serai grand, j'aurai une moto. .... penses-tu ?

c. Il faut battre le fer .... il est encore chaud.

d. .... à moi, je déteste l'hiver.

e. .... sommes-nous en vacances ?

4 Complète avec *sans, s'en,* et les formes du verbe *sentir*.

a. Il n'y a pas de rose .... épine.

b. Je .... qu'il va .... aller en oubliant son parapluie.

c. Il .... bien que .... ses amis, il est vite perdu.

d. On ne fait pas d'omelette .... casser d'œufs.

e. Il .... va à la chasse .... chien.

f. La grenouille .... l'approche de la pluie.

g. .... perdre de temps, il a vite progressé.

h. ....-tu que la situation s'aggrave ?

Super exercice

a. Donne un synonyme des mots en gras.
b. Relève tous les verbes conjugués au passé simple.
c. Observe comment est orthographié *annonçât*. C'est un subjonctif imparfait qui se distingue du passé simple par son accent circonflexe et la présence du *t* final.
d. Cherche le sens de l'expression *son de trompe*.
e. Fais-toi dicter ce texte.

Quand il s'approcha de l'auberge, s'arrêtant, à peu de distance, il attendait **qu'en raison** de l'usage un guetteur annonçât à son de trompe l'arrivée d'un chevalier. Mais nulle sonnerie ne se fit entendre. **Quant** au cheval, il paraissait pressé de gagner l'écurie ; don Quichotte s'avança donc jusqu'à la porte. Deux femmes **s'y** trouvaient, des femmes du peuple mais qui parurent à notre chevalier de gracieuses dames prenant le frais devant leur château. Il souleva la visière de son casque pour les saluer.

D'après *Don Quichotte*, Cervantès.

19 Les difficultés orthographiques *quel* et *tout*

Je retiens l'essentiel

OBJECTIF
→ Repérer la nature de *quel* et *tout* pour les orthographier.

JE SAIS DÉJÀ
✔ Différencier les principaux homophones grammaticaux.

SUPER MÉMO
Il faut repérer la classe grammaticale de *tout* et de *quel* pour savoir les orthographier.

• *Quel* ou *qu'elle(s)* ?

Quel peut être :

– **un déterminant exclamatif** qui s'accorde en genre et en nombre avec le nom auquel il se rapporte.

Quelle joie d'être un escargot quand il pleut ! (fém. sing.)

– **un déterminant interrogatif** qui s'accorde en genre et en nombre avec le nom auquel il se rapporte.

Quel jour sommes-nous ? (masc. sing.)

Quelles sont vos **lectures** préférées ? (fém. plur.)

Qu'elle(s) est le féminin de **qu'il(s)**.

Il faut **qu'elle** se repose. Il faut **qu'elles** se reposent.

• *Tout*

– Le **pronom tout** est invariable : **Tout** va bien.

– **L'adverbe tout** est invariable : Des livres **tout** neufs.

Attention à l'exception !

L'adverbe tout s'accorde quand il est devant un adjectif féminin commençant par une consonne ou un *h* aspiré.

La lune **toute ronde** (fém. sing.) brillait au-dessus des maisons **toutes neuves** (fém. plur.).

Elles sont **toutes honteuses** (fém. plur.) d'avoir fait une grosse bêtise.

– Le **déterminant indéfini tout** s'accorde en genre et en nombre avec le nom auquel il se rapporte.

Tous les **chats** (masc. plur.) retombent sur leurs pattes.

Je sais comment faire

▷ Pour analyser le mot *tout*

• Des livres **tout** neufs.
Tout est devant l'adjectif **neufs**. Je peux le remplacer par **totalement**. C'est un adverbe. → Il est invariable.

• **Tous** les élèves jouent dans la cour.
Tous est devant le groupe nominal **les élèves**. C'est un déterminant, qui est le contraire de **aucun**.
→ Il s'accorde en genre et en nombre avec **les élèves**, masculin pluriel.

• **Tout** renait au printemps.
Tout est un pronom. Je peux le remplacer par **chaque chose**. → Il est invariable.

Je m'entraine

1 Souligne *tous/toutes* quand il est déterminant indéfini. Encadre le nom auquel il se rapporte.

Il était une fois un roi qui aimait que toutes les choses soient ordonnées, classées, répertoriées. Il décida un jour de rassembler dans le parc de son château toutes les espèces animales vivant sur la terre. Il réunit aisément tous les animaux domestiques et toutes les bêtes sauvages de la forêt avoisinante. Il demanda à tous ses messagers qu'ils rapportent toutes les espèces nouvelles qu'ils pourraient croiser au cours de leurs voyages.

2 Complète avec *quels, quelle, qu'elle* ou *quel.*

a. Ah .... était jolie la petite chèvre de Monsieur Seguin !

b. Sur une carte d'identité, on indique .... sont ton nom et tes prénoms, ... est ta date de naissance, ... est ton lieu de naissance, ... est ta nationalité.

3 Complète avec *toute, tous* ou *toutes.*

a. Prends .... les livres de cette étagère.

b. Dans cette équipe, il y a .... ceux qui courent et .... ceux qui attendent qu'on leur passe la balle.

c. Ramasse .... les assiettes.

d. Il a monté .... la rue en vélo.

e. .... disent que ce maitre est drôle.

f. .... les chats sont gris à minuit.

g. .... les garçons et les filles de cette classe ont gagné le concours de la meilleure nouvelle.

4 Remplace *un, une, des* par *quel* correctement orthographié.

a. (un) .... embouteillage

b. (des) .... guitares

c. (des) .... girafes

d. (un) .... hippopotame

e. (une) .... dictée

f. (un) .... empire

5 Accorde le mot en gras de ces deux extraits de poème.

J'ai reposé mon front sur mon fusil sans poudre
Me prenant à penser, et n'ai pu me résoudre
À poursuivre sa louve et ses fils, qui, **tou**.........
[trois
Avaient voulu l'attendre.

Les Destinées, A. de Vigny.

Il pleure dans mon cœur
Comme il pleut sur la ville.
Quel.......... est cette langueur
Qui pénètre mon cœur ?

Romances sans paroles, P. Verlaine.

Super exercice

Complète avec *elle* ou *elles*.

a. Qu'.............. joue toute seule !

b. Je crois qu'.............. sont rentrées.

c. Je trouve qu'.............. est belle.

d. Je suis sure qu'.............. vont gagner.

e. Penses-tu qu'.............. téléphonera ?

f. Les jupes qu'.............. préfère sont les jupes plissées.

g. Les gâteaux qu'....................savent le mieux faire sont les tartes aux pommes.

Corrigés et conseils parents p. 17 du guide.

Ton évaluation sur ce chapitre

20 Les adverbes en *-ment*

Je retiens l'essentiel

OBJECTIF
→ Orthographier les adverbes de manière en *-ment*.

JE SAIS DÉJÀ
✔ Repérer les adverbes de manière.

SUPER MÉMO
Les adverbes en *-ment* se forment à partir du radical des adjectifs.

- **On forme les adverbes en *-ment* à partir du radical des adjectifs.**

- **Les adverbes sont toujours invariables.**

L'automobiliste roulait **tranquillement** quand un chien traversa **subitement** devant lui.
Les automobilistes roulaient **tranquillement** quand deux chiens traversèrent **subitement** devant eux.

- **Formation des adverbes en *-ment***

– Pour les adjectifs dont le radical masculin se termine par une consonne, on ajoute directement **le suffixe *-ment* au radical du féminin**.

doux, douce → doucement
vif, vive → vivement
bas, basse → bassement
léger, légère → légèrement

– Les adjectifs dont le radical masculin se termine par ***-ant*** deviennent des adverbes en ***-amment***.

savant → savamment
bruyant → bruyamment
méchant → méchamment

– Les adjectifs dont le radical masculin se termine par ***-ent*** deviennent des adverbes en ***-emment***.

patient → patiemment
prudent → prudemment
évident → évidemment

– Pour les adjectifs dont le radical masculin se termine par une voyelle (le plus souvent **é**, **i** ou **u**), on ajoute directement **le suffixe *-ment***.

vrai → vraiment
poli → poliment
résolu → résolument
effronté → effrontément
sage → sagement

Attention à gentil → gentiment.

Je sais comment faire

▷ Pour orthographier les adverbes en *-ment*

- Dans **prudemment**, j'entends [prudament] mais il n'y a pas de **a**. Je dois donc bien retrouver l'adjectif **prudent** pour orthographier correctement l'adverbe. C'est parce que le **m** est redoublé qu'on prononce [a].
- Je n'oublie pas de redoubler le **m** derrière le **a** dans les adverbes formés sur des adjectifs en *-ant* :

élégant → élégamment

Je m'entraine

1 Retrouve les adjectifs à partir desquels on a formé les adverbes suivants.

a. rapidement ....

b. tranquillement ....

c. impatiemment ....

d. violemment ....

e. lentement ....

f. subitement ....

g. oralement ....

h. amèrement ....

2 Forme des adverbes de manière à partir des adjectifs suivants.

a. gentil ....

b. brutal ....

c. visible ....

d. gai ....

e. innocent ....

f. constant ....

g. brillant ....

h. franc ....

3 Barre l'intrus dans chaque série.

a. gentiment – innocemment – grondement

b. courageusement – hurlement – absolument

c. ricanement – rarement – convenablement

d. sagement – aliment – légèrement

e. grincement – finalement – prudemment

4 Remplace les mots soulignés par un adverbe en *-ment*.

a. Papa berce bébé avec douceur.

b. J'attends mon anniversaire avec impatience.

c. Il s'habille toujours avec élégance.

d. Il conduit avec prudence.

e. Il montre son nouveau vélo avec fierté à ses amis.

5 a. Lis ce texte. Recopie le tableau et classe tous les mots qui se terminent par le son *-ant* ou *-ent* selon leur classe grammaticale.

noms	adjectifs	participes présents	adverbes	prépositions

b. Fais-toi dicter ce texte.

Une pêche est apparue brusquement sur le pêcher. Seul, tremblant de froid, James ne savait que faire. La nuit autour de lui était profonde. Rester seul dehors sous la lune, cela a quelque chose d'effrayant, surtout pour un enfant.
Le moindre craquement de brindille vous fait sursauter. C'est cela exactement qu'éprouvait le petit James. Les yeux dilatés par la peur, il regardait droit devant lui, osant à peine respirer.
Au milieu du jardin il pouvait voir se dresser majestueusement la pêche géante.

■ D'après *James et la grosse pêche.*

Super exercice

Souligne tous les mots qui se terminent par les lettres *ent(s)* et donne leur classe grammaticale.

ANGÉLIQUE : Chacun a son but en se mariant. Pour moi, qui ne veux un mari que pour l'aimer véritablement, et qui prétends en faire tout l'attachement de ma vie, je vous avoue que j'y cherche quelque précaution. Il y en a d'autres qui prennent des maris seulement pour se tirer de la contrainte de leurs parents et se mettre en état de faire tout ce qu'elles voudront. Il y en a d'autres, madame, qui font du mariage un commerce de pur intérêt ; qui ne se marient que pour s'enrichir par la mort de ceux qu'elles épousent, et courent sans scrupule de mari en mari pour s'approprier leurs dépouilles. Ces personnes-là, à la vérité, n'y cherchent pas tant de façons et regardent peu à la personne.

■ *Le Malade imaginaire,* Molière.

Corrigés et conseils parents p. 18 du guide.

21 L'accord du participe passé

Je retiens l'essentiel

OBJECTIF
→ Accorder le participe passé employé avec l'auxiliaire *être* ou *avoir*.

JE SAIS DÉJÀ
✔ Faire l'accord du participe passé avec l'auxiliaire *être*.

SUPER MÉMO
Le participe passé employé avec l'auxiliaire *avoir* s'accorde en genre et en nombre avec le complément de verbe si celui-ci est placé avant le verbe.

• **Le participe passé employé avec l'auxiliaire *être***
Employé avec l'auxiliaire **être**, le participe passé s'accorde **en genre et en nombre avec le sujet du verbe.**

Il est part**i** en randonnée. (masc. sing.)
Elle est part**ie** en randonnée. (fém. sing.)
Ils sont part**is** en randonnée. (masc. plur.)
Elles sont part**ies** en randonnée. (fém. plur.)

• **Le participe passé employé avec l'auxiliaire *avoir***
Employé avec l'auxiliaire **avoir**, le participe passé ne s'accorde jamais avec le sujet. Il s'accorde **en genre et en nombre avec le complément de verbe si celui-ci est placé avant le verbe.**

Il a achet**é** de beaux **meubles**.
pas d'accord → complément du verbe placé après le verbe
Quels beaux **meubles** il a achet**és** !
complément placé avant le verbe → accord du participe passé avec le compl. de verbe (masc. plur.)

• **Attention** aux pronoms compléments de verbe devant un verbe conjugué avec l'auxiliaire **avoir**.

Les moufles **que** le géant Casimir a perd**ues** étaient bleues.
que = moufles (féminin pluriel)
Casimir a choisi des moufles bleues mais il **les** a perd**ues**.
les = moufles (féminin pluriel)

Je sais comment faire

▷ Pour accorder le participe passé

1. Je commence par bien repérer l'auxiliaire : ***être*** ou ***avoir*** ?

Le géant Casimir **a** enfilé ses chaussettes et il **est** sorti sur son nuage.
(a : auxiliaire *avoir* ; est : auxiliaire *être*)

2. Avec l'auxiliaire ***être***, **j'accorde** avec le sujet.

Il est sorti sur son nuage. **Elle** est sort**ie** sur son nuage.

3. Avec l'auxiliaire ***avoir*** :

– Je cherche d'abord le complément de verbe.

Il a enfilé **ses chaussettes.** Qu'a-t-il enfilé ? ses chaussettes = complément de verbe.
Quelles jolies **chaussettes** rouges il a enfil**ées** ce matin !
Qu'a-t-il enfilé ? ses chaussettes = complément de verbe.

– Puis je repère la place de ce complément de verbe : **avant ou après le verbe** ?

Il a enfil**é** **ses chaussettes**.
Le complément de verbe est après le verbe → Je n'accorde pas le participe passé.
Quelles jolies **chaussettes** rouges il a enfil**ées** ce matin !
Le complément de verbe est avant le verbe → **J'accorde** le participe passé avec le complément de verbe (fém. plur.).

Je m'entraine

1 Souligne les participes passés.

J'ai vu la sorcière qui a rapetissé, qui a rabougri, qui s'est dégonflée comme si elle avait fondu, tant et si bien que je n'avais plus qu'une grenouille verte avec plein de cheveux. Aussitôt j'ai sauté sur elle, je l'ai plaquée au sol, j'ai tiré la ficelle de ma poche, et je te l'ai prise et je te l'ai saucissonnée. Elle s'est tortillée, elle a étouffé presque, elle a essayé de se regonfler mais la ficelle était trop serrée. Elle m'a regardé avec des yeux furieux et elle a crié « Coap ».

■ D'après *Contes de la rue Broca.*

2 Transforme les phrases selon le modèle.

Il a vu des oiseaux qui sont bleus. → *Les oiseaux qu'il a vus sont bleus.*

a. Elle a vu des souris qui ont de longues moustaches.
b. Ils ont vu un ballon qui était ovale.
c. Il a vu une chatte qui a eu des petits.
d. Elles ont vu un arbre qui était en fleurs.
e. Il a vu des fleurs qui poussaient dans la neige fondue.

3 a. Souligne les compléments de verbe des verbes conjugués au passé composé. b. Accorde les participes passés.

« Moi j'ai eu une fleur que j'ai arros.......... tous les jours. J'ai posséd.......... trois volcans que j'ai ramon.......... toutes les semaines, j'ai ramon.......... aussi celui qui était éteint. On ne sait jamais » dit le Petit Prince. Le businessman a ouver.......... la bouche mais n'a rien trouv.......... à répondre et le Petit Prince est part.......... .

■ D'après *Le Petit Prince.*

4 Accorde si nécessaire les participes passés soulignés.

« Je vous dois la vérité, dit-elle, Nagia est le nom que j'ai <u>choisi</u>.........., mais mon vrai nom est Khadidhetou. Car je suis la fille de l'émir de l'Adrar, le plus riche de tous. Je me suis <u>enfui</u>.......... parce que je ne voulais pas devenir grosse comme ces filles que vous avez <u>vu</u>.......... l'autre jour et je voulais être <u>épousé</u>.......... pour moi seule et non pour la fortune de mon père. Mais je sais qu'il sera heureux de me retrouver et d'assister à mon mariage. »

■ *Légendes des lacs et des rivières.*

Super exercice

Écris le participe passé des verbes entre parenthèses.

Au voleur ! au voleur ! à l'assassin ! au meurtrier ! Justice, juste Ciel ! je suis .... (perdre), je suis .... (assassiner), on m'a .... (couper) la gorge, on m'a .... (dérober) mon argent. Qui peut-ce être ? Qu'est-il .... (devenir) ? Hélas ! mon pauvre argent, mon pauvre argent, mon cher ami ! on m'a .... (priver) de toi ; et puisque tu m'es .... (enlever), j'ai .... (perdre) mon support, ma consolation, ma joie ; je me meurs, je suis mort, je suis .... (enterrer). N'y a-t-il personne qui veuille me ressusciter, en me rendant mon cher argent, ou en m'apprenant qui l'a .... (prendre) ?

■ D'après *L'Avare*, Molière.

Corrigés et conseils parents p. 18 du guide.

22 Les mots terminant en *-é*, *-té*, *-tié* et les mots commençant par *ap-* et *ac-*

Je retiens l'essentiel

OBJECTIF
→ Connaitre certaines règles d'orthographe lexicale.

JE SAIS DÉJÀ
✔ Mettre en œuvre certaines règles d'orthographe lexicale.

SUPER MÉMO
Je retiens les règles d'orthographe qui me permettent d'écrire correctement les débuts ou les finales de certains mots.

- Les noms féminins terminés par le son [é] s'écrivent *-ée* sauf **la clé** ou **clef**, **l'acné**.
  une fée, une armée
- Les noms masculins terminés par le son [é] s'écrivent *-é* sauf **un lycée**, **un musée**.
  un bébé, un fossé
- Les noms féminins terminés par le son [té] s'écrivent *-té*.
  la santé, la liberté
  Exceptions : *la dictée*, *la jetée*, *la montée*, *la pâtée*, *la portée* et les noms indiquant un contenu : *l'assiettée*.
- Les noms féminins terminés par le son [tié] s'écrivent *-tié*.
  l'amitié, la pitié
- Les verbes commençant par *ap-* prennent deux *p* sauf **apaiser**, **apercevoir**, **apitoyer**, **aplanir**, **aplatir**, **apostropher**.
  apprendre, appeler, appareiller
- Les verbes commençant par *ac-* prennent deux *c* sauf **acquérir**.
  accorder, accepter
- Les noms commençant par *ac-* prennent deux *c* sauf **acacia**, **académie**, **acajou**, **acarien**, **acoustique**, **acrobate**, **acuité**.

Je sais comment faire

▷ Pour écrire la terminaison *é*

Quand j'entends un nom se terminer par le son [é], avant d'écrire sa dernière lettre, je cherche s'il est masculin ou féminin.
Un carré est un nom masculin → pas de **e**.
Une allée est un nom féminin → donc un **e**.
Mais si le nom est féminin, je fais aussi attention à la lettre qui est avant le son [é].
Si j'entends [té] ou [tié], je me récite la règle des noms en *-té* comme *liberté* ou des noms en *-tié* comme *amitié*.
Quand je ne suis pas sûr(e) de moi, je consulte toujours le dictionnaire.

Je m'entraine

1 Souligne en bleu les noms masculins, en rouge les noms féminins :

la moitié – le ciré – le marché – la localité – une idée – le curé – l'épée – la matinée – le député.

2 Écris l'article *un* ou *une* devant les noms suivants :

.... clé

.... saleté

.... année

.... pavé

.... marché

.... rosée

.... portée

.... pensée

.... musée

3 Barre l'intrus.

a. la fumée – la clé – une idée – la cheminée – l'allée

b. la dictée – la jetée – la fraternité – la montée – la pâtée

c. l'acrobate – l'acuité – l'accoudoir – l'acacia – l'acoustique

4 Complète ces phrases avec l'un de ces mots :

beauté – maternité – captivité – dictée – jetée.

a. Maman est entrée à la .... pour la naissance de mon petit frère.

b. J'ai réussi à ne faire aucune faute dans ma ....

c. Les animaux sont malheureux en ....

d. Une .... s'avance dans la mer.

e. Cette année, les roses ont été de toute ....

5 Complète avec le verbe commençant en *ap-* qui convient.

a. On .... un animal.

b. Maman t'.................................... ton gouter à l'école.

c. En haut de la tour Eiffel on .... tout Paris.

d. Mon papi s'.................................... Pierre.

e. Le pâtissier .... la pâte avec son rouleau.

6 Complète par *-ée* ou *-té*.

la chemin.........., une journ.........., la beau.........., la bon.........., la pure.........., la rapidi.........., la chicor.........., une soir.........., la chari.......... .

Super exercice

Ajoute soit un *c*, soit deux *c*.

a..........acia

a..........adémie

a..........oupler

a..........oucher

a..........ide

a..........ent

a..........ident

a..........rocher

23 Les registres de langue

OBJECTIF
→ Reconnaitre et utiliser les différents registres de langue.

JE SAIS DÉJÀ
✔ Utiliser les différents registres de langue.

SUPER MÉMO
Il existe trois registres de langue : familier, courant, soutenu.

Je retiens l'essentiel

- **On appelle registre de langue le niveau de correction et de recherche du langage.**

On adapte son niveau de langue à la **situation** (écrit, oral, discours à une personne connue ou inconnue, etc).

- **Il y a trois registres de langue.**

– **Le registre familier**

Les règles de grammaire ne sont pas toutes respectées.
Le vocabulaire est abrégé ou relâché.
Il peut être imagé.

J'peux pas sacquer les grolles de boy-scout.

La négation *ne pas* est incomplète.
On ne prononce pas le -*e* du pronom *je*.
On emploie le terme *sacquer* pour *supporter* et le terme *grolles* pour *chaussures.*
On emploie l'image *boy-scout* pour faire référence aux chaussures de marche.
C'est un registre d'expression relâchée.

– **Le registre courant**

Les règles de grammaire sont respectées.
Le vocabulaire est courant. Tout le monde peut le comprendre.

Je n'aime pas les grosses chaussures de marche.

C'est simple, clair, précis.
C'est le langage qu'on doit utiliser quand on écrit.

– **Le registre soutenu**

Les règles de grammaire sont respectées.
Le vocabulaire est recherché.

J'abhorre les brodequins.

Ce registre marque une recherche de l'expression et une certaine distance entre les gens qui se parlent.

Je sais comment faire

▷ Pour utiliser différents registres

- Quand j'écris, j'essaie de **ne pas changer de registre**.

Avec papa, on était parti piqueniquer (langue courante)
quand de sombres nuées s'amoncelèrent sur nos têtes. (langue soutenue)

Le décalage entre les deux est comique mais peu adapté à un récit de pique-nique !

- **J'adapte mon langage** à mon interlocuteur. Je ne parle pas à un adulte comme à un copain.

Je m'entraine

1 **a. Souligne en rouge deux expressions en langue soutenue, en bleu deux expressions en langue familière et en vert une faute de grammaire.**
b. Quel effet vise le texte ?

Papa, il est prof de français… Oh pardon : mon père enseigne la langue et la littérature françaises. C'est pas marrant tous les jours ! L'autre jour, par exemple, je me suis coupé le pouce. « Papa, papa ! Va vite chercher un pansement, je pisse le sang ! ai-je hurlé.
– Je te prie de bien vouloir t'exprimer correctement, a répondu mon père.
– Très cher père, ai-je corrigé, je me suis entaillé le pouce et le sang s'écoule abondamment de la plaie.
– Ah, voilà qui est mieux, a commenté papa, satisfait. Examinons d'un peu plus près cette égratignure. Mais t'es cinglé ou quoi ? File à la salle de bains ! Je ne veux pas voir cette boucherie ! »

D'après *Nouvelles Histoires pressées.*

2 **a. À quel registre appartient le langage utilisé dans ce texte ?**
b. Relève quatre expressions qui justifient ta réponse.
c. Quelle faute de grammaire a été commise dans la première phrase ?

Et puis une Américaine qui connait pas Redford, ça me dépasse. Elle préfère Racine. On arrive donc au ciné et là, une queue terrible. On attend, on grelotte et on avance millimètre par millimètre, avec un type derrière moi qui me poussait avec son bide, comme si lui c'était la raquette et moi la balle de tennis. Après des milliards d'heures, c'est à nous et j'allonge mes deux sacs à la caissière sous verre.

3 **Compare ces deux anecdotes.**
a. À quel registre appartiennent-elles ?
b. Justifie ta réponse en relevant les expressions significatives.

Ma chère amie, je ne sais si vous éprouvez des sensations pareilles aux miennes au volant d'une automobile ! Il est détestable de se trouver au milieu de cette accumulation de véhicules, en proie aux vociférations de conducteurs impatients, soumise aux effluves pestilentiels des gaz d'échappement.

Je n'aime pas me déplacer en voiture. Ce n'est pas que je n'aime pas conduire, mais me retrouver coincée dans un embouteillage, merci bien ! Me faire insulter par le conducteur à ma droite, écouter hurler celui de gauche et respirer le petit nuage noir craché par la voiture de devant, on peut rêver mieux !

4 **Donne l'équivalent en langue courante de ces expressions en langue familière.**

a. bouquin **b.** boire de la flotte **c.** bouffer
d. crasseux **e.** boucan

Super exercice

Donne un synonyme en langue courante pour chaque expression soulignée.

Chantecler, le coq, commença à sommeiller. Or Renart regardait tout le <u>manège</u>. Avec satisfaction il avait vu la confiance du coq : quand il le vit <u>assoupi</u>, Renart sortit des choux rouges, et glissant une patte l'une après l'autre, sans courir, il s'approcha, le menton rasant la terre. Puis il s'élança pour <u>happer</u> d'un seul bond Chantecler. Mais le dormeur était éveillé ; d'un saut de côté, il fut de l'autre côté du tas de fumier. Renart <u>pesta</u> contre sa malchance, mais il ne pouvait rentrer <u>bredouille</u>.

Roman de Renart.

Corrigés et conseils parents p. 18 du guide.

Ton évaluation sur ce chapitre

24 Les différents sens d'un mot

Je retiens l'essentiel

OBJECTIF
→ Trouver le sens d'un mot dans le dictionnaire en s'aidant du contexte.

JE SAIS DÉJÀ
✔ **Repérer les divers sens d'un mot dans un dictionnaire.**

SUPER MÉMO
Certains mots ont plusieurs sens, on dit qu'ils sont polysémiques.

- **Beaucoup de mots de la langue française ont plusieurs sens.**
Dans le dictionnaire, les sens d'un mot sont numérotés en caractères gras. Ainsi, dans le dictionnaire *Le Robert Junior*, le mot **prise** a sept sens.

prise **n. f.** **1.** Action de prendre. *Le 14 juillet 1789 est la date de la prise de la Bastille,* c'est le jour où le peuple s'est emparé de la Bastille. **2.** Ce que l'on attrape. *Le pêcheur a fait une belle prise,* il a attrapé un gros poisson. **3.** *Une prise de judo,* une manière particulière d'attraper son adversaire. **4.** Appui. *L'alpiniste cherche des prises sur la paroi à pic. Lâcher prise,* cesser de tenir ce à quoi l'on se tient. **5.** *Avoir prise sur quelqu'un,* c'est pouvoir agir sur lui. *Ces enfants sont si désinvoltes que l'on n'a pas prise sur eux.* **6.** *Une prise (de courant),* c'est un dispositif qui établit un contact électrique. → aussi **multiprise.** *Branche la lampe dans la prise.* **7.** *Une prise de sang,* c'est l'action de prélever un peu de sang pour l'analyser. *On a fait une prise de sang à Léa.*
▷ Mot de la famille de PRENDRE.

- **Choisir la bonne définition**
Lorsqu'on a trouvé le mot qu'on cherche dans le dictionnaire, il faut choisir la définition qui convient, **selon le sens du mot dans le texte** (son contexte). L'ensemble d'un texte donne des informations, des indices, qui permettent de préciser le sens du mot que l'on cherche à définir.
Parfois, il n'est pas utile de chercher le mot dans le dictionnaire pour trouver son sens. Il suffit de le rattacher au contexte.
Où as-tu **pêché** ce pantalon ? Dans une brocante probablement.
Ici, *pêché* ne veut pas dire *retiré* de l'eau mais *trouvé.*

Je sais comment faire

▷ Pour consulter des documents numériques

Je peux aussi trouver la définition d'un mot sur Internet.
Si je cherche le sens du mot : oasis.

- Dans la barre d'adresse en haut je tape « oasis larousse ».
- Je clique sur le lien « Définition : oasis – Dictionnaire de français Larousse »
- La définition s'affiche.
- Je peux aussi consulter les autres onglets : synonymes, difficulté, encyclopédie.

oasis
nom féminin
(bas latin *Oasis*, du grec *Oasis*, d'origine é)

Définitions | Synonymes | Difficultés

- Îlot de terrain, apte à la végétation et à l'habitation humaine, perdu au milieu d'espaces désertiques et dont l'existence est généralement liée à la présence de l'eau amenée par conduites (à partir de secteurs plus humides) ou par puits (nappe souterraine).
- Zone fertile dans une étendue de terrains arides.
- Tout lieu, toute situation qui offre une détente, un repos, qui se présente comme une exception au milieu de ce qui est désordre, trouble, etc. : *Une oasis de fraîcheur dans une ville surchauffée.*

Je m'entraine

1 **a. Choisis la définition du mot *fléau* qui convient pour ce texte.**
b. Construis une phrase en utilisant le mot *fléau* dans l'autre sens.

Les paysans de cette contrée aride travaillaient beaucoup mais ne devenaient jamais riches. Des fléaux s'abattaient régulièrement sur eux ; tantôt une nuée de sauterelles dévorait les jeunes pousses, tantôt faute de pluie les récoltes séchaient sur place, tantôt la guerre dévastait tout sur son passage.

1 fléau n. m. 1. Instrument formé de deux bâtons attachés bout à bout par une courroie, qui servait autrefois à battre le blé.
Au pl. *Des fléaux.* **2.** *Le fléau d'une balance,* c'est la pièce en équilibre sur laquelle sont posés les plateaux.
2 fléau n. m. Catastrophe qui s'abat sur une population. *La guerre, les épidémies, les tremblements de terre sont des fléaux.*

2 **Coche la définition qui convient pour le mot souligné.**

a. Le feu a brulé des hectares de forêt. La gendarmerie a signalé plusieurs foyers.
- ☐ maison, famille
- ☒ endroit d'où est parti le feu
- ☐ endroit central de la cheminée

b. Le plat m'a échappé des mains.
- ☐ enfui
- ☐ évité
- ☒ glissé
- ☐ pas remarqué

c. On va armer les fondations de poutres de fer.
- ☐ défendre
- ☐ inciter à attaquer
- ☒ renforcer

d. J'ai mis mes valises à la consigne.
- ☐ énoncé avant un exercice
- ☐ punition infligée à un soldat
- ☒ endroit où l'on laisse les bagages en dépôt

3 **Lis ce texte très vite en soulignant le mot entre parenthèses qui convient.**

Dans le **(monde, personne, rien)** actuel, tout va très vite et ce que les gens **(jouent, attendent, courent)**, ce sont des possibilités de s'évader pour **(maison, rêver, rangement)** ou approfondir leurs **(jeux, connaissances, oies)**. Si presque chaque foyer **(nettoie, possède, envie)** une **(roman, encyclopédie, album)** sous forme de livre, elle reste le plus **(souvent, jamais, toujours)** rangée dans la bibliothèque, remplacée qu'elle est par les supports électroniques qui **(parole, changent)** notre quotidien. C'est ce qui explique le **(résultat, crayon)** modeste des ventes de ce genre d'ouvrages.

Super exercice

Cherche dans un dictionnaire le sens des mots en italique. Lesquels sont introuvables ?

L'air méfiant il alla prendre le livre sur une étagère. Puis, revenu avec le bouquin, il se mit à le consulter péniblement.
– Voyons voir… *Vésubie… Vésuve… Vetter… Véturie,* mère de *Coriolan* ça y est pas.
– C'est avant les feuilles roses qu'il faut regarder.
– C'est d'un compliqué… Ah ! enfin, des mots que tout le monde connaît… *Vestalat… vésulien… vétilleux… euse* ça y est ! le voilà ! Et en haut d'une page encore. *Vêtir.* Y a même un accent circonchose. Oui vêtir. Je vêts, là vous voyez si je m'esprimais bien tout à l'heure. Et *dévêtir* ?

D'après *Zazie dans le métro,* R. Queneau.

VOCABULAIRE

25 Sens propre, sens figuré

Je retiens l'essentiel

OBJECTIF
→ Distinguer le sens propre et le sens figuré dans un texte.

JE SAIS DÉJÀ
✔ Repérer les divers sens d'un mot dans un dictionnaire.

SUPER MÉMO
Le sens propre d'un mot est son sens premier, le sens figuré est un sens imagé.

- De nombreux mots et expressions peuvent être employés au **sens propre** ou au **sens figuré**.

- **Le sens propre d'un mot ou d'une expression est son sens premier et le plus usuel (le plus courant).**
Le sens figuré est un sens imagé du sens propre.
Il y a de l'orage dans l'air.
Au **sens propre**, cela signifie que l'orage va bientôt éclater.
Au **sens figuré**, cela signifie qu'une dispute se prépare. On compare la dispute à l'orage qui gronde. Il va éclater, tout comme la dispute qui semble imminente.

- **Quelques expressions au sens propre et au sens figuré**

Expression	Sens propre	Sens figuré
Il m'assomme.	Il me donne un coup.	Il me fatigue.
Il y a un bouchon.	Il y a un bouchon de bouteille.	Il y a un embouteillage.
J'ai eu froid dans le dos.	J'ai le dos qui a gelé.	J'ai eu peur.

- **Attention**
Certaines expressions ne sont utilisées qu'au sens figuré.
L'expression se tenir les côtes signifie : rire à n'en plus pouvoir.

Je sais comment faire

▷ Pour trouver le sens d'un mot ou d'une expression en repérant le contexte

- Je peux compléter par **un complément circonstanciel** qui va me permettre de préciser le sens de *bouchon*.
Il y a un **bouchon**.
→ Il y a un bouchon **sur la bouteille**.
→ Il y a un bouchon **sur l'autoroute**.

- Je peux chercher **un synonyme ou terme proche**.
Il y a un **bouchon**.
→ Il y a une **capsule**.
→ Il y a un **embouteillage**.

- Quand je peux varier la construction d'un verbe, il a souvent un sens propre et un sens figuré.
Je glisse **une lettre** dans la boite.
construction directe = j'introduis une lettre dans la boite (sens propre)

Je glisse **sur les détails**.
construction indirecte = je n'insiste pas (sens figuré)

Je m'entraine

1 Donne la signification des expressions soulignées.

Peu après l'achat de la voiture, nous fîmes des pieds et des mains pour que papa nous mène auprès d'elle. Il souleva le capot et nous dit de regarder à l'intérieur pour chercher le petit oiseau qui était dans le moteur. Pendant ce temps il grimpait au volant et appuyait sur le klaxon.
« Pouêt, pouêt ! »
Le rugissement nous avait cassé les oreilles et fait sauter d'effroi.
Papa était plié en deux. Il attrapa même le hoquet. Depuis ce jour, il n'arrête pas de nous bassiner les oreilles avec son exploit. Nous, on rit jaune de s'être fait avoir aussi facilement.

■ D'après *Treize à la douzaine.*

2 Indique après chaque expression au sens figuré le numéro correspondant à son sens propre.

a. donner sa tête à couper ....
b. mettre la main à la pâte ....
c. prendre la mouche ....
d. avoir le dernier mot ....
e. avoir les dents longues ....
f. rire dans sa barbe ....
g. baisser les bras ....
h. casser les pieds ....
i. être de marbre ....
j. une honnêteté de façade ....

1. se réjouir discrètement
2. être ambitieux
3. capituler
4. être certain
5. ennuyer
6. travailler soi-même
7. une fausse apparence d'honnêteté
8. se mettre en colère
9. l'emporter sur
10. être insensible

3 Invente deux phrases avec chacun des verbes suivants en les utilisant d'abord au sens propre, puis au sens figuré.

Exemple : Marcher
→ Nous avons marché pendant des heures.
→ Sa mère n'a pas marché dans sa combine.

peser – éclater – avancer – battre – mugir

4 Indique après chaque expression au sens figuré le numéro correspondant à son sens propre.

a. Si le cœur vous en dit, reprenez du fromage. ....
b. Elle est verte de peur. ....
c. Il est tombé dans les pommes. ....
d. Il a un cheveu sur la langue. ....
e. Il a triché, j'en mettrais ma main au feu. ....

1. Il a un défaut de prononciation.
2. Il s'est évanoui.
3. Si vous en avez envie, reprenez du fromage.
4. Elle a très peur.
5. Il a triché, j'en suis certain.

Super exercice

Trouve le sens des expressions suivantes.

a. broyer du noir
....
b. mettre son nez partout
....
c. bayer aux corneilles
....
d. avoir le cœur sur la main
....
e. prendre ses jambes à son cou
....
f. avoir l'estomac dans les talons
....

Corrigés et conseils parents p. 19 du guide.

Ton évaluation sur ce chapitre

26 Les préfixes et les suffixes

Je retiens l'essentiel

OBJECTIF
→ Reconnaitre et utiliser les préfixes et les suffixes.

JE SAIS DÉJÀ
✔ Modifier le radical d'un mot en lui ajoutant un préfixe ou un suffixe.

SUPER MÉMO
Le préfixe joue sur le sens d'un mot. Le suffixe change souvent la classe grammaticale d'un mot.

- **Un mot peut être formé de différents éléments :**

– le **radical**, ou racine. C'est le mot ou la partie d'un mot qui se retrouve dans tous les mots de la même **famille** :
terrain, **terr**asse, **terr**itoire, at**terr**ir
– le **préfixe**. Il modifie le sens d'un mot, il se place avant le radical et permet d'obtenir des mots dérivés :
heureux, **mal**heureux
– le **suffixe**. Il change un verbe en nom (passer, pass**age**) ou en adjectif (charme, char**mant**).
Il change un adjectif en adverbe (évident, évidem**ment**).

- Voici quelques préfixes qui permettent de modifier le sens du radical.

Préfixe	Rôle	Exemple
in-/im- **mal-, ir, il-**	Ils indiquent le contraire.	**mal**honnête **il**lisible
re-	Il indique la répétition.	**re**dire
pré-	= avant, devant	la **pré**histoire : *période avant l'histoire*
pro-	= en avant de	**pro**jeter : *jeter en avant*
en-/em-	= mettre en ou mettre dans	**em**prisonner : *mettre en prison* **en**filer : *passer un fil dans une aiguille*
sur-, super-	Ils marquent la supériorité.	**sur**voler, **super**poser
sou-	Il a généralement le même sens que sous.	un **sou**terrain
mono-	= un	un **mono**ski
bi-	= deux	une **bi**cyclette : *un cycle à 2 roues*
a- **é-**	= rendre plus	**a**maigrir : *rendre plus maigre* **é**claircir : *rendre plus clair*
inter-	= entre	**inter**venir : *venir entre*

Je sais comment faire

▷ Pour retenir l'orthographe de familles de mots

- À partir d'un nombre limité de radicaux, je peux construire beaucoup de mots dérivés en jouant sur les préfixes et les suffixes.

Quand j'ai appris à orthographier ces radicaux et le fonctionnement des préfixes et suffixes, je sais orthographier les mots de la même famille.
cycle → bi**cycle**tte, tri**cycle**
sphère → hémi**sphère**, **sphér**ique

Je m'entraine

1 Retrouve le radical à partir duquel est formé chaque mot souligné.

Une chaleur grisâtre pesait sur les toits. Jane désespérait d'arriver rue Ravenel. Emprisonnée dans son chemisier, elle avait une sensation d'étouffement. Au-dessus d'elle, des nuages s'entrechoquaient mais le ciel n'était pas menaçant. Pourtant des grondements s'étaient déjà fait entendre.
L'orage arriva sauvagement. Un éclair transperça l'avenue juste devant la bicyclette de Jane et alla s'écraser sur la devanture du pharmacien.

2 Forme le contraire de ces mots en ajoutant un préfixe que tu souligneras.

a. mobile .... immobile
b. heureux .... malheureux
c. légal .... illégale
d. correct .... incorrect
e. patient .... inpatient
f. réel .... irréel
g. responsable .... iresponsable
h. obéissant .... désobéissant
i. faire .... défaire
j. lisible .... illisible

3 Pour chaque mot souligné, donne un mot de la même famille.

Remèdes traditionnels

Si votre enfant est coléreux
Un peu de sirop sulfureux

Pour corriger un paresseux
Des crottes de savon mousseux

Pour le diablotin trop remuant
Un bain chaud de goudron gluant

Une petite mijaurée
Trempera dans la chicorée

■ D'après « *Remèdes traditionnels* ».

4 À partir des cinq verbes soulignés, forme un nom de la même famille par dérivation.

Exemple : sécher → sécheresse.

Lorsque tu te sèches au soleil après une baignade, l'eau qui se trouve sur ta peau s'évapore.
Mais pour se changer en vapeur, il lui faut de la chaleur : elle tire cette chaleur en partie de ton corps ; c'est pourquoi tu te sens rafraîchi.
Les réfrigérateurs fonctionnent de la même façon.

■ *Comment ça marche ?*

5 Donne deux mots de la même famille pour chaque terme souligné.

Avant qu'il ne trouve le chemin de l'enfer, le Diable a vécu très longtemps sur la terre. Naturellement, il ne passait pas inaperçu. Il ne s'écoulait guère de journées sans qu'il ne commette un méfait et ceux qui avaient à supporter son voisinage s'en plaignaient beaucoup. Mais nul ne pouvait rien contre lui et la seule consolation des malheureux résidait dans l'espoir de voir déménager ce vieux monstre cornu.

■ D'après *Légendes des lacs et des rivières.*

Super exercice

Donne deux mots de la même famille pour chaque terme souligné.

Le printemps

Le temps a laissé son manteau
De vent, de froidure et de pluie
Et s'est vêtu de broderies
De soleil luisant, clair et beau.
Il n'y a ni bête ni oiseau
Qu'en son jargon ne chante ou ne crie :
« Le temps a laissé son manteau
De vent, de froidure et de pluie. »

■ Charles d'Orléans, *Chansons et Rondeaux.*

Corrigés et conseils parents p. 19 du guide.

Ton évaluation sur ce chapitre

27 Étymologie

Je retiens l'essentiel

OBJECTIF
→ Reconnaitre quelques racines grecques et latines.

JE SAIS DÉJÀ
✔ Repérer les familles de mots.

SUPER MÉMO
L'étymologie est l'origine des mots.

• **On appelle étymologie l'origine des mots.**
Une grande partie des mots français vient du latin et du grec.

• **Voici quelques racines grecques qui ont permis d'obtenir des mots dérivés en français.**

racine grecque	sens	mot français
cyclos	cercle, roue	cycle
ortho	droit	orthographe
télé	loin	télévision
thermo	chaleur	thermomètre
graph	écrire	télégraphe
phone	voix	téléphone
biblio	livre	bibliothèque
thèque	armoire	discothèque
logie	discours, science	logique

• **Voici quelques mots latins qui ont donné des préfixes français.**

mot latin	sens	mot français
in, im	dans	intérieur
ex, e	hors de	extérieur
trans	à travers	transmettre
con, co, col, cor	avec	confronter, collaborer, correspondre

• **Attention** à ne pas confondre le préfixe en *in-* qui marque le contraire (**in**visible, **im**mobile) avec celui qui marque le mouvement vers l'intérieur (**in**terne ≠ **ex**terne).

Je sais comment faire

▷ Pour trouver le sens et l'orthographe de certains mots

• Les racines grecques ont donné en français des mots savants.
En connaissant quelques racines grecques, je peux deviner le sens d'un mot français.
micro = petit → Un **micro**be est tout petit, la **micro**informatique concerne les petits ordinateurs.
chronos = temps → Un **chrono**mètre mesure le temps, la **chrono**logie permet de dater les événements historiques.

• Je retiens que **certains mots contiennent les lettres ch, ph, th,** parce qu'ils ont été formés à partir du grec.
chronique, **ph**ilosophie, **th**éâtre

Je m'entraine

1 **En te servant des préfixes *ex-*, *e-* ou *in-*, *im-*, forme les contraires des mots suivants.**

a. extérieur ……………………
b. importer ……………………
c. déplanter ……………………
d. immigrer ……………………
e. invasion ……………………

2 **Forme un autre mot sur la racine soulignée dans chaque terme.**

a. aphone ……………………
b. téléphérique ……………………
c. bouteille thermos ……………………
d. graphisme ……………………
e. polyvalent ……………………
f. monologue ……………………
g. aquarium ……………………
h. hippopotame ……………………
i. antérieur ……………………
j. puéril ……………………
k. postérité ……………………
l. biologie ……………………
m. automobile ……………………

3 **Sachant que le suffixe *-di* vient de *dies* en latin qui signifie jour, trouve le jour de la semaine qui correspond à chacune de ces définitions.**

a. le jour de Mars ……………………
b. le jour de la Lune ……………………
c. le jour de Vénus ……………………
d. le jour de Mercure ……………………
e. le jour de Jupiter ……………………
f. le jour du sabbat ……………………

4 **Donne la définition de ces mots.**

a. *bi* = deux → une bicyclette = ?
b. *hémi* = moitié → un hémisphère = ?
c. *callos* = beau → calligraphie = ?
d. *géo* = terre → géographie = ?
e. orthophoniste = ?

5 **Classe ces mots selon leur racine latine :** *tempus* (le temps), *carrus* (le char), *frigidus* (froid).

charrette – temporaire – refroidissement – charrue – charriot – frigorifié – temporel – carrosse – temporiser – froidure

Tempus : ……………………

Carrus : ……………………

Frigidus : ……………………

Super exercice

a. Souligne les mots latins qui sont dits par les personnages.
b. Quels mots ont-ils donnés en français ?

MONSIEUR DIAFOIRUS : Allons Thomas, prenez l'autre bras de Monsieur, pour voir si vous saurez porter un bon jugement de son pouls. *Quid dicis* ?
THOMAS DIAFOIRUS : *Dico* que le pouls de monsieur est le pouls d'un homme qui ne se porte point bien.
MONSIEUR DIAFOIRUS : Bon.
THOMAS DIAFOIRUS : Qu'il est duriuscule, pour ne pas dire dur.
MONSIEUR DIAFOIRUS : Fort bien.
THOMAS DIAFOIRUS : Repoussant.
MONSIEUR DIAFOIRUS : *Bene.*
THOMAS DIAFOIRUS : Et même un peu caprisant.

Le Malade imaginaire, Molière.

Corrigés et conseils parents p. 20 du guide.

Ton évaluation sur ce chapitre

28 Commencer un récit

Je retiens l'essentiel

OBJECTIF
→ Repérer et rédiger un début de récit ou de conte.

JE SAIS DÉJÀ
✔ Lire et écrire un récit.

• Quatre questions
Quand un récit ou un conte commence, le narrateur donne brièvement au lecteur des réponses aux questions suivantes :
Qui ?
Où ?
Quand ?
Quoi ?

Qui ?	De quel personnage va-t-on parler ?
Où ?	Dans quel cadre se passe l'action ?
Quand ?	À quelle époque peut-on situer l'action ? Dans le conte l'époque est souvent indéterminée : *autrefois, jadis, il était une fois* sont des termes qui situent vaguement l'action dans le temps.
Quoi ?	De quoi est-il question dans cette histoire ?

Dans cette partie, les verbes sont plutôt conjugués **au présent ou à l'imparfait.**
Toutes ces informations sont souvent regroupées en **un seul paragraphe**.
Au début d'un récit ou d'un conte, il ne se passe rien d'important, la situation est en équilibre. Un événement soudain perturbe cet équilibre et l'action se met en place.

Je sais comment faire

SUPER MÉMO
Le début d'un récit présente un personnage qui évolue dans un lieu précis et à une époque donnée.

▷ Pour repérer les caractéristiques d'un début de conte ou de récit

• **Je relève les mots qui répondent aux questions.**

Où ? au Japon — Quand ? à une époque indéterminée — Qui ? l'empereur

Au pays du Soleil Levant, vivait autrefois un empereur qui possédait le plus beau jardin qui se puisse imaginer. Il avait fallu des années pour l'amener au point de perfection où il se trouvait au moment où commence cette histoire. Chaque arbre, chaque fleur, chaque pierre avait son importance et contribuait à l'harmonie de cette œuvre d'art.
Or, un matin, au cours de sa promenade, l'Empereur vit que l'un de ses pruniers avait péri. Il en conçut un vif chagrin, car pour lui l'harmonie de son jardin en était irrémédiablement brisée.

Le Prunier.

Quoi ? La relation d'harmonie qu'entretient cet empereur avec son jardin.

Les verbes sont en majorité **à l'imparfait.**
Toutes ces informations sont regroupées dans le **premier paragraphe**.
Le deuxième paragraphe présente un événement soudain *(un matin)* qui remet en cause l'équilibre présenté au début du récit : un prunier a péri et pour l'empereur *l'harmonie de son jardin en était irrémédiablement brisée.*

Je m'entraine

1 Relève les mots qui répondent aux questions : *qui ? où ? quand ? quoi ?*

Il y avait une fois, dans le quartier des Gobelins, à Paris, une vieille sorcière, affreusement vieille, et laide, mais qui aurait bien voulu passer pour la plus belle fille du monde !

Contes de la rue Broca.

2 Relève les mots qui répondent aux questions : *qui ? où ? quand ? quoi ?*

Il était une fois un joli petit diable, tout rouge, avec deux cornes noires et deux ailes de chauve-souris. Son papa était un grand diable vert et sa maman une diablesse noire. Ils vivaient tous les trois dans un lieu qui s'appelle l'enfer, et qui est situé au centre de la terre. En principe les diables sont méchants. Pour eux, c'est bien d'être méchant. Mais notre petit diable, lui, voulait être gentil, ce qui faisait le désespoir de sa famille.

Contes de la rue Broca.

3 Lis ce texte et réponds par vrai (V) ou faux (F).

Dans le placard à balais d'une maison, tout près d'un lac, vivait un souriceau nommé Tony. Il adorait les livres. Or, heureusement pour lui, les enfants de la maison les adoraient aussi. Chaque semaine, ils en rapportaient de pleines brassées de la bibliothèque. Les enfants lisaient les livres pendant la journée et Tony dévorait les couvertures pendant la nuit. Il jugeait toujours un livre sur sa couverture.

Une nuit, Tony escalada un livre qui avait été laissé ouvert. Il y avait le portrait d'une souris sur la première page. Sa fascination fut telle qu'il lut le livre cinq fois, et qu'il en oublia de déguster la couverture.

La Passion de Tony la souris.

a. Tony adorait manger les couvertures des livres. ....

b. Tony adorait lire les livres. ....

c. Tony vit dans les bois. ....

d. Tony vit dans une maison. ....

e. Tony s'occupe des livres le jour. ....

f. Tony s'occupe des livres la nuit. ....

g. Tony dévore les livres qui présentent le portrait des souris. ....

4 Invente le début de récit qui se situe juste avant ces lignes.

Et puis, un jour, la Gaule devint chrétienne et Monsieur le curé interdit aux gens de porter des offrandes et de venir danser autour de la source. Il prétendait qu'ils y perdraient leur âme et que la fée était un diable.

La Fée du robinet.

Super exercice

Lis ce texte et remplis le tableau.

Pendant un demi-siècle, les bourgeoises de Pont-l'Évêque envièrent à Mme Aubain sa servante Félicité.

Pour cent francs par an, elle faisait la cuisine et le ménage, cousait, lavait, repassait, savait engraisser les volailles, battre le beurre, et resta fidèle à sa maîtresse qui cependant n'était pas une personne agréable.

Elle avait épousé un beau garçon sans fortune, mort au commencement de 1809, en lui laissant deux enfants très jeunes avec une quantité de dettes. Alors elle vendit ses immeubles et elle quitta sa maison de Saint-Melaine pour en habiter une autre qui revenait moins cher.

D'après *Un cœur simple*, G. Flaubert.

qui ?	....
où ?	....
quand ?	....
temps des verbes	....

29 La description

Je retiens l'essentiel

OBJECTIF
→ Lire et rédiger une description.

JE SAIS DÉJÀ
✔ Lire une description.

SUPER MÉMO
Une description donne à voir et permet de situer le cadre de l'action d'un récit.

- **Une description permet de représenter le cadre de l'action d'un récit.**

On l'écrit au **présent** ou à **l'imparfait**.

- **Organisation d'une description**

On organise une description selon :
– la **profondeur** : premier plan, second plan, arrière-plan ;
– la **verticalité** : en haut en bas ;
– la **latéralité** : à gauche, à droite.

On utilise un vocabulaire qui désigne : **des couleurs, des formes, des sensations**.
Une description s'intéresse à :
– **l'allure générale** ;
– quelques **détails** ;
– l'**impression** qui se dégage du paysage : impression de bien-être ou d'hostilité.

En bas, les champs étaient noyés de brume. (→ allure générale)
Le clos de M. Seguin disparaissait dans le brouillard, et de la maisonnette on ne voyait plus que le toit avec un peu de fumée. (→ un détail)
Elle écouta les clochettes d'un troupeau qu'on ramenait, et se sentit toute triste. (→ impression générale de tristesse)

Je sais comment faire

▷ Pour repérer les caractéristiques d'une description

- Je repère le temps des verbes : ils sont en majorité à **l'imparfait**.
- Je repère les termes qui organisent la description.

On sentait qu'il y avait un peu de vent en bas, parce que les arbres frissonnaient comme la fourrure d'un chat, qu'on caresse à rebrousse-poil. Et, à l'ouest, s'étendaient des collines avec des champs, découpés en carrés, en triangles, des champs de blé, couleur des cheveux d'Hermine, des champs de luzerne, vert clair, des prés, plus foncés, des champs de tulipes de toutes les nuances imaginables, roses, bleues, jaunes, rouges. On voyait aussi des routes, étendues au soleil comme des serpentins blancs, et même, à l'est, il y avait un passage à niveau, avec un train si petit qu'il avait l'air d'un train électrique, mais on voyait bien à son panache de fumée que c'était un vrai train.

■ *La maison qui s'envole.*

verbes à l'imparfait	verticalité
latéralité	formes
couleur	sensation

Je m'entraine

1 Souligne en bleu les mots qui désignent une forme, en rouge les mots qui désignent une couleur.

Le plongeur saute dans l'eau bleue. Puis il se met à descendre et l'eau change de couleur. Elle s'assombrit. Il aperçoit des poissons triangulaires, des poissons ronds multicolores. Puis les grandes algues allongées disparaissent. Il fait de plus en plus noir. Seul le halo rond de sa torche dérange les bancs de poissons. Soudain elle s'éteint, le plongeur ne voit plus aucune forme, il nage dans la plus complète obscurité.

2 a. Quel est le temps des verbes de ce texte ?

....

b. Souligne en bleu un mot indiquant un point dans l'espace.
c. Souligne en rouge un mot marquant une sensation.
d. Souligne en vert trois mots marquant une forme.
e. Encadre en rouge quatre mots marquant une couleur.

Le soleil était levé et la barre de nuages, à l'est, ne formait plus qu'une mince ligne sur l'horizon, laissant le dôme du ciel parfaitement clair. Dans l'air calme et pur, l'on entendait au loin les trilles des alouettes au-dessus des prés qui longeaient le sentier de part et d'autre. Des boutons-d'or parsemaient l'herbe par endroits et, parmi les jaunes et les verts, des marguerites sauvages levaient leur visage de craie contrastant avec les teintes rouille des sureaux.

Kes.

3 Rédige une description à partir de cette image, en utilisant :

- l'imparfait ;
- les mots *en haut, en bas, à droite, à gauche* ;
- au moins 2 mots indiquant une forme ;
- 3 mots indiquant des couleurs.

Super exercice

a. Souligne en bleu deux mots indiquant une couleur.
b. Souligne en rouge un mot indiquant une forme.
c. Souligne en vert une expression de comparaison.

Devant la porte de la ferme, les hommes endimanchés attendaient. Le soleil de mai versait sa claire lumière sur les pommiers épanouis, ronds comme d'immenses bouquets blancs, roses et parfumés, et qui mettaient sur la cour entière un toit de fleurs. Ils semaient sans cesse autour d'eux une neige de pétales menus, qui voltigeaient et tournoyaient dans l'herbe haute.

D'après « Baptême », *Miss Harriet*, G. de Maupassant.

30 Résumer un texte documentaire

Je retiens l'essentiel

OBJECTIF
→ Saisir l'essentiel d'un texte documentaire pour une approche du résumé.

JE SAIS DÉJÀ
✔ Trouver des informations dans un texte documentaire.

SUPER MÉMO
Pour résumer un texte, il faut le reformuler avec le moins de mots possibles.

Méthode

Résumer un texte documentaire, c'est **repérer les informations essentielles et les reformuler de la manière la plus courte possible**.

Exemple

POURQUOI A-T-ON DEUX YEUX ?

Parce que les yeux sont distants l'un de l'autre, les images que transmet chaque œil au cerveau diffèrent légèrement les unes des autres. Mais, en comparant les images, le cerveau peut donner une figure tridimensionnelle qui aide à évaluer les distances. C'est ce qu'on appelle la vision stéréoscopique.
Celle-ci disparait lorsqu'on ferme un œil ; on obtient alors une vue à deux dimensions comme sur une photo, rendant ainsi l'évaluation des distances beaucoup plus difficile.
Deux yeux valent mieux qu'un.

Résumé de ce texte

Les images transmises par chaque œil sont différentes.
En comparant l'image reçue par chaque œil, le cerveau fabrique une image en trois dimensions.

Je sais comment faire

▷ Pour me préparer au résumé d'un texte documentaire

1 • **Je lis attentivement le texte** plusieurs fois pour bien le comprendre et je cherche les mots difficiles dans le dictionnaire.
Tridimensionnelle signifie en trois dimensions : largeur, longueur et profondeur.
La vision stéréoscopique est une vision en relief.

2 • **Je repère la structure du texte :**
→ La première ligne est l'introduction qui indique le phénomène qui sera expliqué.
→ Le premier paragraphe montre que pour voir en relief, c'est-à-dire en trois dimensions, on a besoin des deux yeux.
→ Le deuxième paragraphe montre qu'avec un seul œil on voit en deux dimensions.
→ La dernière ligne sert de conclusion.

3 • Quand j'ai bien compris l'essentiel du texte, **je peux le résumer en le reformulant de la manière la plus courte possible**.

Je m'entraine

1 Voici un texte et trois résumés. Lis-les et encadre le résumé qui te parait le plus réussi.

D'où vient la pluie ?

C'est la vapeur d'eau, en plus grande quantité, qui engendre les nuages dans le ciel. Sous l'effet de la chaleur du soleil, l'eau des océans, des lacs et des rivières s'évapore en petites molécules d'eau soulevées par le vent. En montant, l'air se refroidit et certaines molécules d'eau se condensent et forment des nuages, tout comme la vapeur de la bouilloire. L'air froid ne retient pas l'humidité aussi bien que l'air chaud ; aussi lorsqu'il fait trop froid, une partie de l'eau retourne à la terre sous forme de pluie. Puis le cycle de la pluie recommence.

■ D'après *Le Petit Débrouillard.*

Résumé a : La pluie est de la vapeur d'eau.
Résumé b : La pluie provient de l'évaporation de l'eau.
Résumé c : Sous l'effet du soleil l'eau de la terre s'évapore, se condense sous forme de nuage et retombe en gouttes au contact de l'air froid.

2 Mets entre crochets dans le texte documentaire les trois parties correspondant aux sous-titres suivants :

a. Histoire du chat noir
b. Comportement du chat
c. Reproduction du chat

Depuis très longtemps, les hommes ont peur des chats noirs. Ils sont assimilés au diable ou aux sorciers. Aujourd'hui encore certaines personnes n'aiment pas croiser un chat noir. Les chats comme tous les félins sont très doués pour la chasse surtout de nuit. Même domestiqué le chat garde facilement son instinct de chasseur. Les chattes portent leurs petits, neuf semaines dans leur ventre. Leur portée peut aller de deux à dix chatons.

3 Lis ce texte et ces trois résumés. Encadre le résumé qui te parait le plus réussi.

Les cactus, qui ont affaire à des climats désertiques, ont résolu astucieusement leur problème de transpiration : ils ont remplacé leurs feuilles, qui les videraient de leur eau, par des épines ! Quant aux réserves d'eau, elles sont stockées et retenues dans les tiges, gonflées comme des éponges. Les cactus sont les champions pour économiser leur eau. Ils peuvent survivre dans les déserts, même sans une goutte de pluie, pendant plusieurs années.

Résumé a : Les cactus ont des épines pour vivre dans le désert.
Résumé b : Les cactus ne transpirent pas.
Résumé c : Les cactus peuvent vivre longtemps sans eau, grâce à leurs tiges qui stockent l'eau et leurs épines qui évitent la transpiration.

Super exercice

Résume ce texte en une phrase de 10 mots maximum.

Il y avait une fois, ô ma Mieux Aimée, il y avait dans la mer une Baleine, et qui mangeait les poissons.
Elle mangeait le mulet et le carrelet, le merlan et le poisson-volant, le turbot et le maquereau, l'anguille, sa fille et toute sa famille qu'a la queue en vrille.
Tous les poissons qu'elle pouvait attraper dans toute la mer, elle les mangeait avec sa bouche – comme ça !

■ *Histoires comme ça,* R. Kipling.

Corrigés et conseils parents p. 21 du guide.

Ton évaluation sur ce chapitre

31 Argumenter

Je retiens l'essentiel

OBJECTIF
→ Argumenter et donner son point de vue sur un évènement.

JE SAIS DÉJÀ
✔ Justifier mon point de vue.

SUPER MÉMO
Pour convaincre son interlocuteur, il faut présenter des arguments.

• **Définition**
Certains textes ont pour but de **convaincre**. L'auteur développe alors des **arguments** pour influencer son lecteur.
Il peut montrer le pour ou contre.
Pour ou contre la carte bancaire pour les jeunes.
Pour : la carte apprend à acheter seul, à gérer son argent de poche.
Contre : elle encourage à acheter n'importe quoi.
On éclaire le lecteur en lui donnant les avantages et les inconvénients d'une proposition.

• **Les arguments peuvent être de différentes sortes.**
On peut faire appel :
– **à la raison :** Les jeunes voyagent de plus en plus. La carte leur permet de retirer de l'argent un peu partout en France.
– **au plaisir :** Les jeunes peuvent dépenser leur argent sans rendre de comptes à leurs parents.
– **aux sentiments :** La carte est gratuite.

• **Les arguments peuvent être plus ou moins développés.**
Un code secret personnel permet de retirer de l'argent 24 heures sur 24 partout en France.
Toutes les opérations figurent sur des relevés de compte envoyés régulièrement.
La carte est gratuite et on peut l'obtenir dès l'âge de quinze ans.

• Pour convaincre quelqu'un, des petits mots outils sont bien utiles : *en effet, donc, car, parce que, puisque, pour que, afin que, alors, si, par conséquent, ainsi,* etc.
Si vous n'avez pas encore de carte, demandez-la à votre banque.
Parce que la responsabilité s'apprend, apprenez à gérer votre argent.

Je sais comment faire

▷ Pour repérer les caractéristiques d'une argumentation

• **Je repère l'enchainement des arguments** à partir des mots de liaison.

Ce n'est pas esthétique de manger du chewing-gum, (argument 1)
d'ailleurs cela donne mal à l'estomac (argument 2) **et** le sucre reste collé aux dents. (argument 3)

Cette phrase énonce trois inconvénients que représente le fait de manger du chewing-gum pour me convaincre de ne pas le faire.

Je m'entraine

1 Caroline écrit à son amie Marie-Noëlle pour la convaincre de partir avec elle en colonie de vacances.

Souligne dans sa lettre les phrases qui correspondent aux trois arguments suivants :

a. (en bleu) elles seront ensemble ;
b. (en rouge) elles feront du poney, des randonnées, de la voile ;
c. (en vert) elles participeront à des veillées.

Chère Marie-Noëlle,

Je pars le mois prochain en colonie à Girgols dans le Cantal. J'aimerais bien que tu viennes avec moi. On s'amuserait si on était toutes les deux. On ferait du poney, des randonnées à vélo, de la voile. Et puis le soir, on fait un feu de camp, on chante des chansons et on se raconte beaucoup d'histoires.

Alors, si tu es d'accord, peux-tu demander à tes parents ? J'espère que nous passerons les vacances ensemble.

Gros bisous,

Caroline, ta meilleure copine.

2 **Place les mots suivants dans le texte :** *mais – et – d'une part – d'autre part – en effet.*

La télévision est utile pour apprendre beaucoup de choses. .... elle propose des reportages sur d'autres pays, ... elle présente chaque jour plusieurs points sur l'actualité. .... il faut savoir choisir ses programmes .... ne pas tout regarder. .... certaines émissions sont sans intérêt. Il faut donc apprendre à être un téléspectateur averti.

3 **Reclasse en deux colonnes les mots outils suivants : les synonymes de *et* et les synonymes de *mais* :**

puis – or – en outre – pourtant – de plus – cependant – néanmoins.

4 **Voici une liste d'arguments pour ou contre un animal de compagnie. Souligne en bleu les arguments pour et en rouge les arguments contre.**

a. Un animal familier peut être une présence affectueuse.
b. Un animal familier peut apporter des microbes.
c. Un animal familier peut faire des dégâts dans une maison.
d. Un animal familier peut être une contrainte quand on part en vacances.
e. Un animal familier peut jouer avec les enfants.

Super exercice

Observe cette drôle d'argumentation chez Molière. On appelle ce procédé *comique de répétition.*
Comment expliques-tu, dans cet extrait, cette formule ?

TOINETTE : C'est du poumon que vous êtes malade.
ARGAN : Du poumon ?
TOINETTE : Oui. Que sentez-vous ?
ARGAN : Je sens de temps en temps des douleurs de tête.
TOINETTE : Justement, le poumon.
ARGAN : Il me semble parfois que j'ai un voile devant les yeux.
TOINETTE : Le poumon.
ARGAN : J'ai quelquefois des maux de cœur.
TOINETTE : Le poumon.

D'après *Le Malade imaginaire*, Molière.

32 Approche de la poésie

Je retiens l'essentiel

OBJECTIF
→ Reconnaitre quelques éléments essentiels d'un poème.

JE SAIS DÉJÀ
✔ Mémoriser et réciter des poésies.

SUPER MÉMO
La poésie joue sur le langage.

- **La poésie joue sur les mots, les sons, les rythmes.** Elle s'exprime souvent en vers.

- **Un poème est divisé en paragraphes qu'on appelle strophes.**
Chaque strophe contient un nombre précis de vers qui lui donne son nom :
– Une strophe de 4 vers est un **quatrain**.
Prends ta musette sur l'épaule,
Petit et cours au bord du ruisseau
Écoute les bruissements du saule
Et les froissements de roseau ■ *Poèmes du petit matin.*
– Une strophe de 3 vers est un **tercet**.
Et pendant bien longtemps nous restions là blottis,
Heureux, et tu disais parfois ! « Ô chers petits !
Un jour vous serez grands, et moi je serai vieille ! » ■ *Roses de Noël.*

- **Chaque ligne d'un poème est un vers.**
– Un vers de 8 syllabes est un **octosyllabe**.
Savez-vous ce qui est comique ?
Une oie qui joue de la musique ■ *La Lanterne magique.*
– Un vers de 12 syllabes est **un alexandrin**.
Les nuages couraient sur la lune enflammée
Comme sur l'incendie on voit fuir la fumée. ■ *Les Destinées.*

- **La répétition d'un même son en fin de vers est une rime.**
Avez-vous vu le dromadaire
Dont les pieds ne touchent pas par terre

Je sais comment faire

▷ Pour décrire un poème

Demain, dès l'aube, à l'heure où blanchit la campagne
Je partirai. Vois-tu, je sais que tu m'attends.
J'irai par la forêt, j'irai par la montagne.
Je ne puis demeurer loin de toi plus longtemps.
■ *Les Contemplations.*

1 • **Je compte le nombre de vers** de cette strophe : il y en a 4. → C'est un quatrain.
2 • **Je compte le nombre de syllabes** de chaque vers : il y en a 12.
→ Ce sont des alexandrins.
3 • **Je repère les sons qui riment.** → Ce sont les sons « *agne* » et « *ten* ».

Je m'entraine

1 Trouve des mots qui riment avec les mots suivants.

a. banquise ....

b. cachalot ....

c. moustaches ....

d. marelle ....

e. charlotte ....

f. foule ....

g. fête ....

2 Souligne le mot qui rime parmi les trois proposés entre parenthèses.

Ta main est une feuille
Ouverte aux quatre vents
Elle attend qu'on la (**prenne, secoue, cueille**)
Pour se donner (**parfois, souvent, toujours**)
Ta main est une étoile
Aux lumineuses branches
Qui sait ce qu'elle (**tient, porte, dévoile**)
En sortant de sa (**poche, manche, image**)

Poèmes du petit matin.

3 Complète ce poème avec ces mots :

récure – rinçage – chaussures – étincellent – heure – beurre – essorage – vaisselle.

Quelques bons conseils

Pour bien nettoyer vos ....
Mettez-les avec la ....
Et la machine les ....
tellement qu'elles ....
Versez du lait pour le ....
De votre linge : en un quart d' ....
En même temps que l' ....
La machine fera du ....

La Banane à la moutarde.

4 Sur l'exemple des deux premières strophes, complète les autres comme tu veux.

Arbre
Qui m'as donné cette ombre
Blé
qui m'as donné ce pain
Rivière
Qui m'as donné ....
Chatte
Qui m'as donné ....
Nuit
Qui m'as donné ....
Mot
Qui m'as donné ....
Que pourrais-je vous rendre
À vous tous qui m'avait tant donné
Sans jamais rien demander

Poèmes du petit matin.

Super exercice

a. Souligne les rimes de cette strophe.
b. Comment appelle-t-on ces vers ?
c. Apprends par cœur cet extrait de poème et récite-le.

Pluie d'été

Que la soirée est fraîche et douce !
Oh ! viens ! il a plu ce matin ;
Les humides tapis de mousse
Verdissent tes pieds de satin.
L'oiseau vole sous les feuillées,
Secouant ses ailes mouillées ;
Pauvre oiseau que le ciel bénit !
Il écoute le vent bruire,
Chante et voit des gouttes d'eau luire,
Comme des perles, dans son nid.

Odes et Ballades, V. Hugo.

Corrigés et conseils parents p. 21 du guide.

Ton évaluation sur ce chapitre

33 Reconnaitre les différents genres littéraires

Je retiens l'essentiel

OBJECTIF
→ Identifier les genres littéraires.

JE SAIS DÉJÀ
✔ **Repérer plusieurs sortes de textes.**

SUPER MÉMO
Les écrits littéraires à l'école se classent en sept grandes catégories : l'album, la bande dessinée, le conte, la fable, le roman, la poésie, le théâtre.

• On désigne par **genres littéraires des textes qui ont des caractéristiques communes**.

• À l'école primaire, on lit :
– **des romans** dont l'histoire assez longue peut être découpée en chapitres. Il existe plusieurs sous-genres romanesques : romans historiques, romans d'aventures, romans policiers, romans d'apprentissage…
Trois graines de cacao d'Evelyne Brisou Pellen est un roman historique qui raconte l'histoire d'un jeune garçon embarqué sur un navire qui fait du commerce triangulaire.
– **des contes**, qui, issus de la tradition orale, acceptent le merveilleux : animaux qui parlent, objets magiques, etc.
Cendrillon, *Blanche-Neige* sont des contes célèbres.
– **des albums**, qui utilisent conjointement le texte et l'image. L'image peut répéter le texte, le compléter ou le contredire.
– **de la bande dessinée** qui combine le texte et les images. Les vignettes, les bulles et les encadrés sont de tailles et formes diverses.
– **de la poésie** qui travaille la langue dans sa matérialité. Elle joue sur les rythmes, les rimes, les sonorités, et bouscule les structures syntaxiques habituelles.
– **du théâtre** qui présente les répliques des personnages, précédées de leurs noms et des indications scéniques. Celles-ci servent à préciser les jeux de scène, les mouvements des acteurs prévus par l'auteur de la pièce. Le théâtre doit être joué et mis en scène. Il n'y a pas de narrateur, mais des dialogues entre les personnages.

Je sais comment faire

▷ Pour classer les textes

Quand je vois	Je sais qu'il s'agit…
Un texte avec des images.	d'un album.
Un texte avec des images réparties dans des cases ou vignettes.	d'une BD.
Un texte narratif long.	d'un roman.
Un texte narratif court.	d'une nouvelle.
Des dialogues.	d'une pièce de théâtre.
Des vers.	de la poésie.

Attention ! La poésie n'est pas toujours en vers.

Je m'entraine

1 Voici des titres. Entoure la bonne réponse.

- *Qui a tué Minou Bonbon ?* de Joseph Périgot, « Mini Syros », Syros.
- *Pas de pitié pour les poupées B.* de Thierry Lenain, « Mini Syros », Syros.
- *Le Crime de Cornin Bouchon* de Marie et Joseph, « Souris noire », Syros.
- *Les Doigts rouges* de Marc Villard, « Mini Syros », Syros.

Ce sont les titres de romans policiers.

Ce sont des titres de romans historiques.

Ce sont des titres de contes.

2 Indique le genre littéraire auquel appartiennent ces extraits.

a. LE MARI. – Élisabeth ! – J'ai faim voyons, il arrive ou non ce rôti de lapin ?
LA FEMME. – Il n'est pas encore tout à fait prêt, mais la soupe est déjà sur la table.
LE MARI *(avale bruyamment)*. – Ah ! aujourd'hui la soupe est encore immangeable.
LA FEMME. – Comment ça ? Aujourd'hui c'est justement une très bonne soupe.
LE MARI. – Personne ne dit que la soupe n'est pas bonne, je veux simplement dire qu'elle est immangeable parce qu'elle est trop chaude. [...]

Karl Valentin, *Le Rôti de lapin* in *Sketches*.

b.

Le Papyrus de César, Astérix.

c.

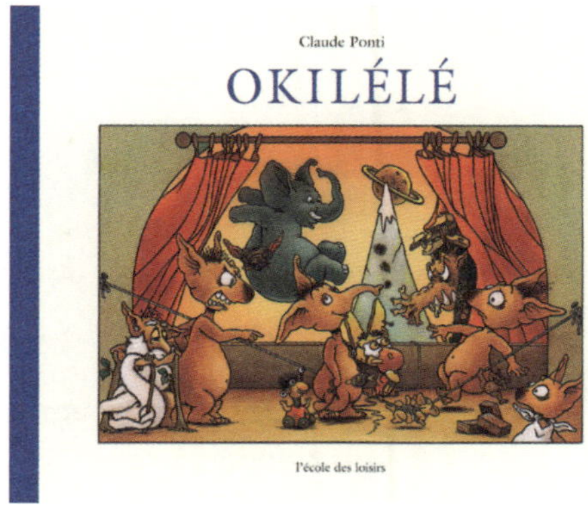

Claude Ponti, *Okilélé*.

3 Donne deux critères qui permettent de classer l'extrait dans les textes de théâtre.

ALAIN. – Oui… (son portable vibre) Excusez-moi… (il s'écarte du groupe) […]
ANNETTE. – Vous avez d'autres enfants ?
VÉRONIQUE. – Bruno a une sœur de neuf ans, Camille. Qui est fâchée avec son père parce que son père s'est débarrassé du hamster cette nuit.
ANNETTE. – Vous vous êtes débarrassé du hamster ?
MICHEL. – Oui, ce hamster fait un bruit épouvantable la nuit. Ce sont des êtres qui dorment le jour.

Extrait de « Le Dieu du carnage », Yasmina Reza.

Super exercice

Combien de titres de contes retrouves-tu dans ce début de poème ? Souligne-les.

La Belle au Bois dormait. Cendrillon sommeillait.
Madame Barbe-bleue ? elle attendait ses frères ;
Et le petit Poucet, loin de l'ogre si laid,
Se reposait sur l'herbe en chantant des prières.
L'Oiseau couleur-du-temps planait dans l'air léger
Qui caresse la feuille au sommet des bocages
Très nombreux, tout petits, et rêvant d'ombrager
Semaille, fenaison, et les autres ouvrages.

Paul Verlaine, *La Belle au bois dormant dormait.*

Corrigés et conseils parents p. 21 du guide.

Ton évaluation sur ce chapitre

34 Écrire un texte cohérent

Je retiens l'essentiel

OBJECTIF

→ Savoir faire progresser l'information dans un texte.

JE SAIS DÉJÀ

✔ **Repérer les substituts nominaux et pronominaux.**

SUPER MÉMO

Quand j'écris un texte, j'évite les répétitions, je respecte les temps, j'introduis des mots de liaison.

Pour écrire un texte clair et compréhensible, et bien relier les phrases entre elles dans un texte, il faut savoir :

• 1 • **Utiliser des substituts** pour désigner les personnages, les lieux, ou remplacer des groupes nominaux dont on a déjà parlé dans le texte.
Ces substituts peuvent être :
– des pronoms : Il était une fois **une jolie princesse**. **Elle** s'appelait Philomèle.
– des groupes nominaux : un synonyme. Cette **jeune fille** chantait très bien.
Une périphrase : **Fille du roi**, elle pouvait avoir **les meilleurs professeurs de chant** du royaume.
Les substituts permettent d'éviter les répétitions, mais doivent indiquer clairement de qui ou de quoi on parle.

• 2 • **Respecter la cohérence temporelle** en conjuguant les verbes au temps qui correspond à l'action qu'ils expriment. Quand un événement se passe :
– au moment où on parle, ou s'il a un caractère général, on emploie le **présent**.
Philomèle aime chanter.
– avant le moment où l'on parle, on emploie **les temps du passé**. **L'imparfait** permet de décrire ou de mettre en place le cadre de l'histoire ou de commenter ce qui se passe. **Le passé simple** ou **le passé composé** évoquent des évènements importants de durée brève.
Philomèle **avait** de beaux cheveux blonds. Un jour elle **décida** de les couper.
– à l'avenir, on emploie le futur.
Elle le **regrettera**.

• 3 • **Employer des mots de liaison** entre les phrases qui ordonnent les évènements dans le temps ou les relient de façon logique.
Temps : d'abord, puis, ensuite, un jour, enfin…
Logique : car, ainsi, alors, donc.

Je sais comment faire

▷ Pour passer d'une phrase à l'autre

• Pour bien faire progresser mon texte, je fais aussi attention à la ponctuation.

• Je n'oublie pas de diviser mon texte en paragraphes.

• Je commence mes phrases par une majuscule et je les termine par un point.

• J'utilise les guillemets et les tirets dans les dialogues.

Je m'entraine

1 Complète chaque phrase avec les pronoms personnels qui manquent.

a. Le chat rôde dans le jardin, ... mangerait bien un merle.

b. Les cygnes n'aiment pas que l'on s'approche de leurs petits quand .... ne savent pas encore bien nager.

c. Le boulanger fait son pain, le matin .... se lève de bonne heure, au milieu de la nuit.

d. Ma mère tricote de jolis pulls. Je .... adore.

2 Classe la liste des mots suivants, qui organisent un texte, dans le tableau.

Une semaine plus tard, un jour, à droite, c'est pourquoi, désormais, à gauche, en effet, en haut, il était une fois, donc.

Expressions marquant la chronologie des événements.	Expressions marquant un lien de cause à effet	Expressions donnant des indications de lieu
....	....	....
....	....	....
....	....	....
....	....	....

3 Replace les mots dans le texte suivant.

Il était une fois, l'animal, ciel, le, mais, lui, et il.

.... un mandarin qui possédait un chat excessivement beau et qu' .... aimait par-dessus tout .... trouvait cet .... si merveilleux, qu'il décida de l'appeler « Ciel »
........................, un ami .... dit :
« Sais-tu qu'il existe une chose plus plaisante que le ...., ce sont les nuages. »

■ D'après Madeleine Riffaud, *Le chat si extraordinaire.*

4 Remets ce texte dans l'ordre.

a. Il était une fois un homme qui était tailleur de pierres.

b. « Il faut que nous vous amenions vite à l'hôpital ».

c. Les pompiers arrivèrent sur le lieu de l'accident. Ils lui dirent :

d. Mais l'homme refusa catégoriquement, il avait horreur de l'hôpital.

e. Un jour qu'il était en train de soulever une grosse pierre, elle lui échappa et elle lui tomba sur la jambe et lui cassa le tibia

Super exercice

Lis le texte suivant.

a. Justifie le temps des verbes soulignés.

b. Par quels autres mots est désignée la petite couturière ?

c. Quelle expression indique le moment d'un évènement qui va en déclencher d'autres ?

Mon père, qui s'appelait Joseph, était alors un jeune homme brun, de taille médiocre, sans être petit. Il avait un nez assez important, mais parfaitement droit, et fort heureusement raccourci aux deux bouts par sa moustache et ses lunettes…
Il rencontra un dimanche une petite couturière qui s'appelait Augustine, et il la trouva si jolie qu'il l'épousa aussitôt.

■ Marcel Pagnol, *La Gloire de mon père.*

Corrigés et conseils parents p. 22 du guide.

LIRE ET ÉCRIRE

35 Savoir se relire et améliorer ses écrits

Je retiens l'essentiel

OBJECTIF
→ Savoir améliorer sses écrits

JE SAIS DÉJÀ
✔ **Me relire en orthographe.**

SUPER MÉMO
Pour améliorer mon brouillon, je peux ajouter des mots, en enlever. Je fais attention au lien entre les phrases et entre les paragraphes.

• L'écriture d'un texte demande plusieurs réécritures. Entre le brouillon et la version définitive, il ne faut pas juste corriger les erreurs d'orthographe, mais améliorer son texte, c'est-à-dire :
– vérifier qu'il répond bien à la consigne,
– l'enrichir,
– corriger ses phrases,
– supprimer les répétitions et s'assurer de la cohérence des liens entre les phrases.

• Soit la consigne d'écriture : Décris ton animal préféré. Voici ce qu'a écrit Faustine sur son premier brouillon.

C'est un animal sauvage. C'est le roi des animaux. C'est un carnivaure. Il a une crignaire. Il a pas peur des autres.

Voici le texte définitif :
Mon animal préféré est le lion, c'est un animal sauvage. C'est le roi des animaux et son rugissement dans la savane est puissant. Carnivore, il chasse avec les lionnes. Il court vite et sa crinière est magnifique. Il ne craint pas les autres animaux.

Le lecteur comprend mieux le message.
Les phrases sont plus longues.
Les erreurs d'orthographe ont disparu.
Craindre est synonyme d'avoir peur mais convient mieux ici.
Le verbe craindre est entouré par la double négation « ne… pas », la phrase devient correcte.

Je sais comment faire

▷ Pour améliorer mon brouillon

- Je dois me mettre à la place du destinataire.
- Je dois vérifier que je réponds bien à la consigne.
- Je dois supprimer les contradictions.
- Je dois ajouter des éléments pour mieux me faire comprendre.
- Je dois vérifier que mes phrases sont correctes.
- Je dois utiliser un dictionnaire pour trouver des synonymes.
- Je dois utiliser un dictionnaire pour vérifier l'orthographe des mots.

Je m'entraine

1 Réécris ce texte en faisant des phrases courtes, terminées par des points.

Alors Jeannot partit dans la montagne, et après il marcha pendant des jours et puis il arriva devant une cabane… et puis il frappa et entra, mais dans la cabane, il y avait un ogre.

2 Compare les deux textes. Souligne les erreurs du premier texte et classe-les dans le tableau suivant.

a. Par un jour de mal diction, un afreux serpent s'installa à l'entrée d'une vallée. Dans cette vallée vivait une tribu de taupe. Et puis ce serpent il mangeait tous ce qui voulaient entrer et sortir de la vallée.

b. Par un jour de malédiction, un affreux serpent s'installa à l'entrée d'une vallée où vivait une tribu de taupes. Or ce serpent mangeait tous ceux qui voulaient entrer ou sortir de cette vallée.

Erreurs orthographiques	…………
Ponctuation	…………
Mot de liaison	…………
Confusion de mots	…………
Répétition	…………

3 Décris un objet que tu aimes et réponds aux questions par Vrai (V) ou Faux (F)

a. Mon texte est écrit au « je » : ……..

b. Il est écrit au passé simple : ……..

c. Il comporte une seule phrase : ……..

d. J'utilise des adjectifs pour le décrire : ……..

e. J'utilise des comparaisons pour le décrire : ……..

4 Réécris ce dialogue en langage normal.

Ce soir des amis viennent manger chez les Robert. C'est le moment de l'apéritif.

– Chérie, si tu servais de l'alpaga à nos invités avec quelques ampoules farcies et des tranches de mobylette ?
Madame Robert écarquille les yeux.
– Pardon ? […] Et pourquoi pas du cerf-volant avec une bonne couche de serpentin ?

■ Pascal Garnier, *Dico dingo*, Nathan.

Super exercice

Écris le portrait d'un loup en plus de cinq lignes.

Pour rédiger le portrait d'un loup	Relis-toi et vérifie :
Je place correctement les points et les majuscules.	
Je conjugue au présent.	
J'utilise des synonymes : animal, bête	
J'utilise des termes précis : oreilles, museau, pelage	
J'accorde les verbes avec leurs sujets	
J'accorde les adjectifs avec les noms	
Mon portrait de loup fait peur ? rire ? est précis ?	

Corrigés et conseils parents p. 22 du guide.

Ton évaluation sur ce chapitre

Mathématiques

Mathématiques

Nombres et calculs

N°	Titre	Page	Date	Évaluation
1	Les grands nombres	78		
2	Les fractions	80		
3	L'addition et la comparaison de fractions	82		
4	Les nombres décimaux et les fractions décimales	84		
5	La comparaison de nombres entiers et décimaux	86		
6	L'addition et la soustraction de nombres entiers	88		
7	La multiplication de nombres entiers	90		
8	L'addition et la soustraction de nombres décimaux	92		
9	La multiplication d'un nombre décimal par un nombre entier	94		
10	Les multiples et les diviseurs	96		
11	La division entre deux nombres entiers	98		
12	La division avec quotient décimal	100		
13	Calcul mental	102		
14	La calculatrice	104		
15	La proportionnalité	106		
16	Les pourcentages	108		
17	Échelles et vitesses	110		
18	Les graphiques	112		

Espace et géométrie

N°	Titre	Page	Date	Évaluation
19	Les angles et les triangles	114		
20	Les quadrilatères	116		
21	Les cercles et les polygones	118		
22	Les solides	120		
23	La symétrie	122		
24	Les constructions géométriques	124		

Grandeurs et mesures

N°	Titre	Page	Date	Évaluation
25	Les durées	126		
26	Les mesures d'aire et de périmètre	128		
27	Calculer une aire et un périmètre	130		
28	Les unités de masse et de contenance	132		

Problèmes

N°	Titre	Page	Date	Évaluation
29	La résolution de problèmes (1)	134		
30	La résolution de problèmes (2)	136		

1 Les grands nombres

Je retiens l'essentiel

OBJECTIF
→ Lire et écrire les grands nombres.

JE SAIS DÉJÀ
✔ **Lire, écrire les nombres à 6 chiffres.**

SUPER MÉMO
Le mot *mille* ne prend jamais de *s* à la fin. Il est invariable.

- **Les grands nombres sont organisés en classes.**
Chaque classe comporte des **unités**, des **dizaines**, des **centaines**.

classe des milliards			classe des millions			classe des mille			classe des unités simples		
c	d	u	c	d	u	c	d	u	c	d	u
			1	4	9	5	9	7	8	7	0
		1	4	2	7	0	0	0	0	0	0

On lit :
cent-quarante-neuf-**millions** cinq-cent-quatre-vingt-dix-sept-**mille**-huit-cent-soixante-dix
un-**milliard**-quatre-cent-vingt-sept-**millions**

- **Les chiffres ont une signification différente selon leur position dans l'écriture d'un nombre.**

1 427 000 000

chiffre des unités de milliards
chiffre des centaines de millions
chiffre des unités de millions
chiffre des dizaines de millions

Mais le nombre de millions est 1 427.

- **Attention**

Quand on écrit les grands nombres en chiffres, on laisse un **espace** entre les classes pour faciliter la lecture :

45 293 quarante-cinq-mille-deux-cent-quatre-vingt-treize
452 258 000 quatre-cent-cinquante-deux-millions-deux-cent-cinquante-huit-mille

Je sais comment faire

▷ Pour décomposer un nombre de façon additive

- 149 597 870 = (1 × 100 000 000) + (4 × 10 000 000) + (9 × 1 000 000) + (5 × 100 000) + (9 × 10 000) + (7 × 1 000) + (8 × 100) + (7 × 10)
- 1 427 000 000 = (1 × 1 000 000 000) + (4 × 100 000 000) + (2 × 10 000 000) + (7 × 1 000 000)

▷ Pour trouver le nombre de…

- 149 597 870 = 1 495 × **100 000** + 97 870
→ Pour 149 597 870, le nombre de **centaines de milliers** est 1 495.
- 1 427 000 000 = 142 × **10 000 000** + 7 000 000
→ Pour 1 427 000 000, le nombre de **dizaines de millions** est 142.

Je m'entraine

1 Voici la superficie en km² de quelques pays. Écris ces nombres en lettres.

a. Canada : 9 976 139
b. Brésil : 8 511 965
c. Éthiopie : 1 221 900
d. Mauritanie : 1 030 700
e. Pérou : 1 285 216

2 Voici le nombre d'habitants de quelques villes en 2013.

Écris ces nombres en chiffres.

a. Londres : douze-millions-quatre-cent-quarante-huit-mille-quatre-cent-quarante-huit
b. Moscou : quatorze-millions-huit-cent-trente-sept-mille-cinq-cent-dix
c. Madrid : six-millions-trois-cent-vingt-et-un-mille-trois-cent-quatre-vingt-dix-huit
d. Rome : quatre-millions-deux-cent-soixante-quatre-mille-cinq-cent-quatre-vingt-quinze
e. Buenos Aires : quatorze-millions-deux-cent-trente-cinq-mille-cent-six

3 Complète.

Dans 47 568 000, le nombre de millions est ....

Dans 258 700 000, le nombre de dizaines de millions est ....

Dans 3 580 000, le nombre de centaines de mille est ....

Dans 472 600, le nombre de centaines est ....

4 Écris la décomposition additive de ces nombres.

a. 1 254 000
b. 102 000
c. 10 580 000
d. 17 200 500
e. 205 400

5 La plus grande distance en km entre la Terre et le Soleil est : 152 105 142.

Quel est le chiffre :

a. des unités de mille ? ....
b. des unités de millions ? ....
c. des dizaines de mille ? ....
d. des centaines de millions ? ....
e. des dizaines de millions ? ....

6 La plus petite distance en km entre la Terre et le Soleil est : 147 103 311.

Quel est le nombre :

a. de millions ? ....
b. de milliers ? ....
c. de dizaines de mille ? ....
d. de dizaines de millions ? ....
e. de centaines de millions ? ....

7 Complète la grille en écrivant ces nombres en chiffres.

- neuf-millions-sept-cent-soixante-cinq-mille-deux-cent-dix-huit
- trente-mille-six-cent-quarante-neuf
- quatre-vingt-deux-mille-six-cent-six
- douze-mille-quatre-cent-soixante-quinze
- sept-millions-trois-cent-quarante-cinq-mille-six-cent-vingt-sept
- dix-sept-mille-deux-cent-quarante-sept

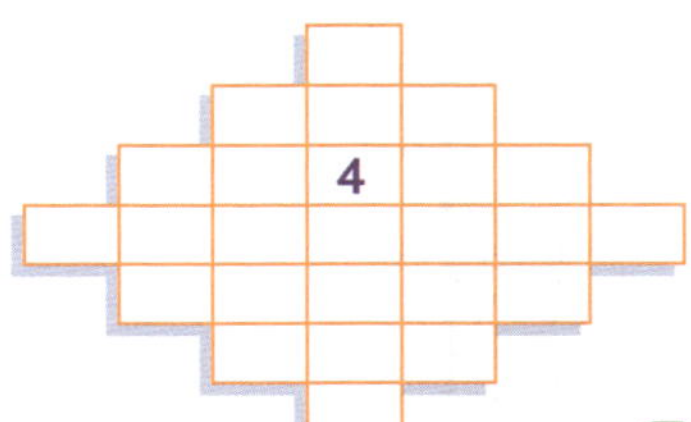

Super exercice

Résous ce problème.

Mon nombre de millions est 143, mon chiffre des centaines est égal à mon chiffre des dizaines de millions, mon chiffre des milliers est égal à mon chiffre des centaines de millions, et les autres chiffres sont des zéros. **Qui suis-je ?**

2 Les fractions

OBJECTIFS
→ Utiliser les fractions.
→ Écrire des fractions équivalentes.

JE SAIS DÉJÀ
✔ Trouver des multiples d'un nombre.
✔ Multiplier par 10 et 100.

Je retiens l'essentiel

- **Les fractions servent à exprimer des proportions.**

Autrefois, on mangeait des huitres seulement pendant les mois en *r* (mois contenant un *r* dans leur nom).

Cela représentait 8 mois sur 12, c'est-à-dire les $\frac{8}{12}$ de l'année.

$\frac{8}{12}$: 8 ⟵ numérateur ; 12 ⟵ dénominateur

On lit : **les huit douzièmes.**

- **Les fractions servent aussi à graduer la droite numérique et à repérer des points.**

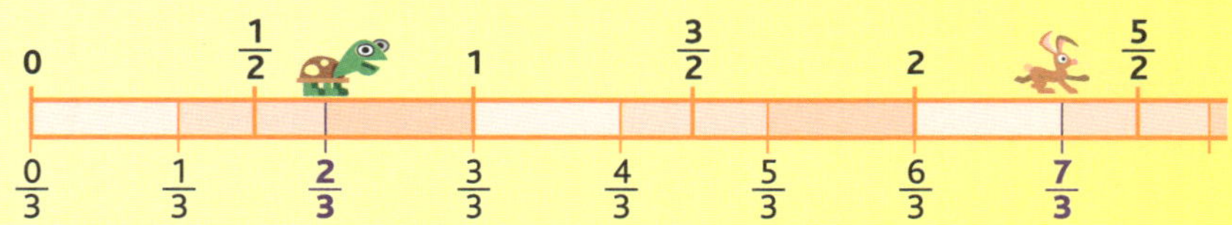

La tortue est repérée par la fraction $\frac{2}{3}$.

Le lièvre est repéré par la fraction $\frac{7}{3}$.

- **Une fraction décimale a pour dénominateur 10, 100, 1000...**

Exemple $\frac{1}{10}$ $\frac{1}{100}$ $\frac{1}{1\,000}$ sont des fractions décimales.

On lit : **un dixième** **un centième** **un millième**

Je sais comment faire

▷ Pour simplifier des fractions

Je peux simplifier certaines fractions, c'est-à-dire **écrire une fraction équivalente (de même valeur) avec des nombres plus petits.**

Les fractions $\frac{2}{3}$ et $\frac{8}{12}$ sont égales.

$$\frac{8}{12} = \frac{4 \times 2}{4 \times 3}$$

$$\frac{8}{12} \xrightarrow{\div 4} \frac{2}{3}$$

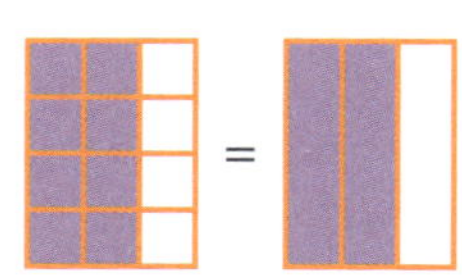

Quand le numérateur et le dénominateur d'une fraction sont des **multiples d'un même nombre**, j'obtiens une fraction **égale** en divisant numérateur et dénominateur par ce nombre.

Je m'entraine

1 Sous chaque dessin, écris la fraction qui correspond à la partie colorée.

a. $\frac{3}{8}$ b. $\frac{4}{7}$

2 Sur chaque dessin, colorie la fraction indiquée.

a. $\frac{5}{14}$ b. $\frac{7}{10}$

3 Simplifie ces fractions.

a. $\frac{21}{28} = \frac{7 \times 3}{7 \times 4} = \frac{3}{4}$

b. $\frac{15}{25} = \frac{5 \times 3}{5 \times 5} = \frac{3}{5}$

c. $\frac{33}{22} = \frac{11 \times 3}{11 \times 2} = \frac{3}{2}$

d. $\frac{8}{10} = \frac{2 \times 4}{2 \times 5} = \frac{4}{5}$

e. $\frac{14}{21} = \frac{7 \times 2}{7 \times 3} = \frac{2}{3}$

4 Écris la fraction qui repère chaque escargot.

a. 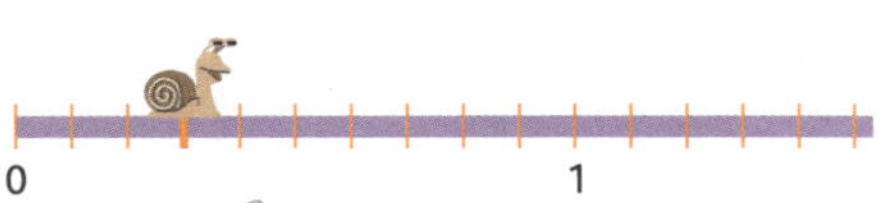

$\frac{3}{10}$

b. 

$\frac{8}{4}$

c. 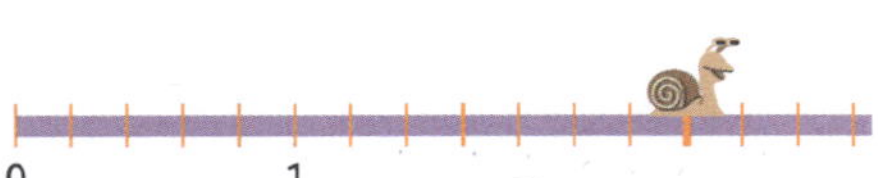

$\frac{12}{5}$

5 Dans une classe de 24 élèves, les $\frac{3}{4}$ font du sport.

Quel est le nombre d'élèves qui font du sport ? 18

6 Dans un quatre-quarts de 500 g, il y a $\frac{1}{4}$ de farine.

Quelle est la quantité de farine utilisée dans ce gâteau ? 125 g

7 Une plante mesure $\frac{3}{4}$ de mètre.

Quelle est sa hauteur en centimètres ?

75 centimètre

8 **Devinette.**

J'ai un numérateur pair, mon dénominateur est plus petit que mon numérateur. **Qui suis-je ? Coche la bonne réponse.**

a. $\frac{45}{12}$ ☐ d. $\frac{4}{6}$ ☐

b. $\frac{7}{9}$ ☐ e. $\frac{22}{13}$ ☑

c. $\frac{12}{17}$ ☐

Super exercice

Résous ce problème.

a. En une demi-heure, un robinet remplit $\frac{1}{8}$ de bassin.

Quel est le nombre d'heures nécessaires pour remplir en totalité le bassin ? 1 heure

b. On vide $\frac{1}{10}$ de bassin en un quart d'heure.

Quel est le nombre d'heures nécessaires pour vider complètement ce bassin ? ....

3 L'addition et la comparaison de fractions

Je retiens l'essentiel

OBJECTIFS
→ Comparer des fractions.
→ Calculer avec des fractions.

JE SAIS DÉJÀ
✔ **Additionner des nombres entiers.**

- **On peut comparer des fractions.**

Quand deux fractions ont le **même dénominateur**, la plus grande est celle qui a le plus **grand numérateur**.

$\frac{3}{5} > \frac{2}{5}$

- On peut **additionner** des fractions qui ont le **même** dénominateur **en additionnant les numérateurs.**

$\frac{1}{5} + \frac{3}{5} = \frac{1+3}{5} = \frac{4}{5}$ $\frac{2}{6} + \frac{5}{6} = \frac{2+5}{6} = \frac{7}{6}$

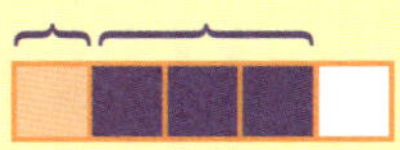

- On peut **décomposer** une fraction en l'écrivant comme somme d'un entier le plus grand possible et d'une fraction plus petite que l'unité.

$\frac{15}{4} = \frac{12}{4} + \frac{3}{4} = 3 + \frac{3}{4}$

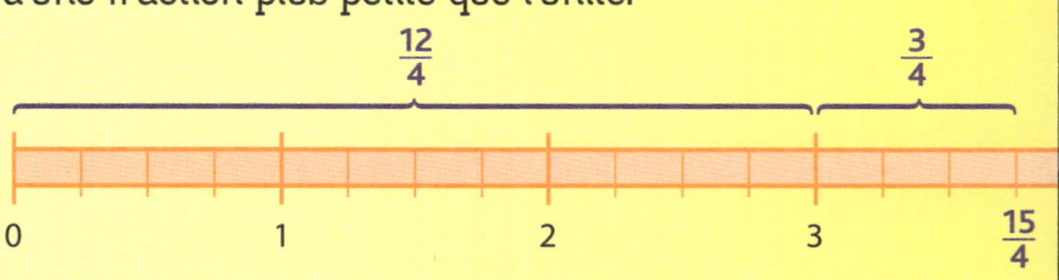

Je sais comment faire

SUPER MÉMO
Les fractions plus grandes que 1 peuvent toujours se décomposer.

▷ Pour comparer des fractions avec l'unité

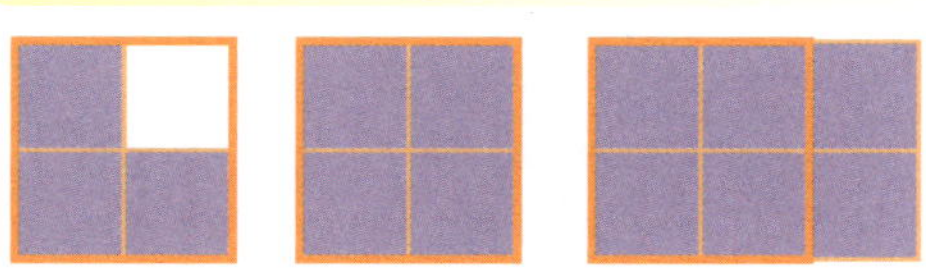

$\frac{3}{4} < \mathbf{1}$ $\frac{4}{4} = \mathbf{1}$ $\frac{6}{4} > \mathbf{1}$ J'ai donc $\frac{3}{4} < \frac{4}{4} < \frac{6}{4}$

- Si le numérateur est inférieur au dénominateur, la fraction est **plus petite que 1**.
- Si le numérateur est égal au dénominateur, la fraction est **égale à 1**.
- Si le numérateur est supérieur au dénominateur, la fraction est **plus grande que 1**.

Je m'entraine

1 Calcule.

a. $\frac{2}{3} + \frac{4}{3} =$ (2 tiers + 4 tiers) = 2 ou 6 tiers

b. $\frac{6}{7} + \frac{4}{7} =$ 1 et 3 septièmes

c. $\frac{7}{100} + \frac{45}{100} =$ 47 centièmes

d. $\frac{2}{100} + \frac{45}{100} =$ 47 centièmes

e. $\frac{5}{18} + \frac{11}{18} =$ 16 dix huitièmes

2 Décompose.

a. $\frac{9}{4} = \frac{4}{4} + \frac{4}{4} + \frac{1}{4}$ = 2 et 1/4

b. $\frac{17}{5} = \frac{5}{5} + \frac{5}{5} + \frac{5}{5} + \frac{2}{5}$

c. $\frac{33}{12} = \frac{12}{12} + \frac{12}{12} + \frac{9}{12}$

d. $\frac{7}{2} = \frac{2}{2} + \frac{2}{2} + \frac{2}{2} + \frac{1}{2}$

e. $\frac{25}{3} = \frac{3}{3} + \frac{3}{3} + \frac{3}{3} + \frac{3}{3} + \frac{3}{3} + \frac{3}{3} + \frac{3}{3} + \frac{3}{3} + \frac{1}{3}$

3 Place ces fractions sur l'axe. Écris-les.

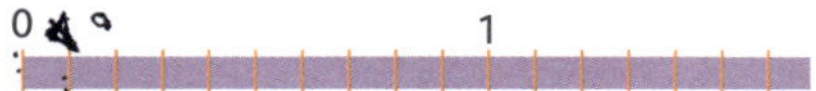

$\frac{3}{10}$ ....

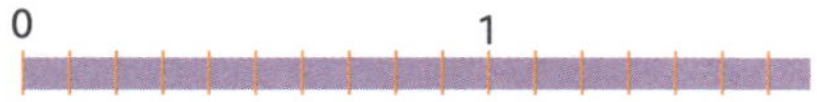

$\frac{12}{10}$ ....

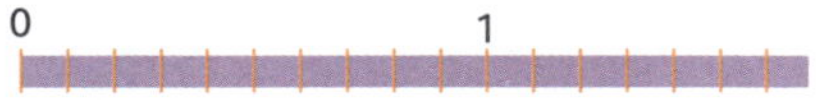

$\frac{10}{10}$ ....

$\frac{1}{10}$ ....

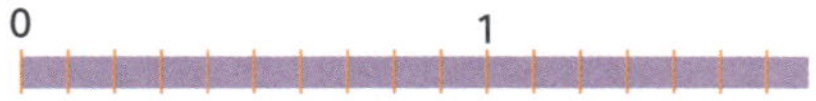

$\frac{2}{5}$ ....

4 Complète avec le signe > ou <.

a. $\frac{7}{4}$ > $\frac{5}{4}$

b. $\frac{4}{11}$ < $\frac{7}{11}$

c. $\frac{27}{100}$ < $\frac{43}{100}$

d. $\frac{15}{10}$ > $\frac{7}{10}$

e. $\frac{7}{15}$ < $\frac{11}{15}$

5

Dans un poulailler, les $\frac{3}{4}$ des poules sont rousses, les autres sont blanches.
Sachant qu'il y a 15 poules rousses, quel est le nombre de poules blanches ?

Il y a 5 poules blanches

6 Complète avec le signe > ou <.

Comme ces fractions n'ont pas le même dénominateur, tu dois d'abord les comparer à 1.

a. $\frac{6}{5}$ > $\frac{17}{19}$

b. $\frac{17}{10}$ > $\frac{97}{100}$

c. $\frac{1}{4}$ < $\frac{7}{3}$

d. $\frac{2}{5}$ < $\frac{26}{10}$

Super exercice

Résous ce problème.

Dans une classe, l'instituteur répartit ses élèves en groupes de la façon suivante : $\frac{4}{10}$ des élèves font de la peinture, $\frac{3}{10}$ de l'informatique et le reste de l'éducation physique.

a. Quelle fraction de classe représente les élèves qui font de l'éducation physique ?

$\frac{3}{10}$

b. Pour quelle activité le groupe d'élèves est-il le plus nombreux ?

la peinture

Mathématiques

4 Les nombres décimaux et les fractions décimales

Je retiens l'essentiel

OBJECTIF
→ Connaitre les nombres décimaux et les fractions décimales.

JE SAIS DÉJÀ
✔ **Reconnaitre les chiffres des dizaines, centaines, milliers.**

- 41,6 et 1,25 sont des **nombres décimaux**.
52,00 est un nombre entier écrit sous forme décimale.

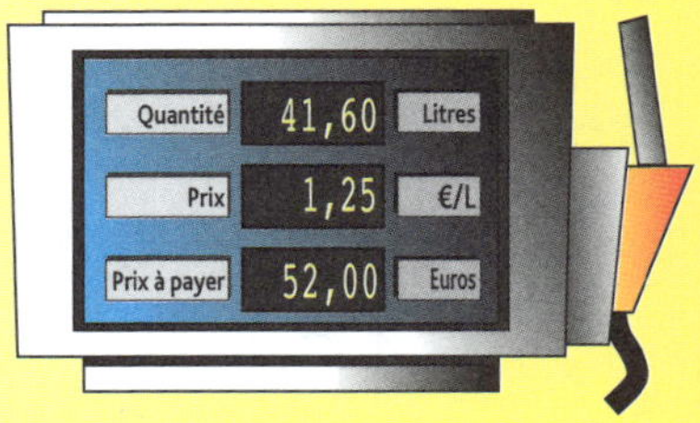

partie entière → 458 ; partie décimale → 672

458,672

- 4 : chiffre des centaines
- 5 : chiffre des dizaines
- 8 : chiffre des unités
- 6 : chiffre des dixièmes
- 7 : chiffre des centièmes
- 2 : chiffre des millièmes

On lit : 458 virgule 672 ou 458 et 672 millièmes.

- $\frac{45}{100}$ et $\frac{359}{10}$ sont des **fractions décimales**.

Je sais comment faire

SUPER MÉMO
Tout nombre décimal peut s'écrire sous forme de fraction décimale.
$0{,}45 = \frac{45}{100}$
$35{,}9 = \frac{359}{10}$

▷ Pour décomposer un nombre décimal

Comme pour les nombres entiers, je peux décomposer les nombres décimaux.

- $458{,}672 = (\mathbf{4} \times 100) + (\mathbf{5} \times 10) + \mathbf{8} + (\mathbf{6} \times \frac{1}{10}) + (\mathbf{7} \times \frac{1}{100}) + (\mathbf{2} \times \frac{1}{1\,000})$
- $0{,}047 = 0{,}04 + 0{,}007 = (\mathbf{4} \times \frac{1}{100}) + (\mathbf{7} \times \frac{1}{1\,000})$
- J'écris aussi $458{,}672 = 458 + \frac{672}{1\,000}$ (458 : partie entière ; $\frac{672}{1\,000}$: partie décimale)

▷ Pour reconnaitre des écritures équivalentes

$\frac{230}{100} = \frac{23}{10}$ donc $2{,}30 = 2{,}3$

Les zéros placés à droite dans l'écriture de la partie décimale sont inutiles.

Je peux les supprimer. **78,40000 = 78,4**

Je m'entraine

1 **Écris ces nombres décimaux en chiffres.**

a. sept-cent-quarante-huit et soixante-quinze centièmes ……………………

b. deux-mille-trois-cent-cinquante-deux et neuf-cent-vingt-six millièmes ……………………

c. douze et huit dixièmes ……………………

d. vingt-sept et dix-huit millièmes ……………………

e. cinquante centièmes ……………………

2 **Écris ces nombres en lettres.**

a. 78,45

……………………

……………………

b. 102,547

……………………

……………………

c. 7,09

……………………

……………………

d. 0,25

……………………

……………………

e. 0,09

……………………

……………………

3 **Dans le nombre 451,237 quel est le chiffre :**

a. des centièmes ? ……………………

b. des dizaines ? ……………………

c. des centaines ? ……………………

d. des dixièmes ? ……………………

e. des millièmes ? ……………………

4 **Quelle est la partie entière de ces nombres ?**

a. 402,854 ……………………

b. 6 332,47 ……………………

c. 650,0 ……………………

d. 145,096 ……………………

e. 0,457 ……………………

5 **Décompose ces nombres de façon additive.**

a. 45,781 **b.** 0,073 **c.** 4,087 **d.** 9,85 **e.** 10,04

6 **Écris ces nombres décimaux sous forme d'une somme entre la partie entière et une fraction décimale.**

a. 12,8 **b.** 405,98 **c.** 45,623 **d.** 7,03 **e.** 1 245,78

7 **Combien peut-on écrire de nombres décimaux ayant 78 pour partie entière avec :**

a. 1 chiffre après la virgule ?

b. 2 chiffres après la virgule ?

c. 3 chiffres après la virgule ?

8 **Avec les chiffres 0 ; 1 ; 2 et la virgule, écris tous les nombres décimaux possibles en utilisant dans chaque cas tous les chiffres une seule fois.**

Super exercice

Résous ce problème.

Mon chiffre des dixièmes est 7. Mon nombre de dizaines est 42. Mon chiffre des centièmes est égal à mon chiffre des dizaines. Je m'écris avec 5 chiffres dont un est zéro.

Qui suis-je ? ……………………

Corrigés et conseils parents p. 24 du guide.

Ton évaluation sur ce chapitre

5 La comparaison de nombres entiers et décimaux

Je retiens l'essentiel

OBJECTIF

→ Ranger et encadrer les nombres entiers et décimaux.

JE SAIS DÉJÀ

✔ Placer des nombres sur la droite numérique.
✔ Identifier unités, dixièmes, centièmes.

- **Règle de comparaison de deux entiers**

– De deux nombres entiers, **le plus grand est celui qui s'écrit avec le plus de chiffres.** Exemple : 4 747 > 926

– De deux nombres s'écrivant avec **autant de chiffres**, le plus grand est celui dont le **premier chiffre de gauche** est le plus grand. Exemple : **7**32 > **4**95

→ Si le premier chiffre de gauche est le même, on compare le deuxième chiffre.

→ Si on ne peut pas conclure, on passe au suivant…

Exemple 6**4**3 > 6**1**8   52**3** > 52**1**

- **Règle de comparaison de deux décimaux**

– De deux nombres décimaux, **le plus grand est celui qui a la plus grande partie entière.** Exemple : **474**,72 > **235**,984

– Si deux nombres décimaux ont **la même partie entière :**

→ On compare les chiffres des dixièmes. Le plus grand est celui qui a le plus grand chiffre des dixièmes. Exemple : 45,**7**4 > 45,**6**98

→ Si le chiffre des dixièmes est le même, on compare les chiffres des centièmes. Le plus grand est celui qui a le plus grand chiffre des centièmes.

Exemple 67,4**3** > 67,4**2**6

→ Si le chiffre des centièmes est le même, on compare les chiffres des millièmes. Le plus grand est celui qui a le plus grand chiffre des millièmes.

Exemple 12,47**5** > 12,47**2**

- **Attention :** on dirige toujours la **pointe** du signe < ou > vers le **plus petit** des deux nombres qu'on compare.

Exemple 12,73 > 9,98 ou 9,98 < 12,73

Je sais comment faire

▷ Pour ranger des nombres

- 45,8 < 72 < 81,03 < 81,5 < 102,478 < 102,481

J'ai rangé ces nombres par ordre croissant (du plus petit au plus grand).

- 45,2 > 38,9887 > 35 > 12,607 > 12,604 > 0,4 > 0,0789

J'ai rangé ces nombres par ordre décroissant (du plus grand au plus petit).

▷ Pour encadrer un nombre décimal

- **18** < 18,465 < **19** est un encadrement de 18,465 **à l'unité près.**
- 18,**4** < 18,465 < 18,**5** est un encadrement de 18,465 **au dixième près.**
- 18,**46** < 18,465 < 18,**47** est un encadrement de 18,465 **au centième près.**

Je dis aussi que 18 ou 19 sont des **valeurs approchées** du nombre décimal 18,465 à l'unité près.

Je m'entraine

1 **Complète par le signe < ou >.**

a. 78 459 .... 125 023

b. 52 698 .... 52 367

c. 47 895 .... 478 902

d. 2 541 .... 2 045

e. 7 345 .... 7 329

2 **Complète par le signe < ou >.**

a. 458,12 56,987

b. 8 945,25 .... 8 967,78

c. 25,203 25,23

d. 789,541 789,54

e. 12,708 12,88

3 **Complète par le chiffre qui convient.**

a. 458 < 45..........

b. 2..........3 < 212

c. ....478 > 8 725

d. 12..........54 < 12 147

e. 781 > 78..........

4 **Complète par le chiffre qui convient.**

a. 3,85 < 3,..........2

b. 12,4..........7 < 12,416

c. 7,015 > 7,0..........7

d. 78,23 < 7..........,02

e. 145,17 > 145,..........9

5 **Donne un encadrement à l'unité, au dixième et au centième près du nombre décimal 45,638.**

6 **Utilise une virgule et les chiffres 2 ; 5 ; 9 tous une seule fois pour écrire le plus grand nombre décimal possible.**

....

7 Le nombre pi (découvert par les mathématiciens grecs pour calculer le périmètre d'un cercle) a pour valeur approchée 3,14159.

Donne une valeur approchée de pi au centième près.

....

8 **Range ces régions françaises par ordre décroissant de population.**

Régions	Population en 2013
Lorraine	1 203 549
Poitou-Charentes	923 862
Midi-Pyrénées	1 509 029
Bourgogne	847 142
Alsace	951 030
Limousin	383 832

Super exercice

Range ces continents par ordre croissant de superficie.

Continents	Superficie en millions de km²
Europe	10,488
Afrique	30,26
Amérique	42,186
Océanie	8,97
Asie	43,757

Corrigés et conseils parents p. 24 du guide.

Ton évaluation sur ce chapitre

Nombres et calculs

6 L'addition et la soustraction de nombres entiers

Je retiens l'essentiel

Objectifs
→ Revoir les techniques d'addition et de soustraction des entiers.
→ Identifier les problèmes nécessitant ces opérations.

Je sais déjà
✔ Les tables d'addition.
✔ Les tables de soustraction.

- **Poser une addition**

```
            1 1
termes ──→   375
          + 786
          ──────
somme des → 1161
deux termes
```

On aligne verticalement **le chiffre des unités** de chacun des nombres à ajouter.

On ajoute les chiffres d'une même colonne **en commençant par la colonne la plus à droite** et en allant vers celle de gauche.

On place **les retenues**, s'il y en a, dans la colonne de gauche suivante.

- **Poser une soustraction**

```
              1 1
termes ──→    436
           −  259
              1 1
           ──────
différence des → 177
deux termes
```

On écrit **le plus grand nombre d'abord**.

On dispose le 2e nombre en dessous en alignant verticalement **le chiffre des unités**.

On soustrait les chiffres d'une même colonne **en commençant par la colonne la plus à droite** et en allant vers celle de gauche.

Comme l'opération 6 – 9 n'est pas possible, on ajoute 10 unités à 6 de 436 et 1 dizaine à 5 de 259.

De même, on ajoute 10 dizaines à 3 de 436 et 1 centaine à 2 de 259.

- **Attention :** dans une différence, le premier terme est toujours **plus grand** que le second.

Je sais comment faire

Super mémo
• On fait une addition pour réunir des ensembles de même nature, pour avancer sur la droite numérique.
• On fait une soustraction pour reculer sur la droite numérique, calculer une partie d'un ensemble, retirer une partie.

▷ Pour reconnaitre les problèmes additifs

Louis XIV est né en 1638 à Saint-Germain-en-Laye. Il a vécu 77 ans. **En quelle année est-il mort ?**

Je calcule **la somme** : 1638 + 77 = 1715

→ Louis XIV est mort en 1715.

▷ Pour reconnaitre les problèmes soustractifs

Louis XIV a régné de 1643 à 1715. **Quelle a été la durée de son règne ?**

Je calcule **la différence** : 1715 – 1643 = 72

→ Louis XIV a régné durant 72 ans.

Je m'entraine

1 Si on fait la somme de tous les nombres situés sur une même ligne, sur une même colonne ou sur une même diagonale, on trouve toujours le même nombre 234.
Complète ce carré magique.

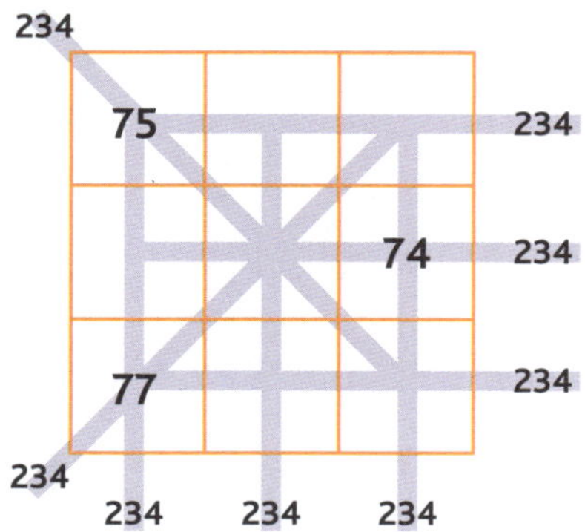

2 Complète ces additions.

```
  7 .... 3 4
+ .... 9 6 ....
1 2 4 .... 7

    2 4 8
+ 1 .... 6 ....
+ 3 5 .... 2
.... 8 8 4
```

3 Complète ces soustractions.

```
  7 9 .... 4
– 2 .... 5 ....
  .... 6 1 2

  .... 2 4 ....
– 3 5 .... 8
  3 .... 7 3
```

4 Complète ces opérations.

a. 7 895 + ... = 12 458

b. .... – 1 456 = 917

c. 9 458 – .... = 4 563

d. .... – 485 = 7 023

5 Calcule la superficie totale de ces cinq continents.

Continents	Superficie en milliers de km²
Europe	10 488
Afrique	30 260
Amérique	42 186
Océanie	8 970
Asie	43 757

6 La Bourgogne a une superficie de 31 650 km². Cette région comprend quatre départements :

Département	Superficie en km²
Côte-d'Or	8 763
Nièvre	
Saône-et-Loire	8 575
Yonne	7 424

Quelle est la superficie du département de la Nièvre ?

7 Mme Dupont dispose de 47 500 €.
Elle doit emprunter 77 960 € supplémentaires pour acheter un voilier. Elle paie 18 435 € à la commande puis 23 475 € au moment de la livraison et le reste dans 3 mois.
Quelle somme doit-elle encore payer ?

Super exercice

Résous ce problème.

Le gavial du Gange, qui fait partie de la famille des crocodiles, possède 102 dents.
Sachant qu'il a 6 dents de plus en haut qu'en bas, calcule le nombre de dents du haut et du bas.

7 La multiplication de nombres entiers

Je retiens l'essentiel

OBJECTIF

→ Revoir et maitriser la technique de multiplication des entiers.

JE SAIS DÉJÀ

✔ Les tables de multiplication.
✔ Faire des additions en colonne.

- **Poser une multiplication**

On écrit les deux nombres l'un en dessous de l'autre en alignant verticalement **les chiffres des unités**.
On multiplie le premier nombre par chaque chiffre du second en décalant d'un chiffre chaque produit.
On fait la somme de tous les produits trouvés.

```
      4 5 2
  ×     8 6
  ---------
    2 7 1 2  ← 452 × 6 = 2 712
  3 6 1 6 0  ← 452 × 80 = 36 160
  ---------
  3 8 8 7 2
```

```
facteurs ──→    7 8 6
           × 3 0 8
         -----------
             6 2 8 8  ← 786 × 8 = 6 288
         2 3 5 8 0 0  ← 786 × 300 = 235 800
         -----------
produit
des deux ──→ 2 4 2 0 8 8
facteurs
```

On écrit un 0 pour indiquer le décalage.
S'il y a un 0 au multiplicateur, on décale d'un 0 supplémentaire.

- **Attention**

On remarque que 86 × 452 = 38 872 comme 452 × 86.
Mais la deuxième multiplication est plus facile à poser que la première.
On pose donc d'abord le nombre qui a le plus de chiffres.

Je sais comment faire

SUPER MÉMO

Un produit ne change pas si on change l'ordre de ses facteurs.

▷ Pour multiplier par 10 ou par 100

- 458 × 10 = 4 580

Quand je multiplie un nombre par **10**, j'obtiens le produit en écrivant **un zéro à droite** de ce nombre.

- 234 × 100 = 23 400

Quand je multiplie un nombre par **100**, j'obtiens le produit en écrivant **deux zéros à droite** de ce nombre.

▷ Pour additionner 2 produits

	42		19		42 + 19 = 61
15	15 × 42	+	15 × 19	=	15 × (42 + 19) = 15 × 61

Je m'entraine

1 **Pose ces multiplications.**

a. 243 × 54 =

b. 456 × 325 =

c. 908 × 65 =

d. 224 × 403 =

e. 1 354 × 67 =

2 **Fais le produit de tous les nombres situés sur une même ligne, sur une même colonne ou sur une même diagonale et vérifie si ce carré est magique.**

....				
	4	128	64	....
	512	32	2	....
	16	8	256	....
....	....	....	....	

3 Un journal contient 24 feuilles. On le plie en deux, puis encore en deux et l'on compte alors le nombre de feuilles superposées. **Quel nombre va-t-on trouver ?**

4 Dans une année il y a 365 jours ; dans un jour 24 heures ; dans une heure 60 minutes ; dans une minute 60 secondes. **Quel est le nombre de secondes dans une année ?**

5 Dans une prairie rectangulaire ayant pour dimensions 27 m sur 18 m, on compte en moyenne 3 jonquilles dans un carré de 10 cm de côté. **À combien peut-on estimer le nombre de jonquilles dans cette prairie ?**

6 Au jeu du « Quitte ou double », le joueur double son gain en cas de réponse juste et peut s'arrêter après avoir bien répondu à une question. **Si la première réponse rapporte 10 € et que le joueur s'arrête après avoir découvert la dixième réponse, combien a-t-il gagné ?**

7 **Complète ces multiplications.**

```
      3 .... ....
×          3  6
-----------------
  .... .... .... ....
  .... .... ....  4
-----------------
  .... .... ....  8  8
```

```
     .... 3 ....
×         7  4
-----------------
     .... ....  8
  .... .... ....  4
-----------------
  1 .... 1 .... ....
```

8 Un élève doit multiplier 456 par 47. Il oublie de décaler d'un rang vers la gauche le produit obtenu en multipliant 456 par 4.

a. **Quel résultat a-t-il trouvé ?**

....

b. **Par quel nombre a-t-il en réalité multiplié 456 ?**

....

Super exercice

Résous ce problème trouvé sur un papyrus égyptien.

J'ai rencontré un homme avec ses 7 femmes.
Chacune avait 7 paniers.
Chaque panier contenait 7 chats.
Chaque chat avait 7 chatons.

Chatons, chats, femmes et homme, combien étaient-ils ?

....

8 L'addition et la soustraction de nombres décimaux

Je retiens l'essentiel

OBJECTIFS
→ Revoir et maitriser les techniques d'addition et de soustraction des nombres décimaux.
→ Identifier les problèmes nécessitant ces opérations.

JE SAIS DÉJÀ
✔ Ajouter et soustraire des nombres entiers.

- **Additionner des nombres décimaux**

```
 1 1  2
  21,665
+ 84,55
+ 38,59
---------
 144,805
```

On aligne verticalement **le chiffre des unités** des nombres à ajouter, ce qui revient à aligner verticalement les virgules.

On ajoute les chiffres d'une même colonne **en commençant par la colonne la plus à droite.**

On inscrit **les retenues**, quand il y en a, dans la colonne de gauche suivante.

- **Soustraire deux nombres décimaux**

```
     1 1 1
  995,1 0 3
- 144,8 0 5
     1  1 1
-----------
  850,298
```

On écrit **le plus grand nombre d'abord.**

On aligne verticalement **le chiffre des unités** des deux nombres, ce qui revient à aligner verticalement les virgules.

On soustrait les chiffres d'une même colonne **en commençant par la colonne la plus à droite.**

Je sais comment faire

SUPER MÉMO
Pour poser une addition ou une soustraction, j'aligne verticalement les virgules.

▷ Pour calculer la différence 15,04 – 12,786

```
   1 1 1
  15,0 4 0
- 12,7 8 6
    1  1 1
----------
   2,254
```

Pour pouvoir faire cette soustraction, j'écris un 0 comme chiffre des millièmes.

▷ Pour résoudre un problème additif ou soustractif avec des nombres décimaux

Une tortue fait le tour d'un parc. Elle parcourt 21,665 m le premier jour, 84,55 m le deuxième jour et 38,59 m le troisième jour.

- **Quelle distance a-t-elle parcourue en 3 jours ?**

Pour trouver la distance parcourue en 3 jours, je fais **une addition** :
21,665 + 84,55 + 38,59 = 144,805.
→ La distance parcourue est 144,805 m.

- **Si le périmètre du parc est 995,103 m, quelle distance lui reste-t-il à parcourir ?**

Pour trouver la distance à parcourir, je fais **une soustraction** :
995,103 – 144,805 = 850,298.
→ Il lui reste à parcourir 850,298 m.

Je m'entraine

1 Calcule.

a. 451,087 + 23,78 + 36 + 102,54 =
b. 78 – 45,8 =
c. 784,12 – 629,58 =
d. 1,502 – 0,84 =
e. 45,251 – 37,738 =

2 À partir de ce tableau, calcule la hauteur moyenne annuelle de pluie à Brest.

Hauteur moyenne de pluie en cm à Brest					
jan.	fév.	mars	avril	mai	juin
13	9,8	8,9	7,7	7,4	6
juil.	aout	sept.	oct.	nov.	déc.
5,1	8	9,5	10,8	13,6	15,9

3 Complète ce relevé de compte bancaire.

Banque du commerce			
Date	Références	Débit	Crédit
17/02	Position du compte		17 458,15
20/02	Chèque n° 458912	230,50	
21/02	Chèque n° 458914	....	
24/02	Virement		890,65
25/02	Retrait	1 250,00	
28/02	Dépôt chèques		....
28/02	Chèque n° 458917	815,72	
Total		3 254,42	21 302,75
1/03	Nouvelle position du compte		

4 Complète cet arbre à calcul.

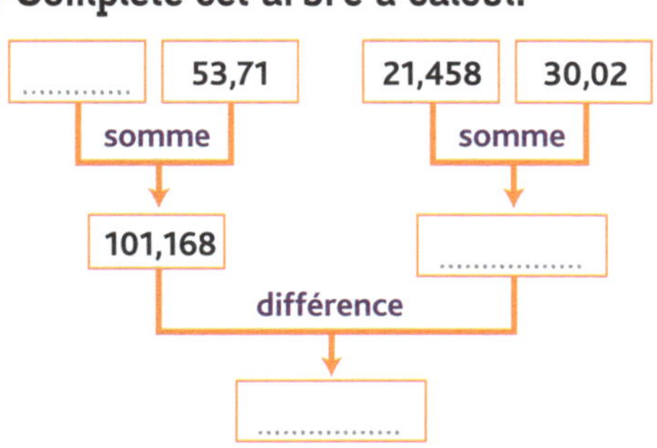

5 Complète la grille en mettant un chiffre ou une virgule par case.

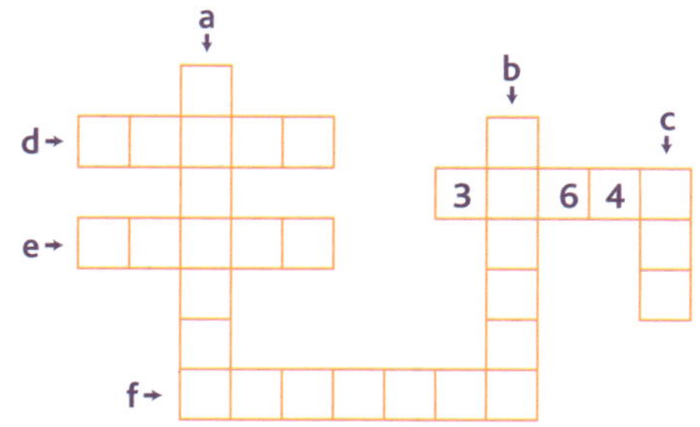

a. 160,971 – 58,259 =
b. 59,617 – 47,103 =
c. 167,37 + 45,63 =
d. 401,6 + 369,2 =
e. 96,16 – 52,47 =
f. 868,37 + 1 358,47 =

6 Complète ces opérations.

a. .... + 478,205 = 1 254,024
b. 78,58 + ... = 258,01
c. 405,9 – .... = 123,12
d. .... – 78,9 = 302,87
e. .... – 254,7 = 789,603

Super exercice

Résous ce problème.

Dimensions du paquet :
hauteur : 13,6 cm
longueur : 25,4 cm
largeur : 18,9 cm

a. Calcule la longueur de ruban adhésif nécessaire pour coller sur toutes les arêtes du paquet et le renforcer.

b. Calcule la longueur de ficelle rouge nécessaire pour faire le paquet, sachant qu'il faut compter 15 cm pour les nœuds.

Corrigés et conseils parents p. 25 du guide.

Ton évaluation sur ce chapitre

9 La multiplication d'un nombre décimal par un nombre entier

OBJECTIFS

→ Revoir et maitriser la technique de multiplication des nombres décimaux.
→ Identifier les problèmes nécessitant ces opérations.

JE SAIS DÉJÀ

✔ Multiplier des nombres entiers.

Je retiens l'essentiel

- **Multiplier un décimal par un entier**

2,4 5	← Il y a deux chiffres après la virgule.
× 8 7 5	
1 2 2 5	
1 7 1 5 0	
1 9 6 0 0 0	
2 1 4 3,7 5	← Je mets deux chiffres après la virgule.

→ On pose la multiplication comme si les deux nombres étaient entiers sans tenir compte de la virgule.
→ On place la virgule du décimal.
→ On fait la multiplication sans tenir compte de la virgule.
→ On place la virgule du produit de façon que celui-ci ait **autant de chiffres** après la virgule que dans le décimal.

- **Multiplier un décimal par 10, 100...**

45,78 × 10 = 457,8
Multiplier un nombre décimal par 10, c'est déplacer la virgule d'un rang vers la droite.

3,754 × 100 = 375,4
Multiplier un nombre décimal par 100, c'est déplacer la virgule de deux rangs vers la droite.

- **Attention**

Le **produit** d'un décimal par un entier peut être un entier :
45,6 × 5 = 228,0 = 228

On n'écrit pas les zéros inutiles au résultat :
12,42 × 15 = 186,30 = 186,3

Je sais comment faire

▷ Pour résoudre un problème multiplicatif

1 bouquet de fleurs coute 4,75 €.

Combien coutent 9 bouquets de fleurs ?

Pour trouver le montant de la dépense, je fais **une multiplication** entre le prix du bouquet et la quantité achetée.

	4,75
×	9
	42,75

Je pose l'opération : 4,75 × 9 = 42,75

→ Le prix à payer est 42,75 €.

Je m'entraine

1 Calcule.

a. 45,6 × 98 = ...

b. 12,85 × 406 = ...

c. 8,904 × 257 = ...

d. 253 × 4,52 = ...

e. 389 × 2,04 = ...

2 Calcule.

a. 25,21 × 43 = ...

b. 12,8 × 206 = ...

c. 324 × 4,54 = ...

d. 20,6 × 172 = ...

e. 3 783 × 0,6 = ...

3 Place la virgule au bon endroit sans effectuer l'opération.

a. 25,6 × 102 = 26112

b. 47 × 5,385 = 253095

c. 12,8 × 64 = 8192

d. 608 × 1,007 = 612256

e. 17,45 × 7 = 12215

4 Sans poser l'opération, calcule.

a. 17,54 × 10 = ...

b. 2,634 × 100 = ...

c. 17,477 × 10 = ...

d. 23,45 × 100 = ...

e. 0,7 × 10 = ...

5 3 vaches laitières donnent en moyenne 14,8 L de lait chacune par jour. **Quelle est la production moyenne annuelle de lait dans cette ferme ?**

6 28 élèves de CM2 doivent donner 43,25 € pour s'inscrire à la piscine. **Quel est le montant total de l'inscription ?**

7 Chaque volume d'une encyclopédie a une épaisseur de 2,9 cm. **Quelle doit être la longueur d'une étagère si l'on veut y placer les 17 volumes de l'encyclopédie ?**

8 Complète cette facture.

Désignation	Prix unitaire en €	Quantité	Montant en €
Livre	18,95	45	....
Cahier d'exercices	9,55	179	....
Dictionnaire	14,20	27	....
Machine à calculer	29,95	42	....
Total à payer			....

9 La lumière parcourt 299 792,458 km en une seconde.

Quelle est la distance en km parcourue par la lumière :

a. en une minute ? b. en une heure ?

Super exercice

Résous ce problème.

La masse d'une pièce de 50 c est : 6,5 g.

La masse d'une pièce de 2 € est : 10 g.

La masse d'une pièce de 1 € est : 7,5 g.

a. Quelle est la masse d'un tas de pièces de monnaie constitué de 17 pièces de 2 €, 12 pièces de 1 € et 24 pièces de 50 c ?

b. Quelle est la valeur en euros de ce tas de pièces de monnaie ?

10 Les multiples et les diviseurs

OBJECTIFS
→ Reconnaitre les multiples d'un nombre.
→ Comprendre la notion de diviseur.

JE SAIS DÉJÀ
✔ Les tables de multiplication.

Je retiens l'essentiel

6 × 0 = 0	
6 × 1 = 6	6 × 6 = 36
6 × 2 = 12	6 × 7 = 42
6 × 3 = 18	6 × 8 = 48
6 × 4 = 24	6 × 9 = 54
6 × 5 = 30	6 × 10 = 60

- **0, 6, 12, 18, 24, 30… sont des multiples de 6.**

On dit alors que 6 est un **diviseur** de 0, 6, 12, 18, 24, 30…

Un nombre est un diviseur d'un autre si la division a un reste nul.

Exemple

9 8	1 4
0	7

14 est un diviseur de 98.

On dit aussi que 0, 6, 12, 18, 24, 30… sont **divisibles** par 6.

À partir de l'égalité 45 × 17 = 765, on peut dire que :
– 765 est un **multiple** de 17 ;
– 17 est un **diviseur** de 765. On dira que 765 est divisible par 17.

- **1 est un diviseur de tous les nombres.**
- **Tout nombre sauf 0 est un diviseur de lui-même.**
- **La somme de deux multiples d'un même nombre est un multiple de ce nombre.**

Exemple 246 est un multiple de 3. 87 est un multiple de 3.
246 + 87 = 333, j'obtiens un nouveau multiple de 3.

Je sais comment faire

▷ Pour reconnaitre certains multiples

- **Les multiples de 2 se terminent par 0, 2, 4, 6, ou 8.**
Ce sont les nombres pairs. 45 12**8** et 77**6** sont des multiples de 2.

- **Les multiples de 5 se terminent par 0 ou 5.**
12 47**5** et 1 23**0** sont des multiples de 5.

- **Les multiples de 10 se terminent par 0.**
41**0** et 2 50**0** sont des multiples de 10.

- **Les multiples de 100 se terminent par 00.**
5 6**00** et 89 0**00** sont des multiples de 100.

- **La somme des chiffres qui composent les multiples de 3 est aussi un multiple de 3.** 498 → 4 + 9 + 8 = 21
21 est un multiple de 3, donc 498 est un multiple de 3.

- **La somme des chiffres qui composent les multiples de 9 est aussi un multiple de 9.** 486 → 4 + 8 + 6 = 18
18 est un multiple de 9, donc 486 est un multiple de 9.

Je m'entraine

1 Voici des records de profondeur atteints par certains animaux dans les océans.

Manchot empereur	265
Homard	10 912
Hypérodon	1 134
Étoile de mer	7 584
Pieuvre	8 100
Oursin	7 250

Parmi ces nombres, quels sont ceux qui sont :

a. multiples de 5 ? ....

b. multiples de 3 ? ....

c. multiples de 50 ? ....

2 **Sans faire de division, réponds par oui ou non aux questions suivantes.**

a. 475 est-il divisible par 9 ? ....

b. 7 894 est-il divisible par 2 ? ....

c. 456 est-il divisible par 3 ? ....

d. 748 est-il divisible par 5 ? ....

e. 45 820 est-il divisible par 10 ? ....

3 **a. Écris tous les produits possibles entre deux nombres entiers qui donnent 24.**

b. Trouve alors tous les diviseurs de 24.

4 **a. Trouve tous les multiples de 15 compris entre 300 et 400.**

b. Trouve tous les multiples de 11 compris entre 300 et 400.

c. Existe-t-il des multiples communs à 15 et à 11 compris entre 300 et 400 ? Si oui, lesquels ?

5 **a. Quel est le plus grand multiple de 12 s'écrivant avec deux chiffres ?**

b. Quel est le plus petit multiple de 12 s'écrivant avec deux chiffres ?

6 **a. Quel est le plus petit multiple de 9 s'écrivant avec trois chiffres ?**

b. Quel est le plus grand multiple de 9 s'écrivant avec trois chiffres ?

7 **Parmi ces nombres, entoure les multiples de 9.**

a. 45 789
b. 21 456
c. 12 784
d. 99 180
e. 2 357
f. 90 451
g. 6 472
h. 4 005
i. 12 742
j. 6 414

8 **Complète cette grille de nombres croisés.**

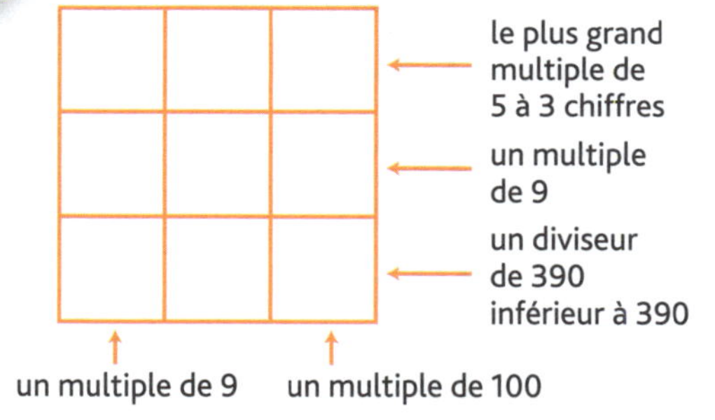

Super exercice

Résous ce problème.

Les mathématiciens grecs de l'Antiquité disaient qu'un nombre est parfait quand il est égal à la somme de ses diviseurs inférieurs à lui-même. Par exemple, 6 a pour diviseurs 1, 2, 3 et on a : $1 + 2 + 3 = 6$.

Il existe un nombre parfait entre 20 et 30.

Trouve-le. ....

11 La division entre deux nombres entiers

OBJECTIFS
→ Revoir la technique de division entre 2 entiers avec quotient entier.
→ Revoir les problèmes nécessitant cette opération.

JE SAIS DÉJÀ
✔ Faire des multiplications et des soustractions.
✔ Les tables de multiplication.

Je retiens l'essentiel

- **On fait une division pour trouver le nombre de parts ou la valeur d'une part.**

Si des cyclistes parcourent 322 km sur un circuit de 23 km de long, ils effectueront alors 14 tours car : 322 : 23 = 14

dividende	diviseur
3 2 2	2 3
9 2	1 4 (quotient)
0 (reste)	

- **Poser une division entre deux nombres entiers**

Première étape

On cherche le nombre de chiffres du quotient, ici en encadrant 3 562 par des multiples de 62 comme 62, 620, 6 200, 62 000…
620 < 3 562 < 6 200 c'est-à-dire 62 × **10** < 3 562 < 62 × **100**
Le quotient est compris entre **10** et **100**. C'est donc un nombre à **2** chiffres.

3 5 6 2	6 2
	. .

Deuxième étape

On cherche le chiffre des dizaines du quotient.
62 × **50** < 3 562 < 62 × 60 car 3 100 < 3 562 < 3 720
C'est donc **5**.
On calcule la différence 3 562 – 3 100 = 462

3 5 6 2	6 2
– 3 1 0	5
4 6	

Troisième étape

On cherche le chiffre des unités du quotient.
On abaisse le chiffre 2 du dividende.
62 × **7** < 462 < 62 × 8 car 434 < 462 < 496
C'est donc **7**.
On calcule la différence 462 – 434 = 28
On a 28 < 62

3 5 6 2	6 2
– 3 1 0 ↓	5 7
4 6 2	
– 4 3 4	
2 8	

- **Attention**

On peut ne pas poser les soustractions intermédiaires dans la division et les faire mentalement en même temps que les multiplications.

Je sais comment faire

▷ Pour vérifier qu'une division est juste

4 7 7	3 1
1 6 7	1 5
1 2	

Je calcule :
dividende = (diviseur × quotient) + reste et reste < diviseur
(31 × 15) + 12 = 465 + 12 = 477 et 12 < 31

Je m'entraine

1 **Dans la division de 4 512 par 62 :**

a. quel est le quotient ?
b. quel est le reste ?

2 **Dans la division de 9 376 par 45 :**

a. quel est le nombre de chiffres du quotient ?
b. quel est ce quotient ?

3 **Trouve les dividendes.**

Dividende	Diviseur
. . . .	45
17	28

Dividende	Diviseur
. . . .	95
82	37

4 Une pile d'assiettes plates de 29 mm d'épaisseur a une hauteur de 812 mm.
Combien a-t-on empilé d'assiettes ?

5 Un éléphant absorbe en moyenne 300 kg de nourriture par jour. **Avec 15 tonnes de fourrage, pendant combien de temps pourra-t-on nourrir les 5 éléphants d'un zoo ?**

6 **Dans la division de 12 784 par 115 :**

a. quel est le quotient ?
b. quel est le reste ?

7 **Complète cette division.**

.... 5	4 7
4 7	1 7
3 1 5	
2 8 2	
....	
3 2 9	
5	

8 **Effectue les divisions suivantes.**

4 7 1 2 | 4 2

7 2 2 1 | 9

1 2 4 1 5 | 2 3

2 0 5 4 | 1 7

9 Pour vérifier sa division, Pierre a calculé $(45 \times 23) + 32 = 1\,067$.

a. Quelle division Pierre a-t-il faite ?
b. Quel quotient a-t-il trouvé ?
c. Quel reste a-t-il trouvé ?

10 Bruno Perron et ses coéquipiers ont effectué le tour du monde à la voile en un peu plus de 64 jours. **Sachant qu'il a parcouru 28 035 milles (c'est une unité maritime de distance), combien de milles parcourait-il en moyenne chaque jour ?**

11 Un paysan vivant au XVIIe siècle partage sa fortune de 8 302 écus entre ses 7 enfants.
Quelle est la part de chacun ?

Super exercice

Résous ce problème.

Dans la grande galerie de minéralogie du Muséum d'histoire naturelle à Paris, il y a 99 vitrines.
Le musée possède environ 250 000 échantillons de pierres ramassées depuis 1625.

a. Si on voulait tous les exposer, combien faudrait-il en mettre dans chaque vitrine ? Trouve une valeur approchée du résultat sans poser l'opération.
b. Pose l'opération.

12 La division avec quotient décimal

OBJECTIFS
→ Chercher un quotient approché.
→ Apprendre la technique de division d'un nombre décimal par un entier.

JE SAIS DÉJÀ
✔ Faire des divisions avec des nombres entiers.

Je retiens l'essentiel

- **Quand le reste entier d'une division est différent de 0, on peut continuer la division.**
5,33 est le **quotient décimal** approché au centième près dans la division de 16 par 3.
5,33 est une **valeur approchée** au centième près de $\frac{16}{3}$.

```
16   | 3
 10  |5,33
  10 |
   1 |
```

- **Quand la quantité à partager est un nombre décimal, on fait une division d'un décimal par un entier.**

- **Attention**
L'énoncé d'un problème permet souvent de décider combien il faut chercher de chiffres après la virgule pour le quotient.
Par exemple, dans un problème où l'on recherche une somme d'argent, on calcule le quotient avec deux chiffres après la virgule pour aller jusqu'aux centimes.

Je sais comment faire

▷ Pour trouver un quotient décimal

- **1re étape** : Je pose la division et je calcule le quotient entier.
- **2e étape** : J'écris une virgule au quotient.
J'écris un zéro à droite du reste.
Je continue la division.
- **3e étape** : J'écris de nouveau un zéro à droite du reste. Je continue la division.

```
dixièmes ┐   ┌ centièmes
324 |  43
 230 | 7,53
  150|
   21|
```

▷ Pour diviser un nombre décimal par un entier

- **1re étape** : Je pose la division comme si les deux nombres étaient entiers.
Je place la virgule au dividende.
- **2e étape** : Je commence la division comme si les nombres étaient entiers.
- **3e étape** : Au moment où je calcule sur le chiffre des dixièmes du dividende, je place une virgule au quotient.
- **4e étape** : Je continue la division jusqu'au dernier chiffre du dividende.

```
dixièmes ┐ ┌ centièmes
14,48 | 4
12    | 3,62 ← chiffre des centièmes
 24   |   ↑ chiffre des dixièmes
 24   |
  08  |
   8  |
   0  |
```

→ 3 est le quotient entier → 14,48 = (4 × 3) + 2,48 → le reste est 2,48
→ 3,6 est le quotient approché au dixième → 14,48 = (4 × 3,6) + 0,08 → le reste est 0,08
→ 3,62 est le quotient exact → 14,48 = 4 × 3,62 → le reste est 0

Je m'entraine

1 **Dans la division de 542 par 12 :**

a. quel est le quotient décimal au dixième près ?
b. quel est le quotient décimal au centième près ?

2 **Donne une valeur approchée au centième près de la fraction suivante : $\frac{62}{33}$.**

3 Un Américain a parcouru 135,2 km en marchant à reculons pendant 24 h le 31 décembre 1985 à Minneapolis. **Quelle distance moyenne parcourait-il en une heure ?**

4 Une pile d'assiettes comportant 19 assiettes a une hauteur de 70,3 cm.

Quelle est la hauteur d'une assiette ?

5 **Utilise cette division pour répondre à la question : quel est le quotient décimal dans la division de 32,63 par 13 ?**

```
3 2 6 3 | 1 3
  6 6   | 2 5 1
    1 3 |
      0 |
```

....

6 Les 15 joueurs d'une équipe de rugby se partagent une prime d'un montant de 12 363 €. **Quelle est la part de chacun ?**

7 5 jeunes garçons décident de courir un relais sur la même distance que les coureurs de marathon aux jeux Olympiques, c'est-à-dire 42,195 km.

Quelle distance chacun doit-il parcourir ?

8 **Cherche le quotient décimal au centième dans les divisions suivantes.**

```
4 1 5 | 1 7        4 1 3 | 4

7 4 5 | 9          1 0 4 0 | 2 3
```

9 **Effectue les divisions suivantes.**

```
2 5 8,4 | 3 4      3 1 7,3 4 | 4 3

1 0 6,2 5 | 1 7    1 1 1,0 6 | 9
```

10 **Complète cette division.**

```
1 .... 5, .... .... 4 | 3 7
    2 7 ....          | ...., 7 .... ....
      .... 0 0        |
        .... .... ....|
                 .... |
```

Super exercice

Résous ce problème.

En 1990, à Phœnix, un Américain a roulé 24 heures en vélo derrière une moto. Il a parcouru 1 958,196 km.

Quelle distance parcourait-il en moyenne par heure ?

Corrigés et conseils parents p. 27 du guide.

Ton évaluation sur ce chapitre

13 Calcul mental

Je retiens l'essentiel

- On peut calculer rapidement des pourcentages simples :

$\frac{50}{100} = \frac{1}{2}$ donc **calculer 50 % c'est prendre la moitié.**

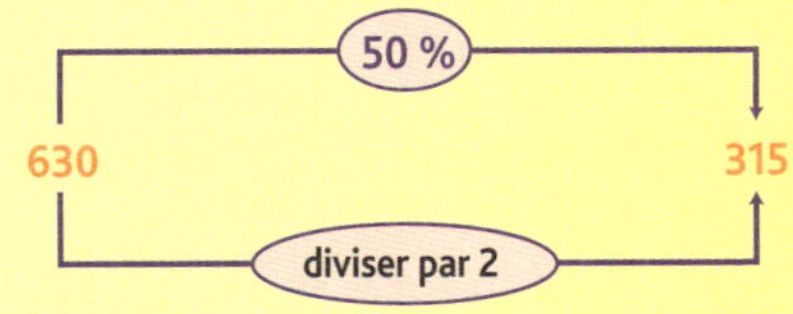

$\frac{10}{100} = \frac{1}{10}$ donc **calculer 10 % c'est prendre le dixième.**

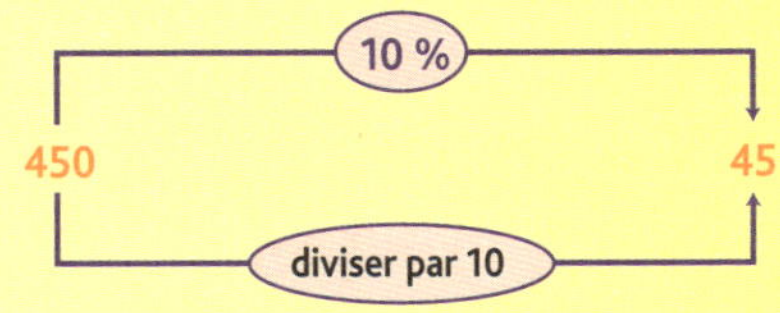

OBJECTIF

→ Calculer rapidement des pourcentages et des divisions simples.

JE SAIS DÉJÀ

✔ Prendre le double et la moitié.
✔ Diviser par 10.

Je sais comment faire

▷ Pour calculer 25 %

$\frac{25}{100} = \frac{1}{4}$ donc, pour calculer 25 %, **je prends le quart.**

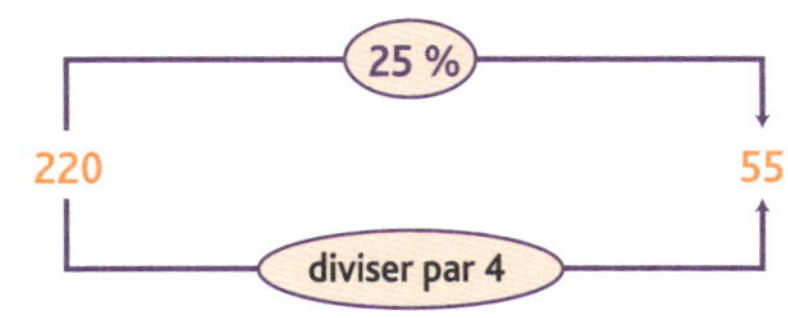

▷ Pour diviser par 4

Je divise par 2 puis encore par 2.

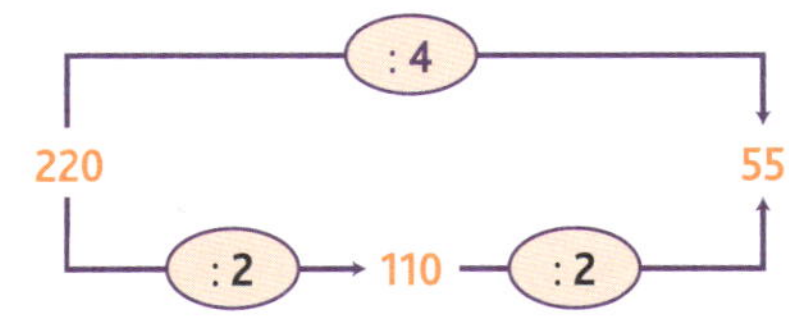

▷ Pour calculer 20 %

$\frac{20}{100} = \frac{1}{5}$ donc, pour calculer 20 %, **je prends le cinquième.**

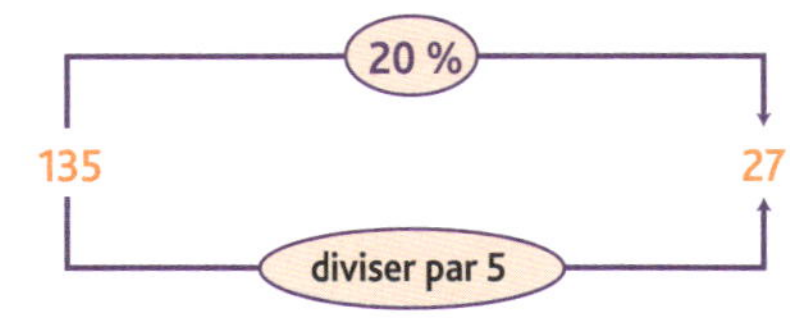

▷ Pour diviser par 5

Je multiplie par 2 puis je divise par 10.

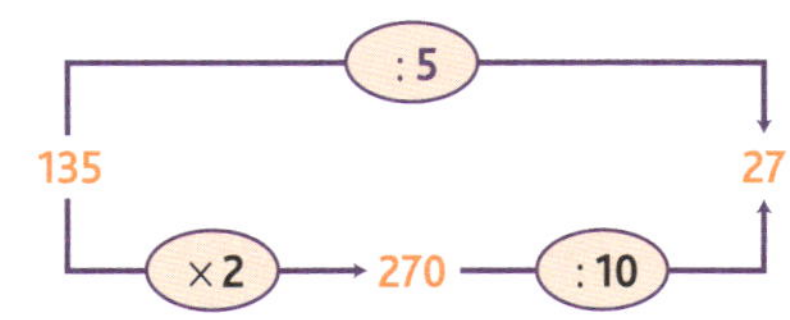

Je m'entraine

1 Dans une colonie de vacances, 50 % des enfants sont des filles.
S'il y a 458 enfants, combien de filles y a-t-il ? ....

2 Un constructeur automobile annonce 10 % d'augmentation à partir du 1er avril.
Quel est le montant de la hausse pour une voiture qui coutait 12 890 euros ?

....

3 La Société nationale des croisières fériques annonce 25 % de réduction.
Quel est le montant de la réduction pour un voyage coutant normalement 1 648 euros ?

....

4 **Quel est le quotient décimal de 327 par 5 ?**

....

5 **Quel est le quotient de 932 par 4 ?**

....

6 **Complète sans poser l'opération.**

a. 256 × 100 = ...
b. 12,48 × 10 = ...
c. 78,9 × 10 = ...
d. 45,7 × 1 000 = ...
e. 789,56 × 1 000 = ...

7 On propose 20 % de réduction sur le giga-steak-frites.
Le prix habituel est de 15,50 euros.
Quel est le montant de la réduction ?

....

8 5 joueurs se partagent 4 321 euros de manière équitable.
Quelle est la part de chacun ?

....

9 Un orchestre a trois fois plus de musiciens que de musiciennes. **S'il y a 29 musiciennes, combien y a-t-il de musiciens ?**

....

10 Dans une classe de 24 élèves, il y a 50 % de filles. **Sachant que 25 % des filles ont des lunettes, combien y a-t-il de filles avec des lunettes dans la classe ?**

....

Super exercice

Résous ce problème.

Pense à un nombre.
Double-le.
Ajoute 12 au résultat précédent.
Multiplie par 10 le résultat obtenu.
Divise alors ton résultat par 4.

a. Essaie de faire ces calculs avec des nombres de ton choix.

b. Si tu penses à 42, quel est le nombre final obtenu ? ....

c. Si tu obtiens 430, quel était le nombre de départ ? ....

Corrigés et conseils parents p. 27 du guide.

Ton évaluation sur ce chapitre

14 La calculatrice

Je retiens l'essentiel

OBJECTIF
→ Utiliser une calculatrice.

JE SAIS DÉJÀ
✔ Utiliser les nombres décimaux.

- **Multiplier un nombre décimal par un entier**

Pour calculer : 7,24 × 28.

On tape 7 . 2 4 × 2 8 =

202.72 s'affiche à l'écran.

→ Le produit de 7,24 par 28 est égal à 202,72.

- **Diviser un nombre décimal par un entier**

Pour calculer 1 675,36 divisé par 37.

On tape 1 6 7 5 . 3 6 ÷ 3 7 =

45.28 s'affiche à l'écran.

→ Le quotient de 1675,36 par 37 est égal à 45,28.

- **Chercher le quotient décimal**

Pour calculer 2 714 ÷ 8.

On tape 2 7 1 4 ÷ 8 =

338.875 s'affiche à l'écran.

→ Le quotient de2 714 divisé par 8 est égal à 338,875.
338 est le quotient entier approché par défaut.

Je sais comment faire

SUPER MÉMO
- **Attention :** sur une calculatrice, la virgule est remplacée par un point.

▷ Pour calculer avec des parenthèses

- Sur une calculatrice, il y a aussi des touches comme M+ et M– qui permettent de mettre des nombres en mémoire.
Si on veut **ajouter** le nombre, on le met dans M+.
Si on veut **retrancher** le nombre, on le met dans M–.

- On trouve aussi les touches MR pour afficher ce qui est en mémoire et MC pour effacer ce qui est en mémoire.

- Sur certaines calculatrices, il n'y a qu'une seule touche RCM qui sert à la fois à afficher ce qui est en mémoire et aussi à l'effacer.

Pour calculer (35 × 72) – (42 + 254)

On tape 3 5 × 7 2 = → 2520 s'affiche à l'écran, on tape M+

On tape 4 2 + 2 5 4 = → 296 s'affiche à l'écran, on tape M–

On termine en tapant MR. → 2224 s'affiche à l'écran.

Je m'entraine

1 **a. Tape.**

4 . 8 9 7 × 5 8 =

Complète.

b. 612,4 × 78 = ...

c. 208,75 × 46 = ...

d. 789,5 × 104 = ...

2 **a. Tape.**

3 7 5 . 4 ÷ 8 =

Complète.

a. 83,28 ÷ 12 = ...

b. 728,1 ÷ 45 = ...

c. 6 990,4 ÷ 68 = ...

3 **Complète.**

a. 457,8 × 78 = ...

b. 205,47 × 13 = ...

c. 652,27 × 36 = ...

d. 239,9 × 72 = ...

4 **Complète.**

a. 2 289,5 ÷ 38 = ...

b. 3 508,12 ÷ 67 = ...

c. 385,108 ÷ 43 = ...

d. 10 723,62 ÷ 29 = ...

5 **Complète.**

a. Dans la division 4 587 ÷ 12, le quotient entier par défaut est ....

b. Dans la division 5 198 ÷ 27, le quotient entier par défaut est ....

c. Dans la division 8 751 ÷ 47, le quotient entier par défaut est ....

d. Dans la division 35 842 ÷ 257, le quotient entier par défaut est ....

6 **Calcule.**

a. (42 × 15) – (23 × 8) = ...

b. (125 × 6) – (58 × 9) = ...

c. 2 587 – (12 × 60) = ...

d. (452 × 28) – (15 × 23) = ...

7 **Complète.**

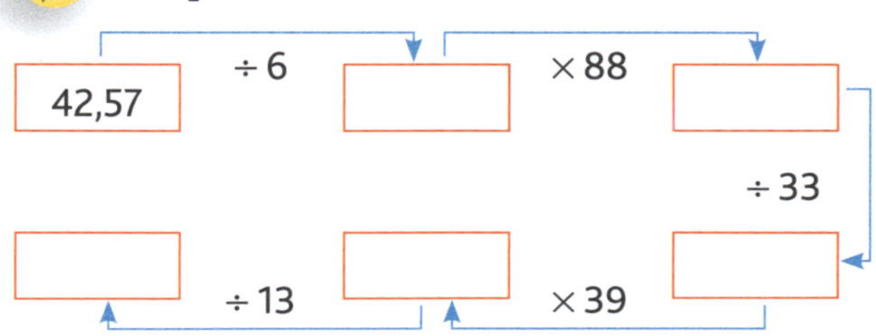

8 **Complète.**

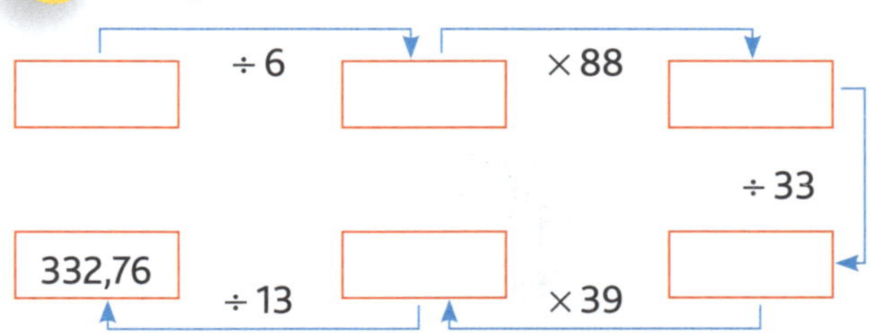

Super exercice

Résous ce problème.

En 2016, l'anniversaire de Thomas sera le 254ᵉ jour de l'année.

En quel mois Thomas est-il né ? Quelle est la date de l'anniversaire de Thomas ?

Corrigés et conseils parents p. 27 du guide.

Ton évaluation sur ce chapitre

15 La proportionnalité

Je retiens l'essentiel

OBJECTIF
→ Reconnaitre une situation de proportionnalité.

JE SAIS DÉJÀ
✔ Multiplier et diviser des nombres entiers.
✔ Lire un tableau de nombres ou un graphique.
✔ Calculer le double ou la moitié d'un nombre.

- **Dans un tableau, deux suites de nombres sont proportionnelles quand on passe de l'une à l'autre en multipliant ou en divisant par un même nombre.**

Nombre de bougies	1	2	3	5	6
Prix en euros	5,1	10,2	15,3	25,5	30,6

× 5,10 : coefficient de proportionnalité

Ce tableau est un **tableau de proportionnalité** car le quotient du nombre de la deuxième ligne par celui de la première ligne est toujours le même dans chaque colonne.
Le nombre d'objets et les prix en euros sont proportionnels, le coefficient de proportionnalité est 5,10.

- **Sur un graphique, il y a situation de proportionnalité quand les points sont alignés sur une droite qui passe par l'origine.**

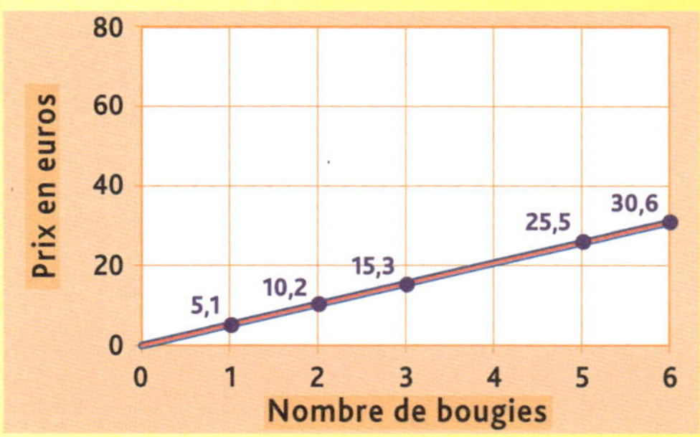

- **Le passage par l'unité**
On utilise le passage par l'unité pour résoudre des problèmes de proportionnalité.

Exemple Si 8 cahiers coutent 20 €, combien coutent 11 cahiers ?
Pour trouver le prix d'un cahier, il faut diviser 20 par 8, un cahier coute 2,50 €.
Pour trouver le prix de 11 cahiers, il faut multiplier 2,50 par 11.
On trouve 27,50 €. On dispose parfois le calcul ainsi : $\frac{20 \times 11}{8}$.

Je sais comment faire

▷ Pour utiliser les propriétés de la proportionnalité

- Dans le tableau de *Je retiens l'essentiel*, je remarque que :

5 est la **somme** de 2 et 3

2	3	5
10,2	15,3	25,5

(+) (+)

25,5 est la **somme** de 10,2 et 15,3

6 est le **double** de 3

3	6
15,3	30,6

(×2) (×2)

30,6 est le **double** de 15,3

Ces propriétés de la proportionnalité me permettent souvent de **calculer un nombre sans utiliser le coefficient de proportionnalité.**

Je m'entraine

1 **Complète ce tableau de proportionnalité.**

12	25,3	31	43
....	....	....	....

(× 79)

2 **Complète ce tableau sans calculer le prix d'un gâteau.**

Nombre de gâteaux	6	14	3	20
Prix à payer en €	45,12	105,28	....	....

3 **Ce tableau est-il un tableau de proportionnalité ? pourquoi ?**

45	72	117
36	57,6	94,6

4 Un magasin propose la promotion suivante : 4 chaises pour le prix de 3.

a. Sachant qu'une chaise coute 390 €, complète le tableau suivant pour trouver les prix.

Nombre de chaise(s)	1	2	3	4
Prix à payer en €	390	....	....	....

b. Est-ce une situation de proportionnalité ? pourquoi ?

c. Représente ce tableau graphiquement.

d. Comment sont disposés les points sur le graphique ?

5 L'organisateur d'une loterie prévoit 3 billets gagnants pour 45 billets mis en jeu.

a. Combien faut-il de billets s'il veut 15 billets gagnants ?

b. Combien faut-il prévoir de billets gagnants pour 135 billets ?

6 Jacques (12 ans) et Pierre (6 ans) se partagent 300 euros. Le plus grand décide que les parts seront proportionnelles à leurs âges.

a. Comment est la part de Jacques par rapport à celle de Pierre ?

b. Quelle est la part de chacun ?

7 Un livre de cuisine propose une recette. *Ingrédients pour du thon au four pour 4 personnes :* 800 g de thon, 3 cuillerées d'huile, 1 cuillerée de vinaigre, 2 oignons.

a. Donne la liste des ingrédients pour 8 personnes.

b. Donne la liste des ingrédients pour 10 personnes.

8 Un magasin propose la promotion suivante : pour l'achat de 4 boites de bonbons, la cinquième est gratuite.

a. Sachant que le prix d'une boite est 5,45 €, donne dans un tableau les prix pour l'achat de 5 boites, 8 boites et 10 boites.

b. Est-ce une situation de proportionnalité ?

c. Fais la représentation graphique de ce tableau.

Super exercice

Résous ce problème.

Pour un gouter, Pierre dispose de 10 €. Il achète 5 bouteilles de jus d'orange et dépense 5,70 €.

a. Quel est le prix d'une bouteille de jus d'orange ?

b. Avec l'argent qui lui reste, combien peut-il encore acheter de bouteilles de jus d'orange ?

Corrigés et conseils parents p. 28 du guide.

Ton évaluation sur ce chapitre

16 Les pourcentages

OBJECTIF
→ Utiliser et calculer un pourcentage.

JE SAIS DÉJÀ
✔ Faire un tableau de proportionnalité.

Je retiens l'essentiel

- **Un pourcentage indique une proportion par rapport à 100.**

Exemple

Dire que, dans un fromage blanc, il y a 40 % (on lit: 40 pour cent) de matières grasses signifie que, si le pot contient 100 g de fromage blanc, il y a 40 g de matières grasses. C'est la proportion de matières grasses dans le fromage blanc.
On peut ainsi en déduire la quantité de matières grasses dans un pot de 1 kg.

Il suffit d'appliquer la proportionnalité.

Masse de fromage en g	100	1 000
Quantité de matières grasses en g	40	400

Je sais comment faire

▷ Pour appliquer un pourcentage

- Un manteau coute 230 €.

Quel est son prix après une réduction de 20 % ?
Prendre 20 %, c'est prendre 1/5
car les fractions 20/100 et 1/5 sont égales.
Pour calculer 20 % de 230, je divise par 5 :
230 ÷ 5 = 46, comme **c'est une réduction, j'enlève au prix initial** 230 − 46 = 184.
→ Le manteau coute 184 €.

- Le prix du kilo de cerises qui est de 4 €, augmente de 10 %.

Quel sera le nouveau prix du kilo de cerises ?
Prendre 10 %, c'est prendre 1/10
car les fractions 10/100 et 1/10 sont égales.
Pour calculer 10 % de 4, je divise par 10 :
4 ÷ 10 = 0,40 comme **c'est une augmentation, j'ajoute au prix** initial 4 + 0,40 = 4,40.
→ Le kilo de cerises coute 4,40 €.

▷ Pour exprimer un pourcentage

Dans une classe de CM2, il y a 11 garçons parmi les 25 élèves.
Quel est le pourcentage de garçons dans la classe ?
Les garçons représentent 11/25 de la classe.
J'exprime cette fraction par une **fraction décimale de dénominateur 100.**
11/25 = 44/100
→ Il y a 44 % de garçons dans la classe.

Nombre d'élèves	Nombre de garçons
25	11
100	44

(× 4)

Je m'entraine

1 Dans une classe, il y a 12 filles et 12 garçons.
Quel est le pourcentage de filles et de garçons de cette classe ?

....

2 Au restaurant, le service est de 10 %.
Calcule le montant de l'addition pour un repas de 4 personnes qui choisissent le menu à 18 euros.

3 Un pot de yaourt pèse 125 grammes et contient 20 % de matières grasses.
Quelle est la masse de matières grasses dans ce pot de yaourt ?

....

4 **En t'aidant du chapitre sur le calcul mental page 102, calcule mentalement les pourcentages suivants.**

a. 50 % de 488 € ....
b. 20 % de 450 g ....
c. 10 % de 4 580 kg ....
d. 25 % de 804 € ....
e. 1 % de 400 L ....

5 Dans un magasin de fruits, le kilo de framboises coute 5 euros. Le vendeur annonce la promotion suivante : les 5 kg pour 20 euros. **Quel est le pourcentage de réduction pour le client qui profite de la promotion ?**

6 Les tarifs de péage ont augmenté de 5 %.
Quel est le nouveau prix à payer pour un trajet qui coutait 140 € avant l'augmentation ?

7 Dans un morceau de 200 g de fromage La Bonne Vache, il y a 80 g de matières grasses, alors que dans un morceau de 300 g de fromage Les Alpages, il y a 90 g de matières grasses.
a. **Quel est le pourcentage de matières grasses dans La Bonne Vache ?**
b. **Quel est le pourcentage de matières grasses dans Les Alpages ?**
c. **Quel est le fromage le plus gras ?**

8 À la question : « Pensez-vous que la science pourra un jour recréer les dinosaures ? », sur 500 enfants, 90 ont répondu oui.
a. **Indique cette proportion en pourcentage.**

....

b. **Quel est le pourcentage de ceux qui ont répondu non ?**

....

9 Les fers à repasser Sanplis proposent une baisse de 12 € sur un modèle qui coutait, avant la promotion, 51 €.
Les fers Tounet proposent une réduction de 20 % sur un modèle qui coutait avant la baisse 50 €.
a. **Quel est le nouveau prix des fers Sanplis ?**
b. **Quel est le nouveau prix des fers Toutnet ?**
c. **Quel est le fer le moins cher après réduction ?**

Super exercice

Résous ce problème.

En 2005, 314 271 jeunes ont présenté le baccalauréat général en France. 84 % ont été admis.
Quel était le nombre de candidats ayant réussi en 2005 ?

17 Échelles et vitesses

OBJECTIFS
→ Utiliser et calculer une échelle.
→ Utiliser et calculer une vitesse.

JE SAIS DÉJÀ
✔ Faire un tableau de proportionnalité.
✔ Convertir les mesures de longueur.

Je retiens l'essentiel

- **Sur une carte représentée au 1:100 000** (on lit cent millième), **1 cm représente 100 000 cm (ou 1 km) sur le terrain.**
1:100 000 indique **l'échelle** de la carte.
Comme 100 000 cm = 1 000 m = 1 km, on a 1 cm qui correspond à 1 km sur cette carte.
Sur la carte, il y a 4,8 cm entre Hareville et Remoncourt. La distance qui sépare les deux villages est de 4,8 km.

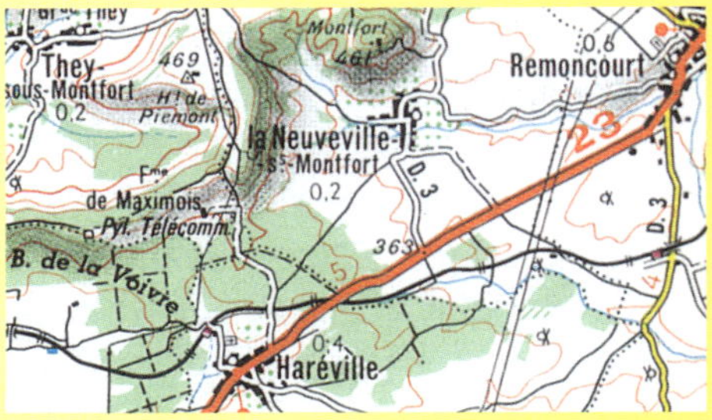

- **L'échelle indique la proportion entre la distance réelle et la distance représentée sur la carte.**
- **Attention :** dans les calculs d'échelles, il faut toujours utiliser la même unité sur la carte et sur le terrain.

Je sais comment faire

La vitesse moyenne en km/h représente la distance en km parcourue en 1 heure.

Exemple Quand une voiture a pour vitesse moyenne 90 km/h, elle parcourt 90 km en 1 heure.

▷ Pour calculer une distance

La vitesse moyenne d'un coureur cycliste est 41 km/h.
Quelle distance parcourt-il en 3 heures ?
$3 \times 41 = 123$
→ En 3 heures, il parcourt 123 km.

▷ Pour calculer une durée

Un automobiliste parcourt 672 km à la vitesse moyenne de 96 km/h.
Quelle est la durée du voyage ?
$672 : 96 = 7$
→ Il parcourt 672 km en 7 heures.

1 **Complète.**

Distance réelle en cm	300 000	....
Distance carte en cm	1	4,6

La distance réelle entre les deux villages est .... km.

2 **Complète.**

54 km = ... cm

Distance réelle en cm	500 000	5 400 000
Distance carte en cm	1	....

La distance entre les deux villes sur la carte est .... cm.

3 Un cycliste a parcouru 57 km en 3 heures.

a. **Quelle distance a-t-il parcouru en une heure ?**

b. **Quelle était sa vitesse moyenne ?**

4 Un automobiliste roule à la vitesse moyenne de 85 km/h.

Combien de temps mettra-t-il pour parcourir 595 km ?

5 Pour aller de Nogent-sur-Marne à Champs-sur-Marne, qui sont distants de 12 km, Jules met en pédalo 2 heures à l'aller et 1 heure au retour.

Calcule :

a. la vitesse moyenne à l'aller.

b. la vitesse moyenne au retour.

c. la vitesse moyenne pour l'aller-retour.

6 L'échelle de cette carte est 1:1 000 000.

a. **Mesure la distance sur la carte entre les villes Plémet et Collinée.**

b. **Calcule la distance réelle entre ces deux villes.**

© IGN – 2016 – Autorisation n° 80-1614

7 Une automobile a une vitesse moyenne de 96 km/h.

Quelle distance parcourt-elle :

a. en 15 minutes ? ....

b. en 20 minutes ? ....

c. en 30 minutes ? ....

d. en 10 minutes ? ....

e. en 5 minutes ? ....

Super exercice

Résous ce problème.

En mer, l'unité de distance pour les bateaux est le mille marin, et l'unité de vitesse est le nœud. 1 nœud représente une distance parcourue de 1 mille en 1 heure. Lors du Vendée Globe Challenge, le navigateur Christophe Auguin a parcouru 264 milles en 1 jour.

Quelle était sa vitesse moyenne en nœuds ce jour-là ?

....

18 Les graphiques

OBJECTIF
→ Lire et utiliser un graphique.

JE SAIS DÉJÀ
✔ Tracer des droites.
✔ Lire un tableau de données numériques.

Je retiens l'essentiel

- **Un graphique permet de présenter des résultats numériques et de faire des comparaisons.**

Mois	Pluie en mm
janvier	110
février	80
mars	70
avril	92

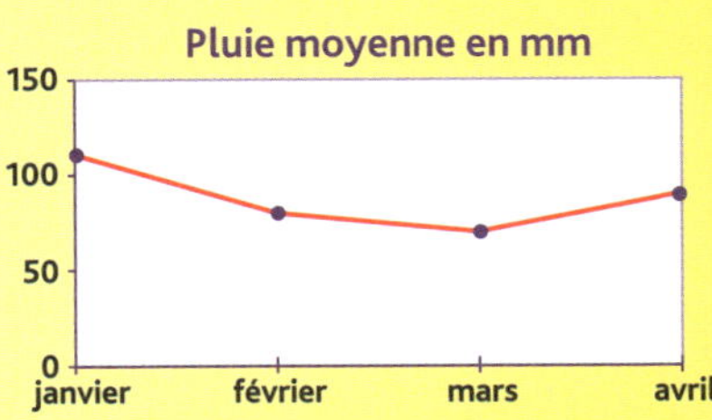

- **Il existe plusieurs sortes de graphiques :**
  - les secteurs circulaires ou camemberts ;
  - les histogrammes ou barres verticales ;
  - les courbes ou les droites ;
  - les ensembles de points.

Je sais comment faire

▷ Pour utiliser un graphique en camembert

Il représente des proportions indiquées en pourcentage par rapport à l'activité globale.
La part de disque est proportionnelle au nombre représenté.

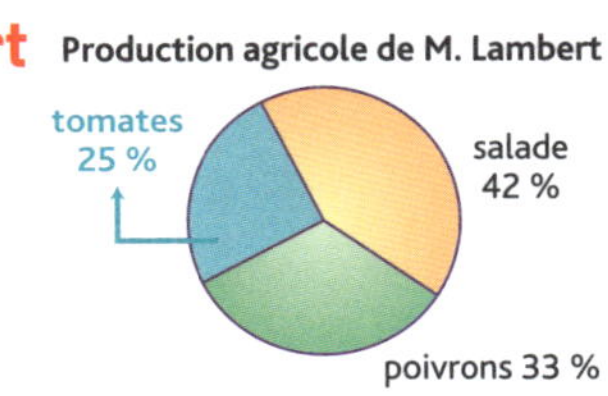

▷ Pour utiliser un histogramme

La hauteur des rectangles est proportionnelle au nombre représenté.

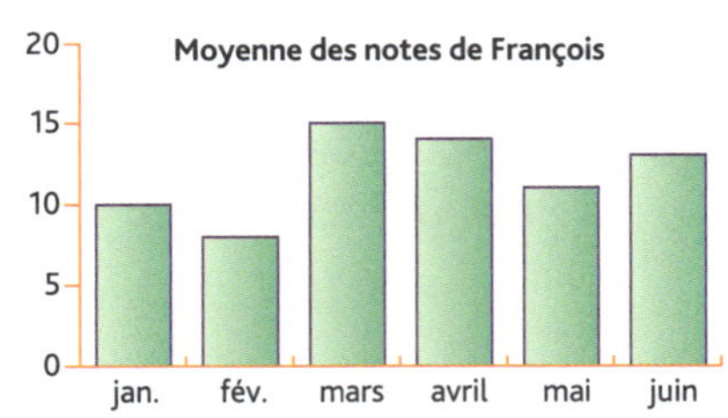

▷ Pour lire un graphique

- Je peux trouver le prix de 4 stylos.
→ C'est 14 euros.
Je peux trouver le nombre de stylos que j'achète pour 21 euros.
→ C'est 6 stylos.
- Je peux déduire que **ce graphique représente une situation de proportionnalité, car la droite passe par l'origine.**

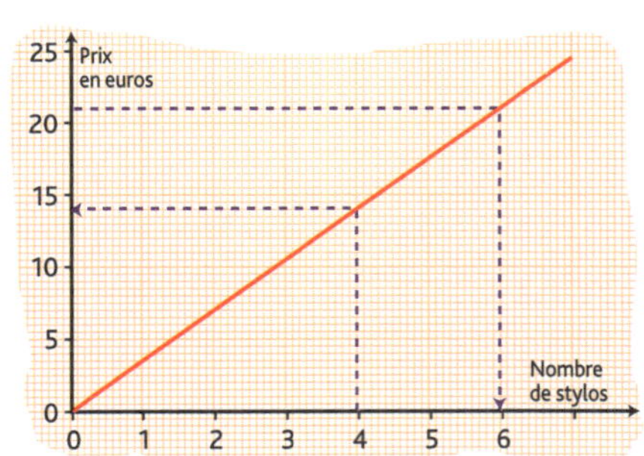

Je m'entraine

1 Observe ce graphique.

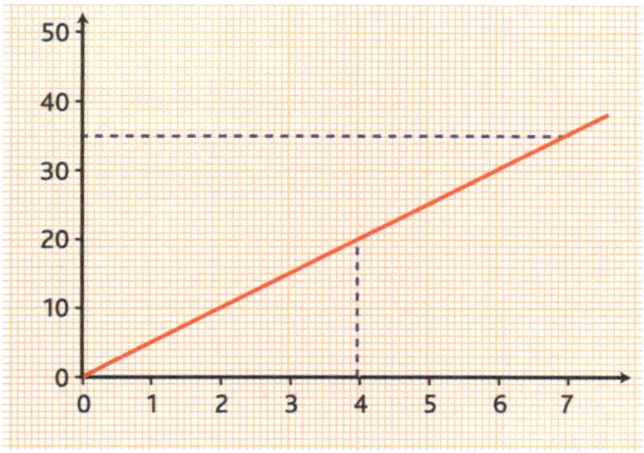

a. Quel nombre correspond à 4 ?
b. Quel nombre donne 35 ?
c. Est-ce une situation de proportionnalité ? pourquoi ?

2 Observe ces graphiques en camembert.

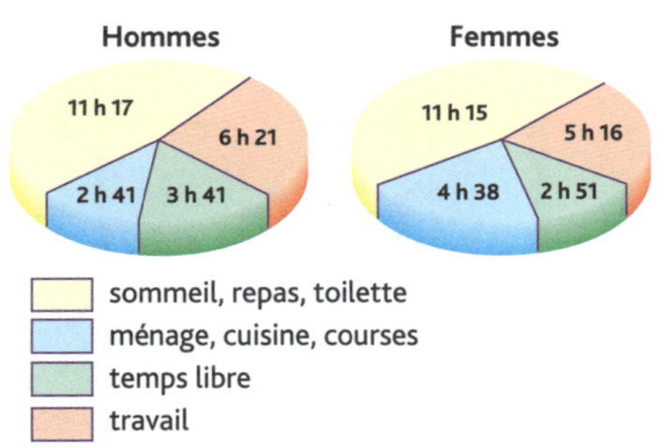

a. Qui consacre le plus de temps à des activités professionnelles ?
b. Pendant combien de temps une femme s'occupe-t-elle des tâches domestiques ?
c. Qui a le plus de temps libre ?
d. Quel est le total des durées indiquées dans chaque camembert ?

3 a. Complète le tableau suivant.

Longueur du côté en cm	Périmètre du carré en cm	Aire du carré en cm²
2		
5		
8		
10		
12		

b. En prenant comme unité 0,5 cm pour 1 cm sur l'axe horizontal et 1 cm pour 10 cm sur l'axe vertical, **représente graphiquement le périmètre du carré.**
c. En prenant comme unité 0,5 cm pour 1 cm sur l'axe horizontal et 1 cm pour 10 cm² sur l'axe vertical, **représente graphiquement l'aire du carré.**

4 Observe cette courbe.

Évolution de la consommation de pain
(en grammes par jour et par personne)

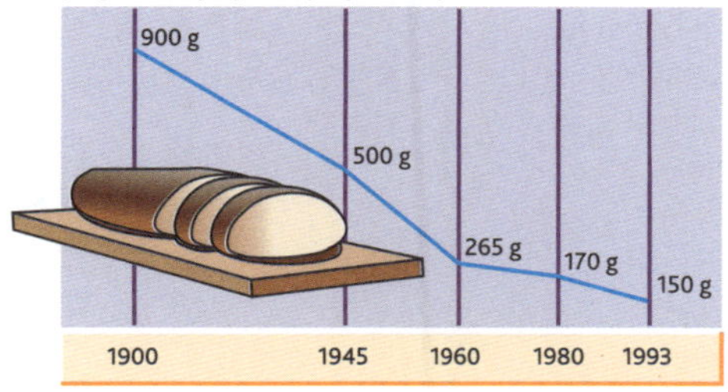

a. Quelle était la consommation moyenne de pain en 1900 ?
b. En quelle année la consommation moyenne était-elle de 170 g ?
c. Que peux-tu dire de la consommation de pain en France au cours du XXe siècle ?
d. Quelle est la diminution de la consommation de pain entre les années 1900 et 1945 ?
e. Quelle est la diminution de la consommation de pain entre les années 1960 et 1993 ?

Super exercice

Fais un graphique à partir du tableau suivant. Prends 1 cm pour 5 heures sur l'axe vertical.

Travail en heures par semaine dans l'industrie	
Pays	**Durée**
Portugal	40,2
Grèce	43,2
France	39,1
Allemagne	42,3
Belgique	40
Islande	46,7

19 Les angles et les triangles

OBJECTIFS
→ Reconnaître les angles et les triangles par leurs propriétés caractéristiques.
→ Construire un triangle.

JE SAIS DÉJÀ
✔ Tracer une droite.
✔ Utiliser une équerre.
✔ Tracer un cercle.

Je retiens l'essentiel

- **Deux demi-droites qui ont la même origine forment un angle.**

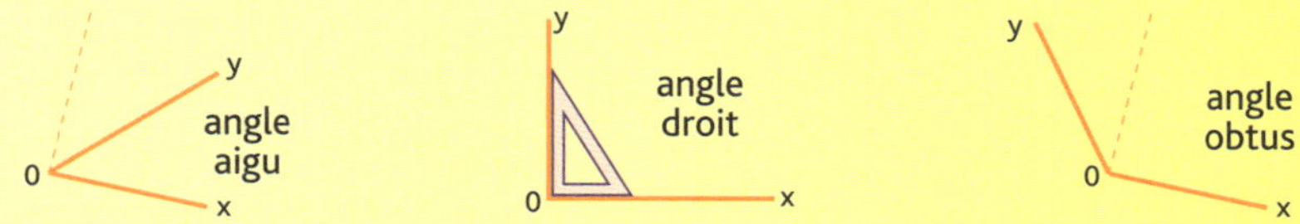

- **Un triangle est un polygone qui a 3 côtés.**

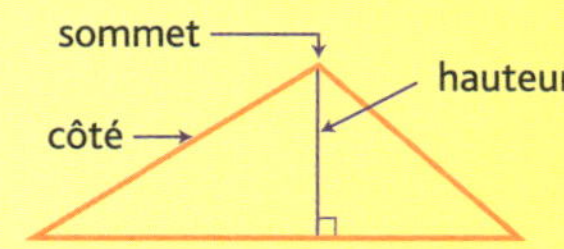

Triangle isocèle	Triangle rectangle	Triangle équilatéral	Triangle rectangle isocèle
2 angles égaux 2 côtés de même longueur	1 angle droit	3 angles égaux 3 côtés de même longueur	1 angle droit 2 côtés de même longueur

- **Périmètre d'un triangle ABC : P = AB + BC + CA.**
  (c'est-à-dire la somme des longueurs des 3 côtés)

Je sais comment faire

SUPER MÉMO
L'équerre permet de :
• trouver un angle droit dans une figure,
• tracer deux droites perpendiculaires.

▷ Pour tracer un triangle

Je veux tracer un triangle ABC dont les côtés mesurent 2 cm, 3 cm et 4 cm.

- Je trace le **segment** [BC] de 4 cm.
- Je trace le **cercle** de centre B, de rayon 2 cm.
- Je trace le **cercle** de centre C, de rayon 3 cm.
- A est un des deux **points d'intersection** des deux cercles.

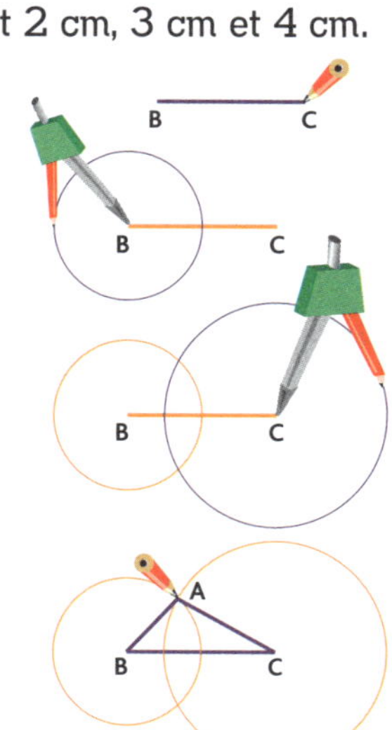

Je m'entraine

1 **Complète cette grille.**

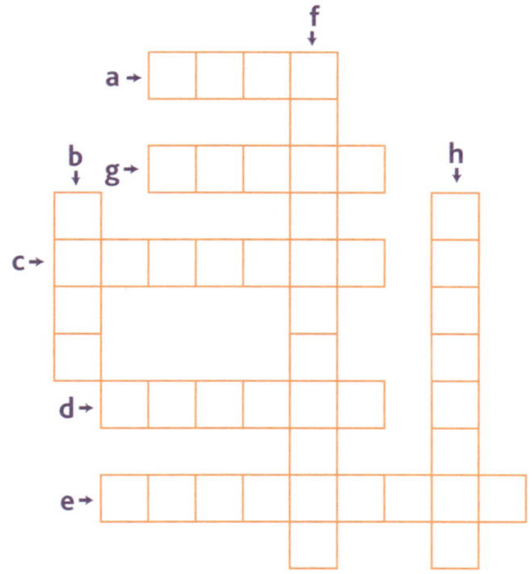

a. Dans un triangle.
b. Plus petit qu'un angle droit.
c. J'ai 2 côtés de même longueur.
d. Dans un triangle.
e. Triangle avec un angle droit.
f. J'ai 3 côtés de même longueur.
g. Plus grand qu'un angle droit.
h. Polygone à 3 côtés.

2 **a. Trace un triangle rectangle dont les côtés perpendiculaires mesurent 8 cm et 6 cm.**

b. Mesure la longueur du troisième côté.

c. Calcule le périmètre du triangle.

3 Un triangle équilatéral a un périmètre de 45,9 cm. **Combien mesurent ses côtés ?**

4 Un triangle isocèle a un périmètre qui mesure 54,3 cm. **Sachant que les deux côtés de même longueur mesurent 20,6 cm, combien mesure le troisième côté ?**

5 **a. Reproduis ces 2 triangles.**

b. Trace la hauteur passant par le sommet A

c. Trace la hauteur passant par le sommet E.

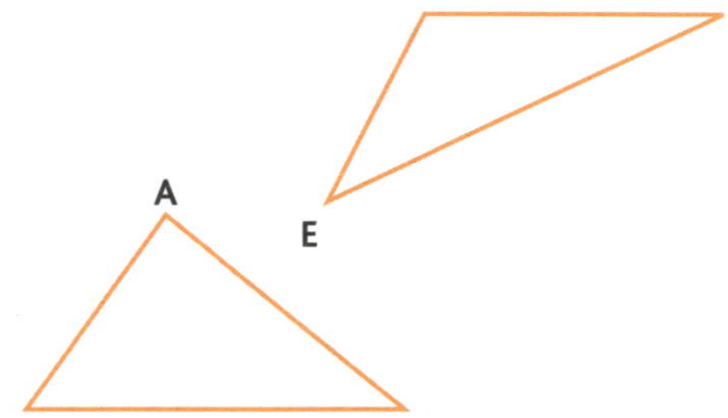

6 **Décris la figure à une personne qui ne la voit pas pour qu'elle puisse la tracer.**

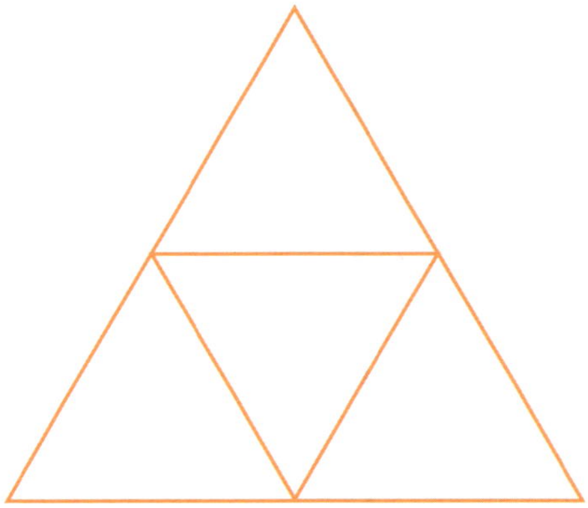

Super exercice

Résous ce problème.

Combien y a-t-il de triangles dans cette figure ?

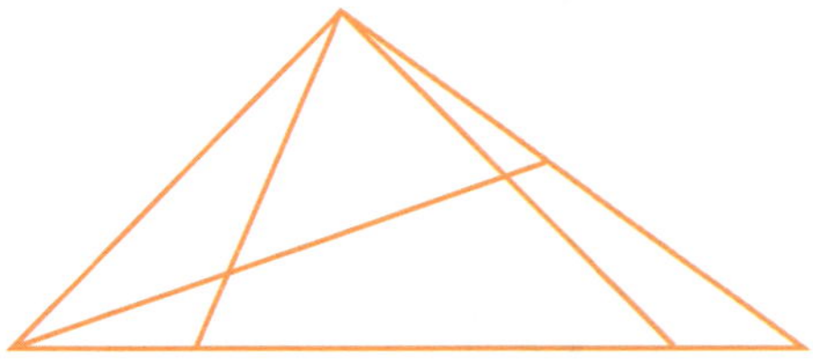

....

20 Les quadrilatères

Je retiens l'essentiel

OBJECTIFS
→ Reconnaitre les quadrilatères par leurs propriétés caractéristiques.
→ Construire un rectangle.

JE SAIS DÉJÀ
✔ Tracer des droites perpendiculaires.
✔ Mesurer des segments.
✔ Vérifier un milieu.

SUPER MÉMO
Pour définir un quadrilatère, on indique les propriétés des côtés et des diagonales.

- **Un quadrilatère est un polygone qui a 4 côtés.**

Les diagonales joignent deux sommets opposés.

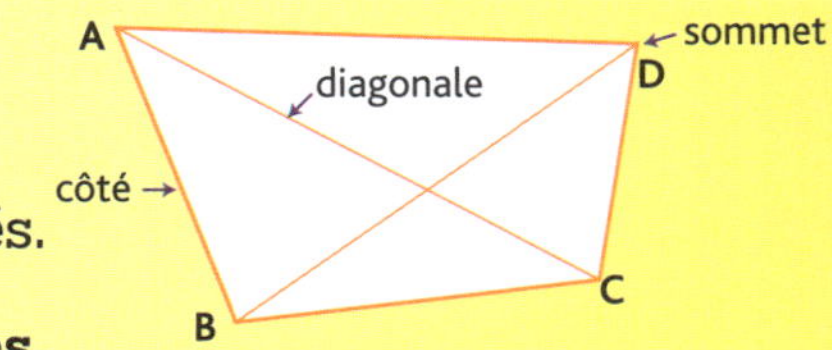

- **Il existe différentes sortes de quadrilatères.**

Quadrilatères	Côtés	Angles	Diagonales
Trapèze 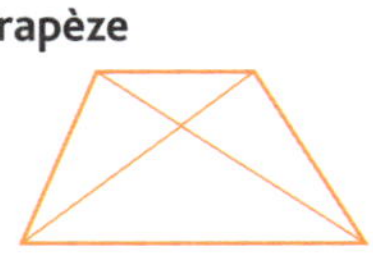	2 côtés opposés parallèles		
Parallélogramme 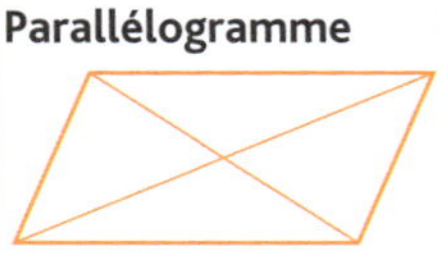	Côtés opposés parallèles Côtés opposés de même longueur	Angles opposés égaux	Se coupent en leur milieu
Rectangle 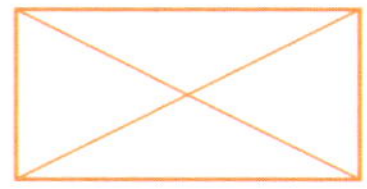	Côtés opposés parallèles Côtés opposés de même longueur	4 angles droits	Se coupent en leur milieu, ont la même longueur
Losange 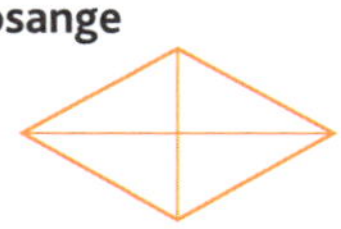	Côtés opposés parallèles 4 côtés de même longueur	Angles opposés égaux	Se coupent en leur milieu, sont perpendiculaires
Carré 	Côtés opposés parallèles 4 côtés de même longueur	4 angles droits	Se coupent en leur milieu, ont la même longueur, sont perpendiculaires

- **Périmètre d'un quadrilatère ABCD : P = AB + BC + CD + DA.**

Je sais comment faire

▷ Pour tracer un rectangle de 5 cm sur 3 cm

- Je trace un segment [AB] de 5 cm.
- Je trace la droite perpendiculaire à la droite (AB) en A, je place le point C sur cette droite à 3 cm de A.
- Je trace la droite perpendiculaire à la droite (AC) en C, je place le point D sur cette droite à 5 cm de C et du même côté que B par rapport à la droite AC.
- Puis je trace le segment [DB].

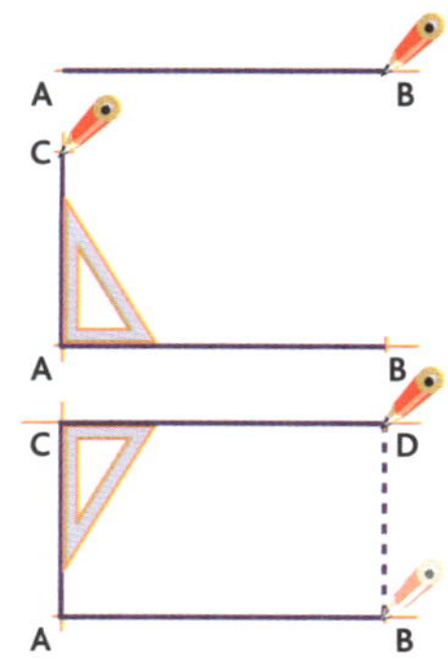

Je m'entraine

1 **Complète cette grille.**

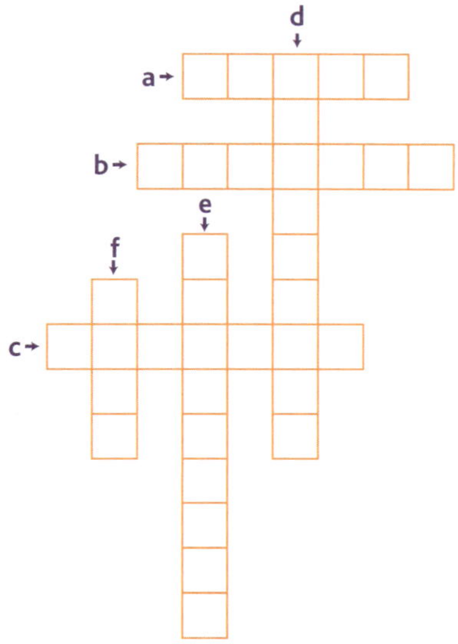

a. Je suis un losange avec un angle droit.
b. Je suis un triangle avec deux côtés de même longueur.
c. J'ai des diagonales perpendiculaires.
d. J'ai des diagonales de même longueur.
e. Je joins deux sommets.
f. Je suis un parmi quatre dans un quadrilatère.

2 **Dessine les figures suivantes :**

a. un losange dont les diagonales mesurent 10 cm et 8 cm.
b. un carré dont les côtés mesurent 7 cm.

3 **Complète ces phrases.**

a. La figure ABCD est un ....
b. La figure HFGC est un ....
c. La figure BHF est un ....
d. La figure EBFC est un ....

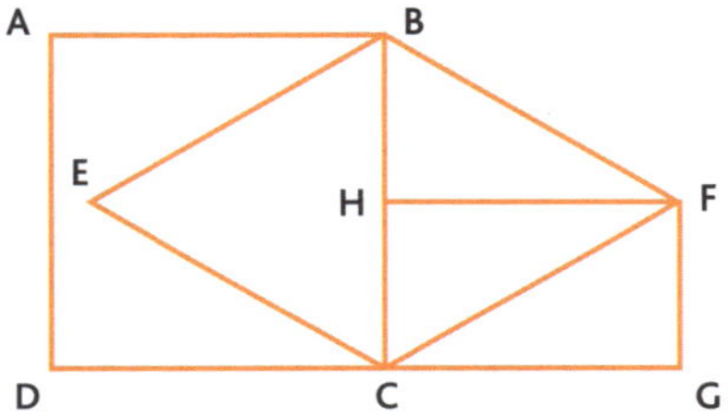

4 En réunissant ces 2 triangles de façon à ce que les côtés [AB] et [EF] se superposent, on obtient un quadrilatère. **Quel est le périmètre de ce quadrilatère ?**

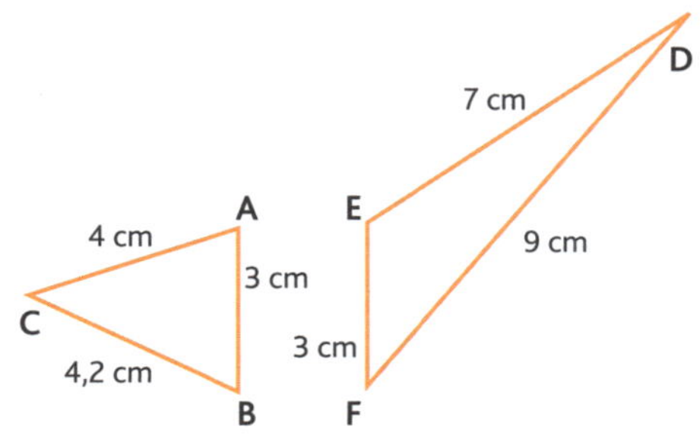

5 **a. Reproduis cette figure.**
b. Que peux-tu dire du quadrilatère EFGH ?
c. Trace les diagonales des quadrilatères ABCD et EFGH.
d. Que remarques-tu ?

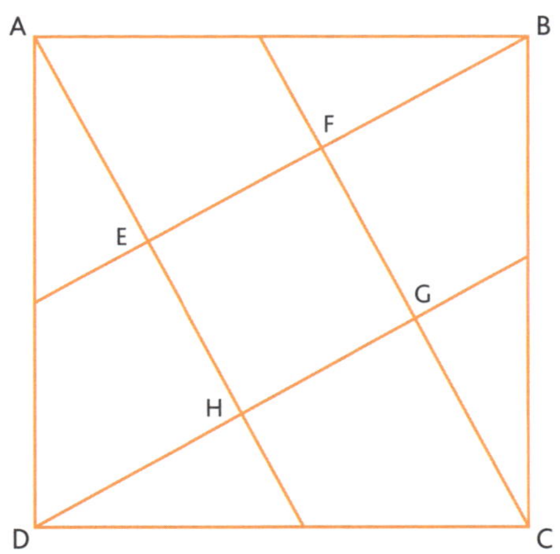

Super exercice

Résous ce problème.

Combien y a-t-il de rectangles dans ce terrain de tennis ? ....

21 Les cercles et les polygones

OBJECTIFS

→ Reconnaitre les cercles et les polygones réguliers.
→ Calculer le périmètre d'un cercle.

JE SAIS DÉJÀ

✔ Mesurer des segments.
✔ Placer, nommer et situer des points.

Je retiens l'essentiel

- **Un cercle est une ligne courbe fermée où tous les points sont à la même distance du centre.**
Cette distance s'appelle **le rayon**.
Une corde est un segment qui a pour extrémités deux points du cercle.
Un diamètre est une corde qui passe par le centre.
Le diamètre est le double du rayon.

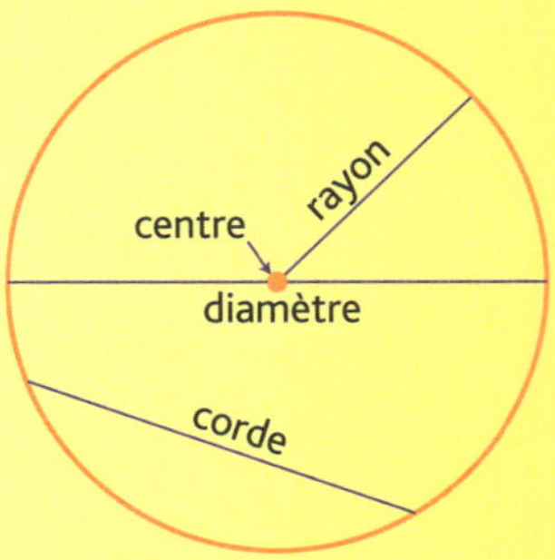

- **Un cercle se trace avec un compas.**
Pour le tracer, on place la **pointe** du compas sur le **centre** du cercle.

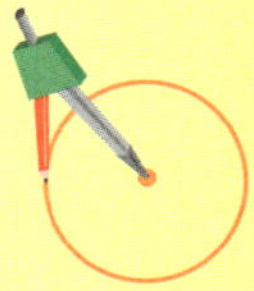

- **Un disque est la surface délimitée par un cercle.**

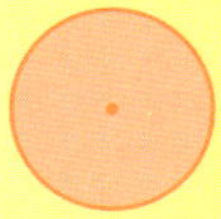

- **Périmètre d'un cercle**
pi (π) est un nombre qui a pour valeur approchée au centième près : **3,14**.
P = 2 × pi × rayon Or, 2 × rayon = diamètre
P = pi × diamètre

- **Un polygone est une ligne brisée fermée.**
Un **polygone régulier** a tous ses côtés de la même longueur.
Ses sommets se trouvent sur un cercle.

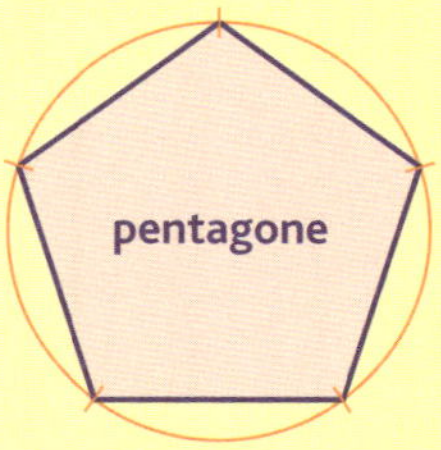

Polygone régulier à 5 côtés

Polygone régulier à 6 côtés

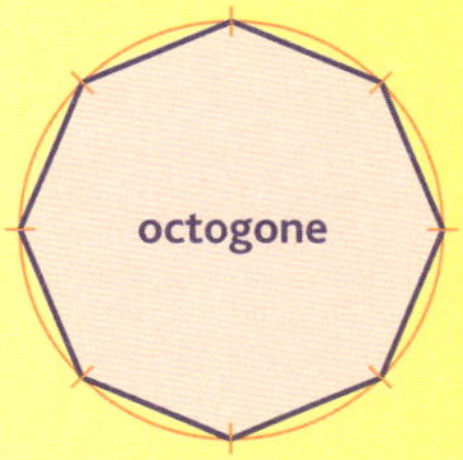

Polygone régulier à 8 côtés

Je sais comment faire

▷ Pour calculer le périmètre d'un cercle

J'applique la formule : **P = 2 × pi × rayon**.
Ainsi, **pour calculer le périmètre d'un cercle de 15 cm de rayon**, je calcule :
3,14 × 15 × 2 = 94,20.

→ Le périmètre du cercle est 94,20 cm.

Je m'entraine

1 **Quel est le diamètre d'un disque qui a un rayon de 12 cm ?**

2 **Quel est le rayon d'un cercle qui a un diamètre de 230 mm ?**

3 Voici le début du dessin d'une spirale à 4 points. Elle a été obtenue en traçant un carré ABCD de 2 cm de côté, puis des quarts de cercle :
le 1er de centre A et de rayon 2 cm,
le 2e de centre B et de rayon 4 cm,
le 3e de centre C, le 4e de centre D.

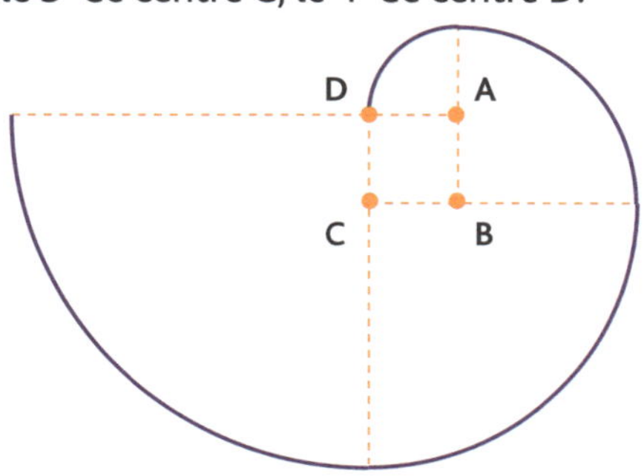

a. **Reproduis-la.**
b. **Si l'on continue le dessin, quel sera le centre du quart de cercle suivant ?**
c. **Continue le dessin.**

4 Voici le drapeau du Japon.

a. **Comment s'appelle la partie rouge ?**
b. **Calcule le périmètre de la partie rouge.**
c. **Si les dimensions du drapeau sont 52 cm sur 148 cm, quel est son périmètre ?**
d. **Quelle est son aire ?**

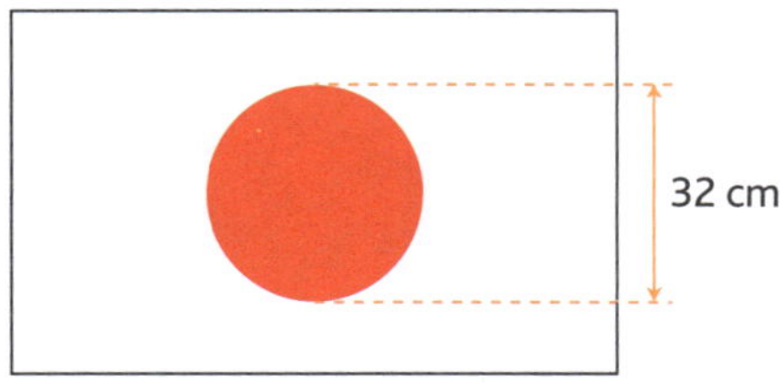

5 **Décris la figure à une personne qui ne la voit pas pour qu'elle puisse la tracer.**

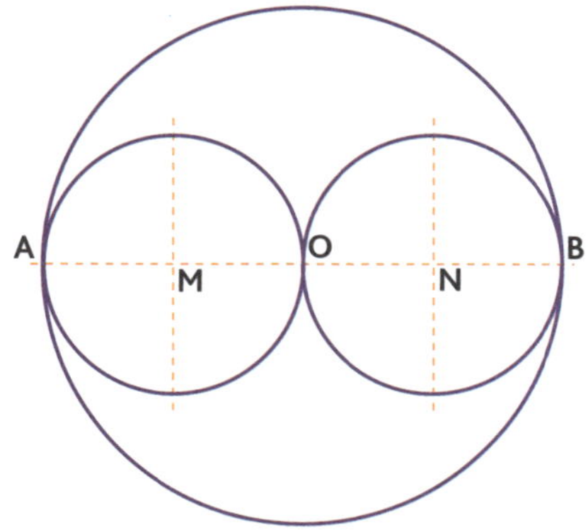

6 Une chèvre est attachée par une corde d'une longueur de 5 m à un piquet planté dans un grand champ.

a. **Quelle est la forme de la partie du champ que la chèvre peut brouter ?**

....

b. **Quel est son périmètre ?**

....

Super exercice

Résous ce problème.

Combien de cordes y a-t-il sur cette figure ?

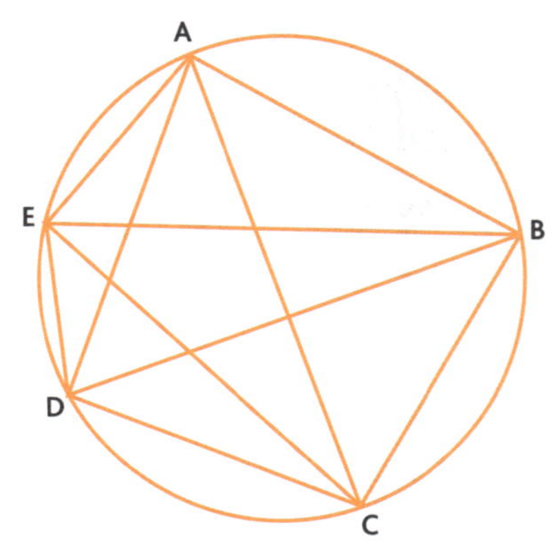

....

22 Les solides

OBJECTIF
→ Reconnaitre les solides.

JE SAIS DÉJÀ
✔ Reconnaitre les figures planes.

SUPER MÉMO
Pour décrire un solide, j'indique :
- le nombre de faces et leurs natures,
- le nombre de sommets,
- le nombre d'arêtes.

Je retiens l'essentiel

- **Un cube a 6 faces qui sont des carrés, 8 sommets, 12 arêtes et 4 diagonales.**

Chaque diagonale joint deux sommets qui ne sont pas sur une même face.

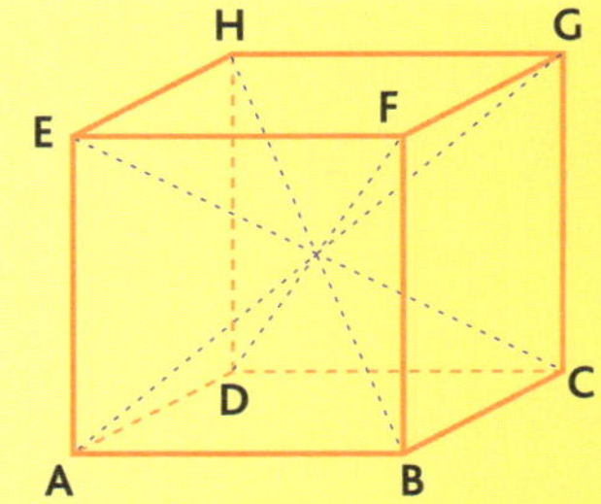

- **Un pavé droit ou parallélépipède rectangle a 6 faces qui sont des rectangles, 8 sommets et 12 arêtes.**

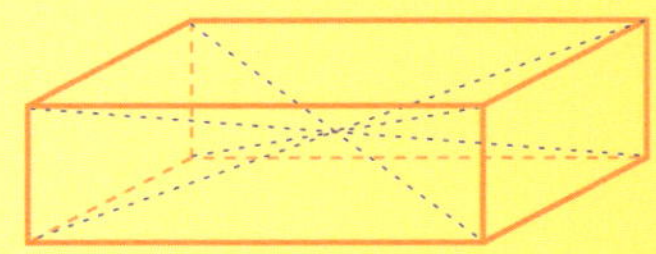

- **Voici quelques solides :**

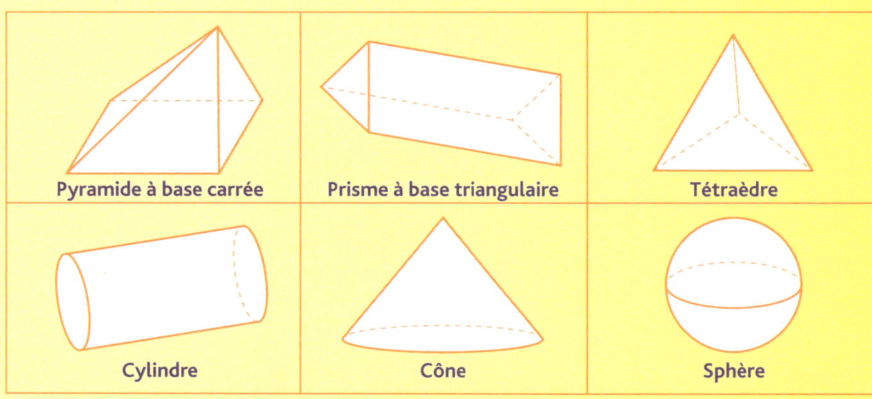

- **Attention**

Les solides sont représentés en **perspective cavalière** : les arêtes cachées sont en pointillés.

Je sais comment faire

▷ Pour dessiner un patron de solide

Ces patrons de cube sont constitués par les 6 faces qui sont des carrés. En repliant suivant les arêtes, je reconstitue le cube.

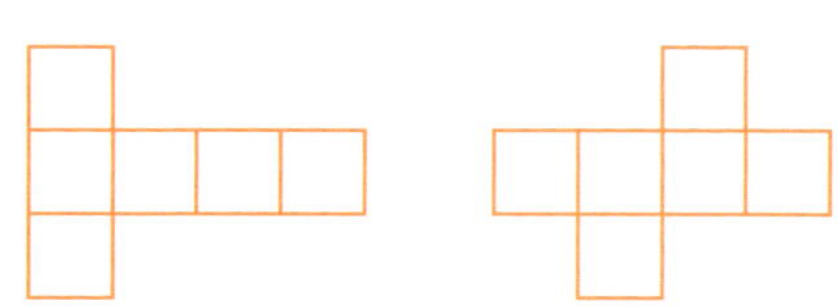

Un solide admet souvent de nombreux patrons différents.

Je m'entraine

1 **Observe cette pyramide.**

a. Combien de faces a-t-elle ?

b. Dessine un patron de cette pyramide.

Toutes ses arêtes ont la même longueur : 3 cm.

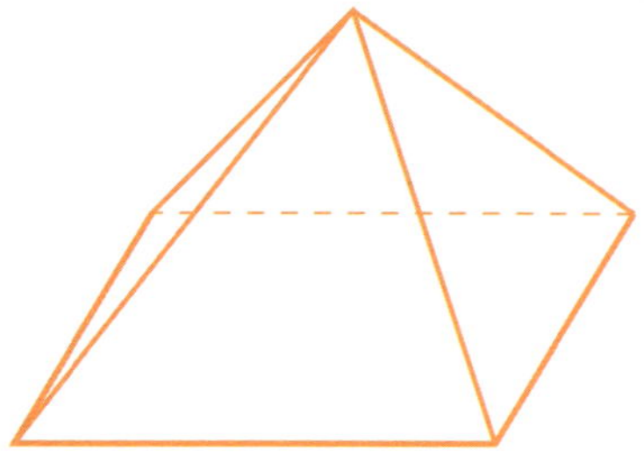

2 **Quel est le nombre de diagonales d'un pavé droit ?**

....

3 Un cube qui a des arêtes de 3 cm est fabriqué en fil de fer.

Calcule la longueur de fil de fer nécessaire à sa fabrication.

4 Pour un cube, il existe 11 patrons différents.

Dessines-en 4.

5 On découpe ce pavé droit suivant les coupes indiquées en rouge et en bleu.

Combien de morceaux obtient-on ?

....

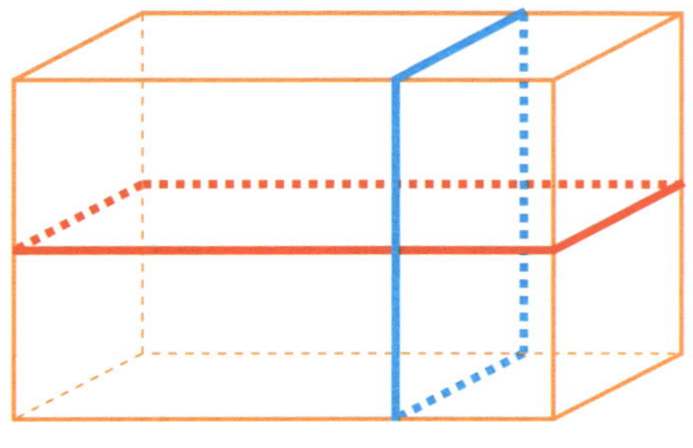

6 **Parmi ces patrons, retrouve le(s) patron(s) d'un cube.**

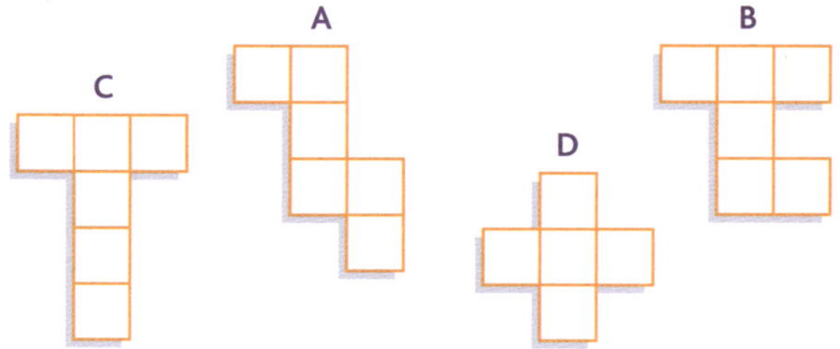

....

7 On décore une boite ayant la forme d'un pavé droit en recouvrant chaque face de papier de couleur.

Les dimensions de la boite sont : longueur 15 cm, largeur 8 cm, hauteur 5 cm.

Quelle est la surface de papier nécessaire à sa décoration ?

....

Super exercice

Résous ce problème.

Le patron d'un cylindre de 8 cm de hauteur et de 5 cm de rayon est constitué par deux disques et un rectangle.

Quelles sont les dimensions du rectangle ?

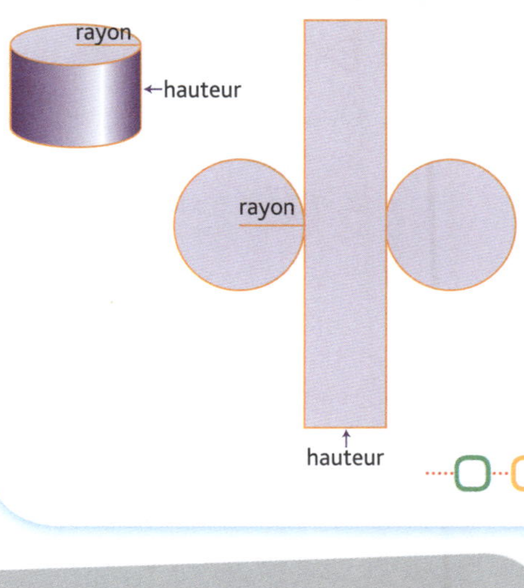

Corrigés et conseils parents p. 30 du guide.

Ton évaluation sur ce chapitre

23 La symétrie

Je retiens l'essentiel

OBJECTIF
→ Trouver le symétrique d'une figure sur un quadrillage.

JE SAIS DÉJÀ
✔ Me repérer et me déplacer sur un quadrillage.
✔ Reconnaitre des droites perpendiculaires.

SUPER MÉMO
La droite qui passe par un point et par son symétrique est toujours perpendiculaire à l'axe de symétrie.

- **Réaliser une symétrie**

– On peut superposer la figure $A_1B_1C_1D_1E_1$ à la figure ABCDE par un pliage autour de la droite d1.
On a réalisé une **symétrie** par rapport à la droite d1.
– A et A_1 sont des points **symétriques** par rapport à la droite d1.
– M est le **milieu** du segment $[AA_1]$.
– La droite d1 est **perpendiculaire** à la droite d2.

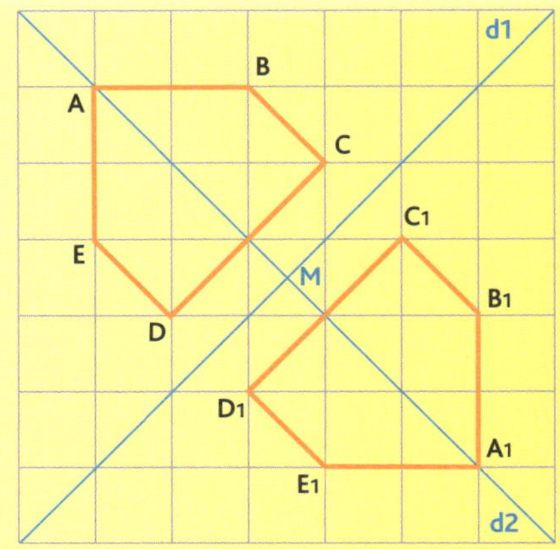

- **Compléter par symétrie**

Pour compléter par symétrie la figure formée par les points ABCDE, par rapport à la droite passant par A et E :

– on place B_1 le symétrique de B ;
C_1 le symétrique de C ;
D_1 le symétrique de D ;

– on joint les points A, B_1, C_1, D_1 et E.

La droite passant par A et E est un axe de symétrie de la figure.

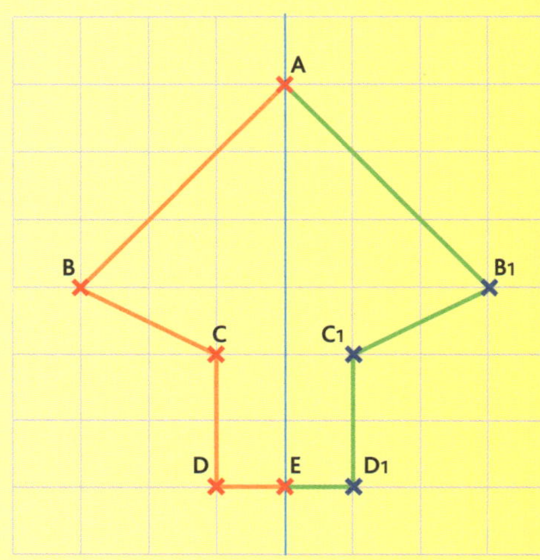

Je sais comment faire

▷ Pour trouver des axes de symétrie

Quand je peux superposer exactement par pliage les deux parties d'un dessin, **la droite qui correspond à la pliure est un axe de symétrie**.

Carré

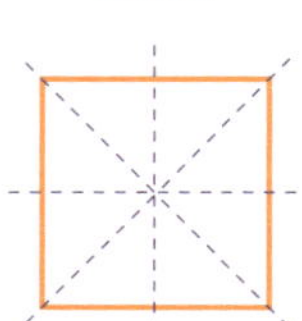

4 axes

Rectangle

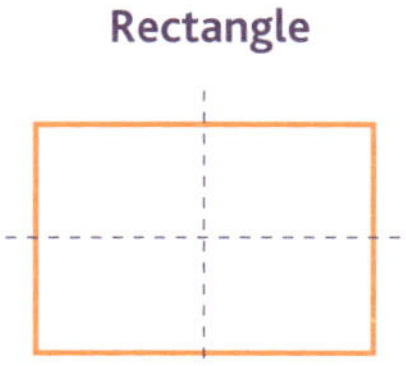

2 axes

Triangle équilatéral

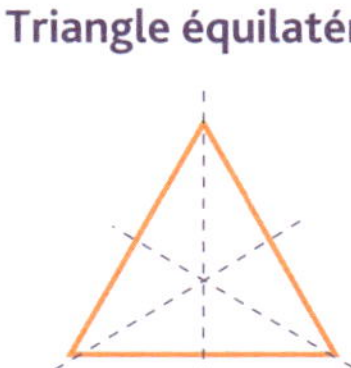

3 axes

Triangle isocèle

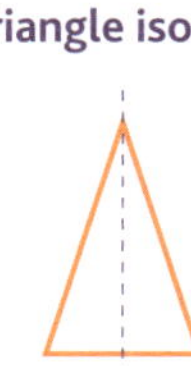

1 axe

Je m'entraine

1 Dessine un losange puis trace en rouge ses axes de symétrie.

2 **a.** Dessine un triangle qui a un seul axe de symétrie.
b. Comment s'appelle ce triangle ?

3 Un cercle a-t-il des axes de symétrie ? si oui, combien ?

....

4 **a.** Reproduis cette figure sur du papier quadrillé.

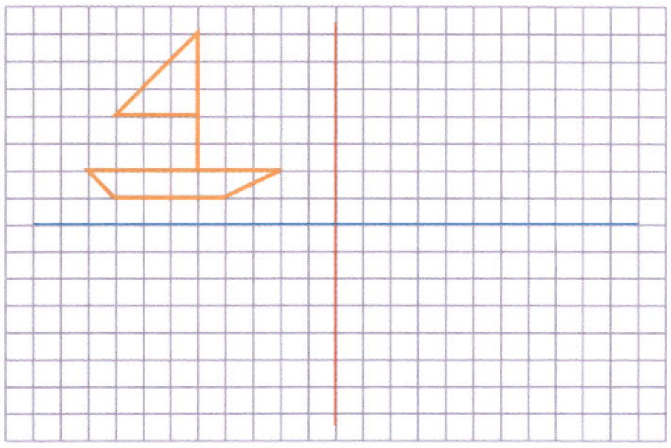

b. Trace la figure obtenue par symétrie par rapport à la droite rouge.
c. Trace la figure obtenue par symétrie par rapport à la droite bleue.

5 Reproduis cette figure sur du papier quadrillé. Complète-la par symétrie par rapport à la droite bleue.

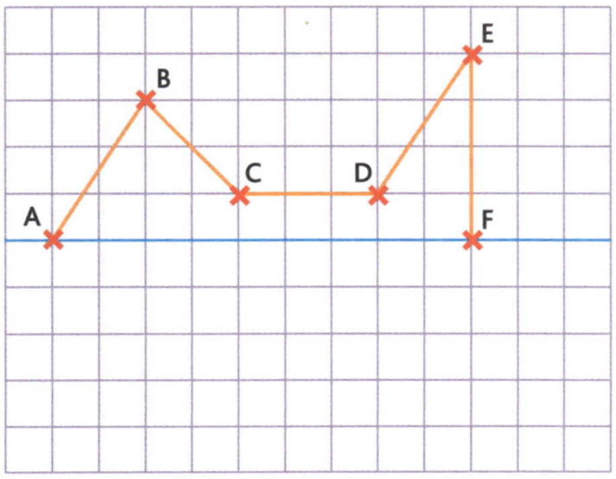

6 Les diagonales d'un rectangle sont-elles des axes de symétrie du rectangle ?

....

7 Trace le ou les axes de symétrie de ces lettres.

T H N

8 Reproduis cette figure sur du papier quadrillé puis termine-la, sachant que la droite bleue est son axe de symétrie.

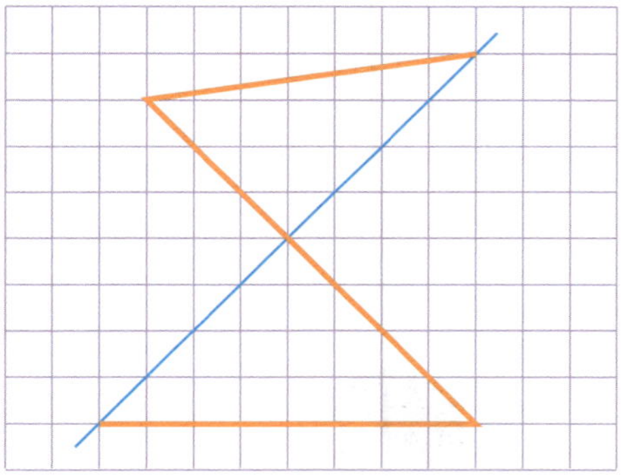

Super exercice

a. Reproduis cette figure sur du papier quadrillé.
b. Trace la maison obtenue par symétrie par rapport à la droite bleue.

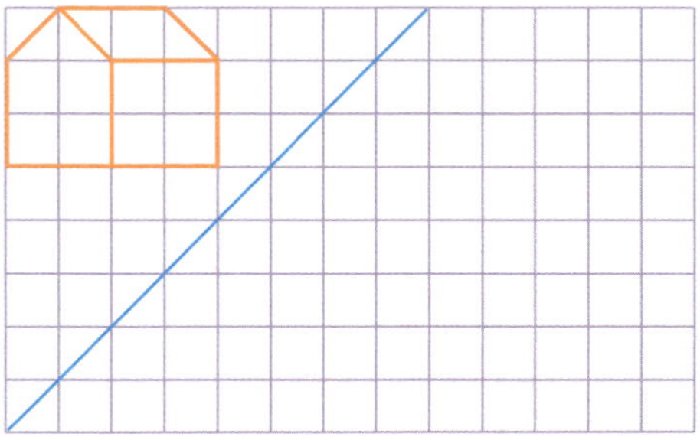

24 Les constructions géométriques

Je retiens l'essentiel

OBJECTIF
→ Connaitre quelques constructions simples.

JE SAIS DÉJÀ
✔ Tracer un cercle.
✔ Reconnaitre un angle droit à l'équerre.
✔ Prendre le milieu d'un segment.

- **Construire une droite perpendiculaire passant par un point**

→ On place l'équerre avec un des 2 côtés de l'angle droit sur la droite *d*.

→ On fait glisser l'équerre le long de la droite pour amener l'autre côté de l'angle droit au point A.

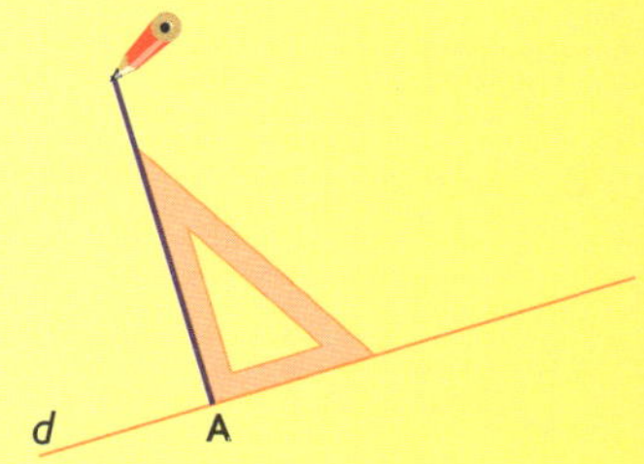

→ On trace la droite passant par A en suivant le bord de l'équerre.

→ On prolonge à la règle.

- **Construire une droite parallèle passant par un point**

→ On trace la droite d2 perpendiculaire à d1 passant par A.
→ On trace la droite d3 perpendiculaire à d2 passant par A.
→ La droite d3 obtenue est parallèle à d1.

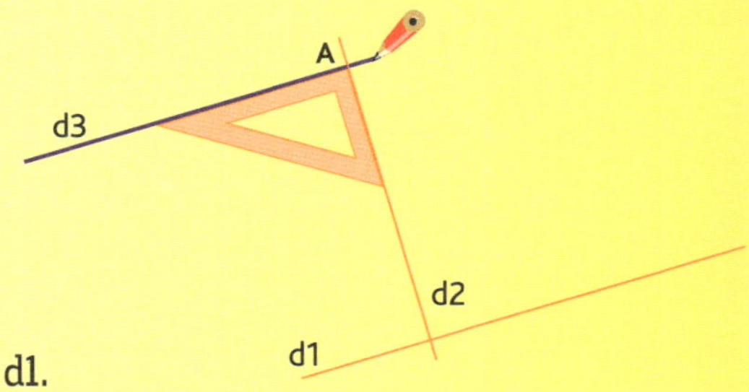

Je sais comment faire

▷ Pour tracer un carré

Je veux tracer un carré dont les diagonales mesurent 4 cm.

- Je trace un **segment** de 4 cm.

Je place le milieu de ce segment O.

Les **extrémités** du segment seront les sommets opposés du carré.

- Je trace la **droite** perpendiculaire passant par le milieu O.

- Je trace le **cercle** de centre O passant par les extrémités du segment.

Le cercle coupe la droite en deux **points** qui sont les 2 autres sommets du carré.

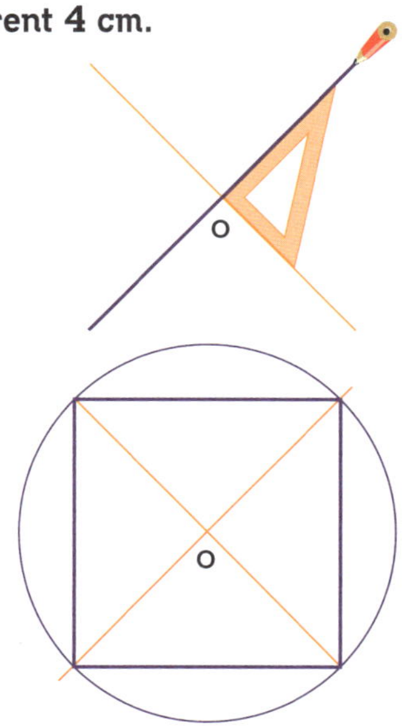

Je m'entraine

1 **Trace ce dessin et construis la droite passant par A perpendiculaire à *d*, puis construis la droite passant par A parallèle à *d*.**

2 **Dessine le drapeau français constitué de 3 rectangles de 5 cm sur 3 cm. Colorie-le.**

3 **Construis un triangle dont les côtés mesurent 4 cm, 3 cm et 5 cm. Vérifie que ce triangle est un triangle rectangle.**

4 **a.** **Construis un triangle isocèle ABC où les côtés [AB] et [AC] mesurent 6 cm et [BC] mesure 4 cm.**
b. **Trace le symétrique des côtés [AB] et [AC] par rapport à la droite qui passe par les points B et C.**
c. **Quelle figure obtiens-tu ?**

5 **a.** **Trace un carré de 5 cm de côté.**
b. **Trace un triangle équilatéral situé à l'extérieur du carré et ayant un côté commun avec le carré.**
c. **Recommence la même construction pour les 3 autres côtés du carré.**

6 **Construis un carré dont les diagonales mesurent 4 cm.**

7 **Reproduis cette figure.**

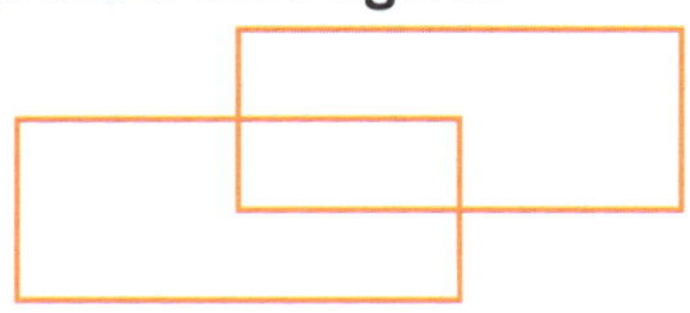

8 **Décris la figure à une personne qui ne la voit pas pour qu'elle puisse la tracer.v**

9 **Réalise la construction suivante :**

- Trace un cercle dont le centre s'appelle O.
- Place un point A sur ce cercle.
- Trace le cercle de centre A passant par O.
- Les deux cercles se coupent en deux points B et F.
- Trace la droite passant par A et O. Elle coupe le premier cercle en D.
- Trace la droite passant par B et O. Elle coupe le premier cercle en E.
- Trace la droite passant par F et O. Elle coupe le premier cercle en C.
- Trace le polygone ABCDEF.

Comment s'appelle-t-il ?

Super exercice

La figure suivante est obtenue en joignant les milieux des 4 côtés d'un carré.
a. **Reproduis la figure.**
b. **Continue cette figure en traçant un carré intérieur au carré rouge.**
c. **Trace le carré qui contient le carré bleu.**

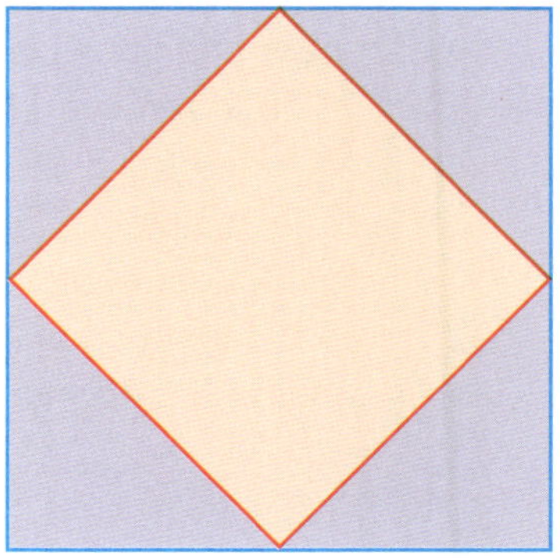

Corrigés et conseils parents p. 32 du guide.

Ton évaluation sur ce chapitre

25 Les durées

Je retiens l'essentiel

OBJECTIF
→ Convertir et calculer des durées.

- **Une durée s'exprime en jours, heures, minutes et secondes.**

1 an = 365 jours (j)
1 jour = 24 heures (h)

1 heure = 60 minutes (min)
= 3 600 secondes (s)
1 minute = 60 secondes

Je sais comment faire

JE SAIS DÉJÀ
✔ Additionner et soustraire des nombres entiers.
✔ Reconnaitre les multiples de 60.

▷ Pour additionner des durées

- **1re étape :** j'additionne les minutes et les heures.
La somme est **9 h 75 min**.
- **2e étape :** 75 min = 1 h 15 min.
- **3e étape :** 9 h + 1 h = 10 h.

→ La somme est 10 h 15 min.

	5 h	48 min
+	4 h	27 min
	9 h	75 min

	9 h	
+	1 h	15 min
	10 h	15 min

▷ Pour soustraire des durées

- Pour calculer 14 h 36 min mois 8 h 15 min : je soustrais les minutes et les heures.

	14 h	36 min
–	8 h	15 min
	6 h	21 min

- Pour calculer 23 h 25 min moins 11 h 48 min :
– je remarque que la soustraction 25 – 48 n'est pas possible dans la colonne des minutes ;
– donc j'enlève 1 heure à 23 h et je rajoute 60 minutes à 25 min ;
– je remplace 23 h 25 min par 22 h 85 min qui lui est égal ;
– je fais la soustraction 22 h 85 min moins 11 h 48 min.

	22 h	85 min
	~~23~~ h	~~25~~ min
–	11 h	48 min
	11 h	37 min

Je m'entraine

1 Calcule en posant les opérations.

a. 5 h 42 min + 3 h 12 min =
b. 2 h 54 min + 9 h 42 min =
c. 7 h 45 min – 3 h 36 min =
d. 9 h 12 min – 2 h 36 min =

2 Convertis.

a. 5 h 15 min = ... min
b. 3 h 12 min = ... min
c. 758 min = ... h .... min
d. 15 h 58 min = ... min
e. 3 j 9 h = ... h

3

Une émission de télévision qui dure 1 h 35 min se termine à 22 h 20.
À quelle heure a-t-elle commencé ?

....

4

Un match de football débute à 19 h 42 min, la partie dure 90 minutes avec en plus une mi-temps de 15 minutes.
Sachant qu'il y a eu 3 minutes de jeu en plus à cause des arrêts de jeu, à quelle heure s'est terminé ce match de foot ?

....

5

Un automobiliste est parti de Paris à 14 h 45 min. Il est arrivé à Lyon à 19 h 25 min, après s'être arrêté une fois 7 minutes pour faire le plein et une autre fois 15 minutes pour se détendre.
Combien de temps a-t-il passé au volant de sa voiture ?

....

6

Pour une bonne hygiène dentaire, on doit se brosser les dents 2 fois par jour pendant 3 minutes à chaque fois.
Combien de temps passe-t-on à se brosser les dents en une année de 365 jours ? Exprime le résultat en jours, heures et minutes.

7 Complète ces opérations.

a.

	1	2	h	....	7	min
+		5	h	3	....	min
	1	....	h	5	8	min

b.

		....	h	2	3	min
+		9	h	....	2	min
	1	6	h	4	....	min

c.

	1	7	h	5	....	min
–		....	h	....	5	min
		8	h	3	2	min

d.

	....	....	h	2	5	min
+		5	h	....	6	min
		8	h	3	....	min

8

Une éclipse de Lune a débuté à 22 h 42 min pour se terminer à 2 h 47 min.
Quelle a été la durée de cette éclipse de Lune ?

Super exercice

Résous ce problème.

Un bateau est parti de Marseille le 17 novembre 1996. Il est revenu le 6 juin 1997.
Quelle est en jours la durée de la croisière ?

Corrigés et conseils parents p. 32 du guide.

Ton évaluation sur ce chapitre

26 Les mesures d'aire et de périmètre

Je retiens l'essentiel

OBJECTIF
→ Connaitre et convertir des unités du système métrique.

JE SAIS DÉJÀ
✔ **Multiplier par 10 et 100.**
✔ **Diviser par 10 et 100.**

- **L'unité de longueur du système métrique est le mètre : m.**

Unités multiples				Unités sous-multiples			
kilomètre :	1 km	=	1 000 m	décimètre :	1 dm	=	0,1 m
hectomètre :	1 hm	=	100 m	centimètre :	1 cm	=	0,01 m
décamètre :	1 dam	=	10 m	millimètre :	1 mm	=	0,001 m

- **L'unité d'aire du système métrique est le mètre carré : m².**

1 m² représente l'aire d'un carré de 1 m de côté.

Unités multiples				Unités sous-multiples			
kilomètre carré :	1 km²	=	1 000 000 m²	décimètre carré :	1 dm²	=	0,01 m²
hectomètre carré :	1 hm²	=	10 000 m²	centimètre carré :	1 cm²	=	0,0001 m²
décamètre carré :	1 dam²	=	100 m²	millimètre carré :	1 mm²	=	0,000001 m²

Je sais comment faire

▷ Pour convertir des mesures de longueurs

J'utilise un tableau.
12 dam = 12 000 cm
0,5 dm = 50 mm
1,3 km = 1 300 m

km	hm	dam	m	dm	cm	mm
	1	**2**	0	0	0	
				0,	5	0
1,	3	0	0			

← : 10 | × 10 →

▷ Pour convertir des mesures d'aires

J'utilise un tableau dans lequel il y a 2 chiffres par colonne.

km²		hm²		dam²		m²		dm²		cm²		mm²	
						5	**6**	0	0	0	0		
									1,	2	3	0	0
	2	5	**3**	0	0	0	0						
			3,	2	0	0	0						

← : 100 | × 100 →

→ **Je place le chiffre des unités à droite dans la colonne.**

56 m² = 560 000 cm² **253** hm² = 2 530 000 m²
1,23 dm² = 12 300 mm² **3**,2 hm² = 32 000 m²

Je m'entraine

1 Convertis.

a. 45,2 m^2 = ... dm^2
b. 12,4 m^2 = ... cm^2
c. 0,005874 m^2 = ... mm^2
d. 789 dam^2 = ... dm^2
e. 0,4587 dam^2 = ... m^2

2 Calcule.

a. 1 450 m^2 + 12,5 dam^2 + 0,789 hm^2
= .... m^2
b. 4,12 m^2 + 0,589 dm^2 + 7 854 cm^2
= .... dm^2
c. 45 789 mm^2 + 12 354 cm^2 + 45 dm^2
= .... mm^2
d. 12,6 dam^2 + 40,54 m^2 + 0,458 hm^2
= .... m^2
e. 0,478 km^2 + 20,47 hm^2 + 45 253 m^2
= .... hm^2

3 Convertis.

a. 12,6 m = ... mm
b. 451,78 dam = ... km
c. 4 587 dm = ... dam
d. 455 789 mm = ... km
e. 4 589 dam = ... cm

4 Calcule.

a. 45 m + 78,5 dm + 789 cm
= .... m
b. 7,89 km + 123,4 dam + 12,6 hm
= .... m
c. 52 478 mm + 235 cm + 0,078 dam
= .... mm
d. 45,3 dam + 21,78 m + 6 548 cm
= .... dm
e. 4 789 hm + 12 784 m + 478 dam
= .... km

5 Complète par < ou >.

a. 2 758 m^2 .... 27,95 dam^2
b. 58 254 hm^2 .... 97,12 km^2
c. 65 400 m^2 .... 9,8 hm^2
d. 1256 cm^2 .... 125 mm^2

6 Complète les égalités en indiquant l'unité d'aire.

a. 78 m^2 = 780 000 ....
b. 4,5 .... = 450 dam^2
c. 123 000 mm^2 = 0,123 ....
d. 4 500 hm^2 = 450 000 ....
e. 36,4 .... = 0,364 m^2

7

Pour son inauguration, le porte-avion Charles-de-Gaulle a été recouvert d'un gigantesque drapeau bleu, blanc, rouge de 35 000 m^2. **Calcule l'aire de chacune des trois couleurs.**

8

La commune d'Arles est la plus étendue de France : elle s'étend sur 759 km^2.
La plus petite est Castelmoron-d'Albret : elle a une superficie de 3,54 hm^2.
Quelle est la différence de superficie entre ces deux communes ?

9

Les unités de mesure anglaises sont le yard (1 yard = 0,9144 m) et le mile.
Sachant que 1 mile = 1 760 yards, exprime 1 mile en mètres.

Super exercice

Résous ce problème.

Sachant que la superficie de la Corse est de 8 681 km^2 et que celle de Madagascar est de 592 000 km^2, complète cette phrase.

La Corse est .... fois plus petite que Madagascar.

Corrigés et conseils parents p. 32 du guide.

Ton évaluation sur ce chapitre

27 Calculer une aire et un périmètre

Je retiens l'essentiel

OBJECTIF
→ Utiliser les formules d'aire et de périmètre.

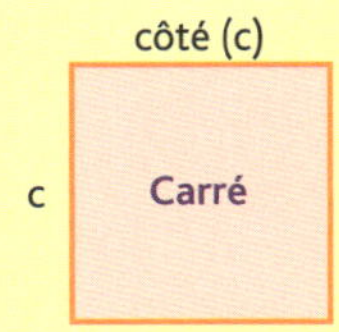

Aire = côté × côté = **c** × **c** = c^2
Périmètre = **4** × **c**

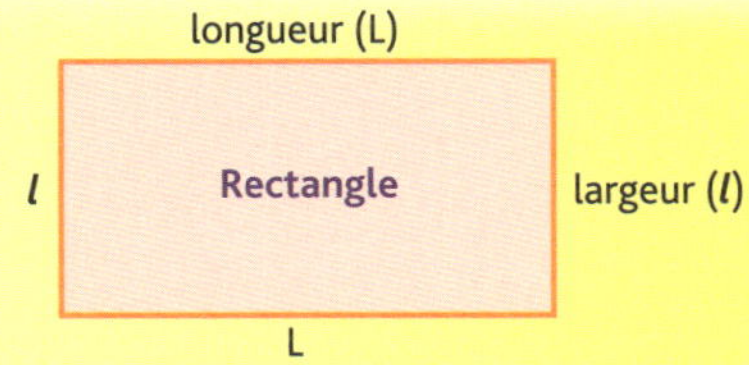

Aire = Longueur × largeur = **L** × **l**
Périmètre = **2** × (**L** + **l**)

Je sais comment faire

JE SAIS DÉJÀ
✔ Multiplier et diviser.
✔ Convertir des mesures de longueur et des mesures d'aire.

▷ Pour calculer le périmètre d'un rectangle

• Un champ rectangulaire a une longueur de 228 m et une largeur de 107 m.

Quel est son périmètre ?

J'applique la formule **P** = **2** × (**L** + **l**)
J'ai donc : P = 2 × (228 + 107)
= 2 × 335
= 670 → Le périmètre du champ est égal à 670 m.

▷ Pour calculer le côté d'un carré

• Un carré a un périmètre de 50 cm.

Quelle est la mesure de son côté ?

La formule du périmètre est P = 4 × C
→ J'ai donc 50 = 4 × C

Pour trouver C, je dois diviser : C = 50 : 4 = 12,5
→ Le côté du carré mesure 12,5 cm.

▷ Pour calculer une dimension (longueur ou largeur)

• Un rectangle a une aire de 2 790 m^2. Sa longueur est égale à 62 m.

Quelle est sa largeur ?

La formule d'aire est A = L × l J'ai donc : 62 × l = 2 790
Pour trouver l, je dois donc diviser : l = 2 790 : 62 = 45
→ La largeur est de 45 m.

Je m'entraine

1 Un terrain de football est un rectangle de 85 m de longueur et de 55 m de largeur.
Calcule son aire.

2 Un rectangle a un périmètre de 18 cm. Sa longueur est égale à 6 cm.
Quelle est sa largeur ?

3 **Calcule la mesure du côté d'un carré qui a un périmètre de 55 cm.**

4 Le drapeau de la Finlande est un rectangle de 145 cm sur 87 cm avec des bandes bleues de largeur 12 cm.

a. Calcule la surface totale du drapeau.
b. Calcule la surface de la partie bleue.
c. Calcule la surface de la partie blanche.

5 Le drapeau de la Suisse est un rectangle rouge de 145 cm sur 87 cm avec une croix blanche au centre. La croix est constituée de 5 carrés de 20 cm de côté.
a. Calcule l'aire de la partie blanche.
b. Calcule l'aire de la partie rouge.

6

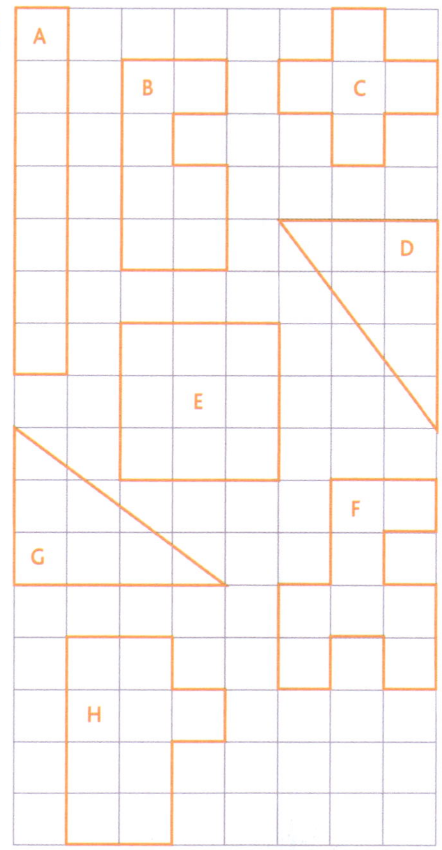

a. Quelles sont les figures qui ont la même aire ?

....

b. Quelles sont les figures qui ont le même périmètre ?

....

c. Repasse le contour des figures que tu as notées dans la question précédente.

Super exercice

Complète le tableau suivant relatif à trois rectangles A, B et C.

	Longueur	Largeur	Aire	Périmètre
A	0,87 hm	43,5 m	.... m²	.... m
B	2,56 m	.... cm	30 720 cm²	.... cm
C	.... m	17 m	3485 m²	.... m

28 Les unités de masse et de contenance

GRANDEURS ET MESURES

OBJECTIF
→ Connaitre et convertir les différentes unités de masse et de contenance.

JE SAIS DÉJÀ
✔ Multiplier par 10 et 100.
✔ Diviser par 10 et 100.

Je retiens l'essentiel

- **L'unité de contenance est le litre : L.**

Unités multiples			**Unités sous-multiples**		
hectolitre :	1 hL	= 100 L	décilitre :	1 dL	= 0,1 L
décalitre :	1 daL	= 10 L	centilitre :	1 cL	= 0,01 L
			millilitre :	1 mL	= 0,001 L

- **L'unité de masse est le kilogramme : kg.**

Unités sous-multiples du kilogramme
hectogramme : 1 hg = 100 g
décagramme : 1 dag = 10 g
gramme : 1 kg = 1 000 g

Unités sous-multiples du gramme
décigramme : 1 dg = 0,1 g
centigramme : 1 cg = 0,01 g
milligramme : 1 mg = 0,001 g

Il existe aussi une autre unité de masse : la tonne.

Je sais comment faire

SUPER MÉMO
Attention : 1 tonne = 1 000 kilogrammes. Dans la vie courante, on utilise le mot *poids* au lieu du mot *masse*.

▷ Pour convertir des mesures de contenance

J'utilise un tableau.
75 cL = 0,75 L
45 daL = 45 000 cL
5,3 hL = 530 L
215 mL = 2,15 dL

hL	daL	L	dL	cL	mL
		0,	7	5	
4	5	0	0	0	
5,	3	0			
			2,	1	5

: 10 ×10

▷ Pour convertir des mesures de masse

J'utilise un tableau.
45 g = 4 500 cg
21,4 hg = 2 140 g
7,2 kg = 7 200 g
0,3 g = 300 mg

kg	hg	dag	g	dg	cg	mg
		4	5	0	0	
2	1,	4	0			
7,	2	0	0			
			0,	3	0	0

: 10 ×10

Je m'entraine

1 **Quelle unité faut-il choisir pour exprimer la contenance de ces objets :**

a. une bouteille d'eau ? ....

b. une ampoule de médicament ? ....

c. un tonneau de vin ? ....

d. un pot de yaourt ? ....

e. une baignoire ? ....

2 **Quelle unité faut-il choisir pour exprimer la masse de ces objets :**

a. un camion ? ....

b. une baguette de pain ? ....

c. un sac de pommes de terre ? ....

d. un comprimé d'aspirine ? ....

e. une lettre ? ....

3 **Convertis.**

a. 75 kg 2 hg = ... g

b. 8 hg 6 dag = ... g

c. 45 g = ... cg

d. 4 700 g = ... kg

e. 4 t = ... kg

4 **Convertis.**

a. 2 L 4 cL = ... mL

b. 7 dL 3 cL = ... mL

c. 9,5 L = ... cL

d. 45 hL = ... L

e. 27 daL = ... dL

5 **Calcule.**

a. 750 g + 12 dag + 45 dg = ... mg

b. 7,2 kg + 13,6 hg + 125 dg = ... g

6 **Calcule.**

a. 4,5 hL + 22 L + 17,4 daL = ... L

b. 430 mL + 12 cL + 0,45 L = ... dL

7 **Quelle est la masse de l'objet A ?**

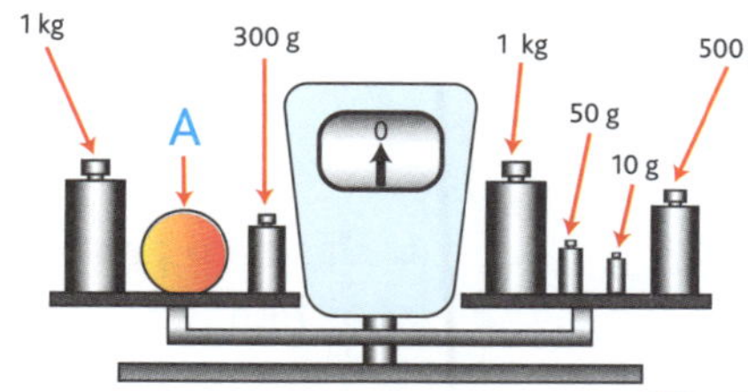

8 **Combien de bouteilles de 75 cL peut-on remplir avec un tonneau contenant 235 L ?**

9 **Quelle est la masse de l'objet B sachant que B et C ont la même masse ?**

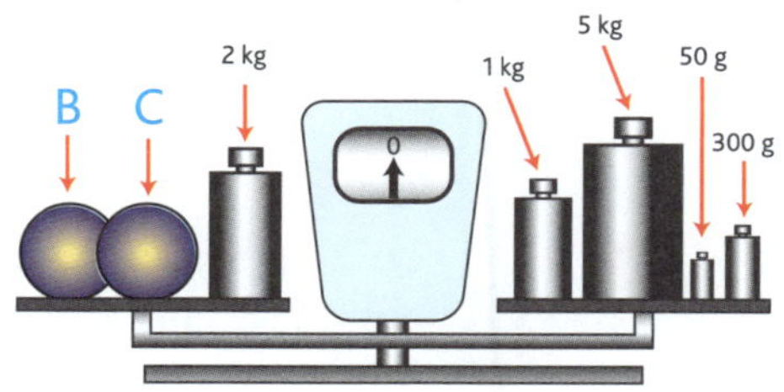

Super exercice

Résous ce problème.

Avant, on avait :

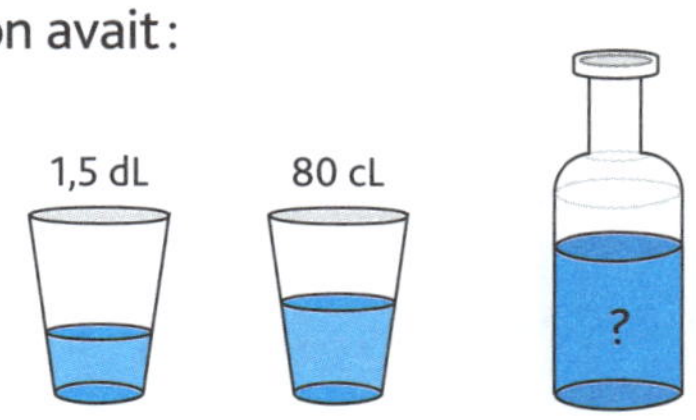

Après avoir vidé la bouteille dans les 2 récipients, on a :

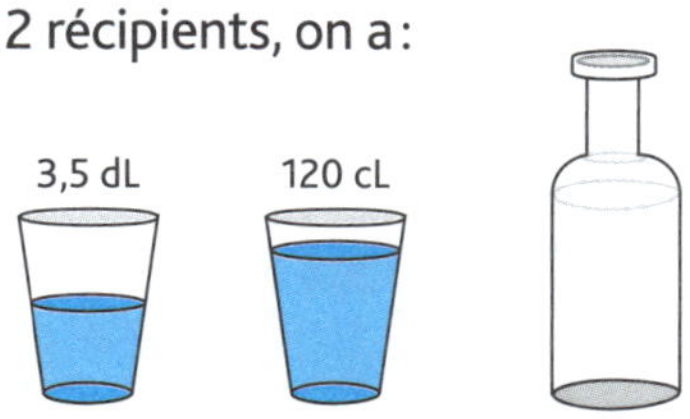

Quel était le volume d'eau en litres contenu dans la bouteille ?

....

29 La résolution de problèmes (1)

PROBLÈMES

Je retiens l'essentiel

OBJECTIF
→ Lire un énoncé, traiter l'information.

- **Dans un problème, les informations nécessaires à sa résolution sont fournies par l'énoncé. Celui-ci peut être constitué par :**
  - un texte ;
  - un tableau de nombres ;
  - un graphique ;
  - un schéma ou dessin.
- **Les informations peuvent être :**
  - des nombres. Exemple : Pierre achète **4** disques à **15** euros l'un ;
  - des mots. Exemple : En **une année**, la surface d'un nénuphar **double** ;
  - des points ou des courbes sur un graphique.

Je sais comment faire

JE SAIS DÉJÀ
✔ Maitriser les quatre opérations.
✔ Lire un tableau de données numériques.

▷ Pour reconnaitre les données utiles d'un problème

Le 8 janvier 1998, un jardinier plante **6** rangées de 10 salades et un rosier aux **extrémités** de chaque rangée. **Combien plante-t-il de rosiers ?**
Je dois multiplier le nombre de rangées par 2 car chaque rangée a 2 extrémités.
→ Il plante 12 rosiers car $6 \times 2 = 12$.
Toutes les autres données numériques me sont inutiles pour répondre à la question.

▷ Pour reconnaitre et interpréter les données non numériques d'un problème

Durant l'année **2004**, il est né en France 767 816 bébés.
Quel a été en moyenne le nombre de naissances par jour en 2004 ?
2004 est une année bissextile. Il y a donc 366 jours dans cette année.
767 816 : 366 ≃ 2 098 → Il est né en moyenne 2 098 bébés par jour.

▷ Pour traiter les problèmes d'intervalles

Du 5 janvier au 12 janvier, Pierre boit chaque jour un café qui lui coute 2 €.
Combien dépense-t-il du 5 au 12 janvier ? → Il dépense 16 € car entre le 5 janvier et le 12 janvier il y a 8 jours : $12 - 5 + 1 = 8$ et $8 \times 2 = 16$

▷ Pour utiliser un tableau à double entrée

Voici le tarif d'un transporteur.

Poids jusqu'à	2,5 kg	5 kg	10 kg	20 kg	30 kg	50 kg
Prioritaire	19,00 €	30,30 €	46,50 €	74,00 €	109,00 €	164,00 €
Économique	14,30 €	22,80 €	31,50 €	44,00 €	59,00 €	84,00 €
Maritime	13,00 €	19,00 €	24,00 €	29,00 €	34,00 €	44,00 €

Quelle somme doit-on payer pour envoyer un colis de 14 kg en tarif économique ?
→ On doit payer : 44,00 €

Je m'entraine

1 Au départ d'un voyage, le compteur kilométrique d'une voiture qui consomme 8,2 L pour 100 km indique 62 728 km. À l'arrivée, il indique 63 478 km.
Quelle est la consommation d'essence lors de ce voyage ?
Pour répondre à cette question, tu dois faire un calcul intermédiaire.
a. Que dois-tu calculer d'abord ?
b. Réponds ensuite à la question posée.

2 Voici le texte d'un problème avec ses questions dans le désordre.
Numérote les phrases dans le bon ordre.

.... **a.** Il s'est arrêté 12 minutes en cours de route.
.... **b.** Quelle est sa vitesse moyenne ?
.... **c.** Il est arrivé à Paris à 12 h 54 min.
.... **d.** Quelle est la durée du parcours ?
.... **e.** Il est parti à midi.
.... **f.** Un automobiliste doit effectuer le trajet Versailles-Paris, soit 21 km.

3 Voici un problème dont la question est absente. **Invente la question possible, puis réponds-y.**
Sur la face ouest des Drus dans les Alpes, l'alpiniste Marc Batard a gravi 1 100 m en progressant de 90 m par jour.

4 Durant le mois de juillet, Éric effectue tous les jours le trajet aller-retour de sa maison à la piscine municipale en bicyclette.
a. Sachant qu'il habite à 9,5 km de la piscine, calcule la distance parcourue en bicyclette par Éric durant ce mois.
b. Sachant qu'il roule à la vitesse moyenne de 19 km/h, calcule le temps de parcours pour aller de la maison à la piscine.

5 **À partir des dimensions fournies par le dessin, calcule l'aire de ce trapèze.**
L'aire d'un trapèze est donnée par la formule :
Aire = (grande base + petite base) × hauteur : 2

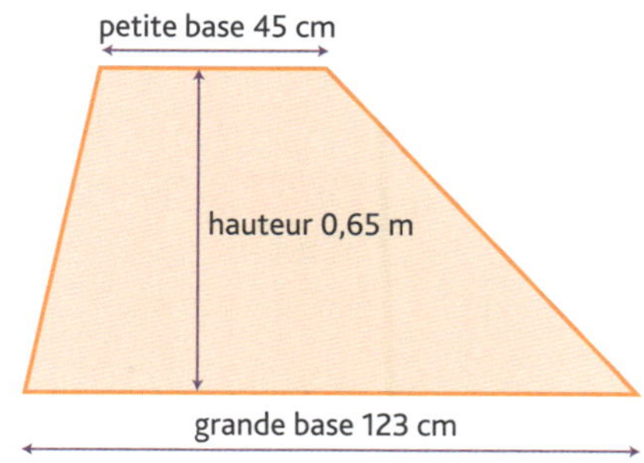

6 Le 9 mars 2004 était un mardi.
Quel jour était-on le 9 avril 2004 ?

7 On carrelle une pièce rectangulaire de 3,60 m sur 4,20 m avec des carreaux carrés tous identiques sans les couper.
Parmi les carreaux aux dimensions suivantes, indique ceux que l'on peut utiliser :
a. 7 cm
b. 9 cm
c. 10 cm
d. 12 cm
e. 25 cm

Super exercice

Un magasin de bricolage achète 45 marteaux, 230 tournevis et 85 pinces.
Calcule le montant total de la dépense à partir du tarif suivant.

Nombre d'outils	jusqu'à 48	de 49 à 120	de 121 à 600
Prix d'un marteau en €	24	22	18
Prix d'un tournevis en €	27	25	21
Prix d'une pince en €	19	16	13

Corrigés et conseils parents p. 33 du guide.

30 La résolution de problèmes (2)

Je retiens l'essentiel

OBJECTIF
→ Utiliser la bonne opération.

- Il existe des problèmes où la solution s'obtient **en effectuant une opération** et d'autres où la solution s'obtient **sans calcul**.
- Il faut parfois faire des **calculs intermédiaires** pour trouver la solution.

Exemple Combien coutent 15 boites prétimbrées ?

Boites prétimbrées de la Poste			
quantité	unité	par 10	par 100
tarifs	4 €	33 €	320 €

Pour répondre à cette question, il faut utiliser le tableau, puis faire un calcul intermédiaire, et enfin faire le calcul final.
15 boites, c'est un paquet de 10 plus 5 boites à l'unité.
Le prix est 53 € car : $33 + (5 \times 4) = 53$.

Je sais comment faire

JE SAIS DÉJÀ
✔ Maitriser les quatre opérations.
✔ Lire un tableau de données numériques.
✔ Tracer un graphique.

▷ Pour reconnaitre les problèmes multiplicatifs

Un Français consomme en moyenne 150 g de pain par jour.
Quelle est la consommation hebdomadaire pour une famille de 4 personnes ?
J'effectue la multiplication : $150 \times 4 \times 7 = 4\,200$ g.
→ La consommation hebdomadaire de pain pour une famille de 4 personnes est de 4 200 g.

▷ Pour reconnaitre les problèmes de division

- **Partage**

5 joueurs ont gagné ensemble la cagnotte du Loto qui était de 35 000 000 €.
Quel est le gain de chacun ?
J'effectue la division 35 000 000 : 5
→ Ils ont gagné chacun 7 000 000 €.

- **Répartition**

Dans une course sur circuit, un cycliste parcourt 150 km en 24 tours.
Quelle est la distance parcourue en un tour ?
J'effectue la division 150 : 24 = 6,25
→ La distance parcourue en un tour est donc 6,250 km.

▷ Pour reconnaitre les problèmes de comparaison

Qui a la meilleure note en sciences ?
→ C'est Jean qui a la meilleure note en sciences. Sa courbe est au-dessus de celle de Pierre.

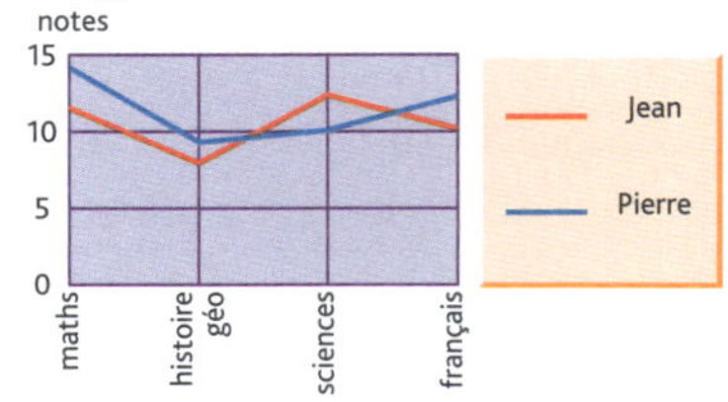

Je m'entraine

1 **Combien de chiffres utilise-t-on pour numéroter les pages d'un livre qui a 128 pages ?**

2 Le chef de gare a une montre qui avance de 45 secondes toutes les heures. Il règle sa montre à 8 h par rapport à la grande horloge de la gare.
Quelle sera l'heure indiquée à sa montre quand la grande horloge marquera 15 h ?

3 **a. Ordonne les différents mois de l'année du plus frais au plus chaud.**

Températures moyennes en °C à Marrakech (Maroc)												
Mois	J	F	M	A	M	J	J	A	S	O	N	D
Température	11	13	16	19	21	25	30	29	25	20	15	12

b. Représente graphiquement ce tableau des températures.

4 **Combien peut-on ranger de savons de Marseille ayant la forme d'un cube de 8 cm d'arête dans ce carton ?**

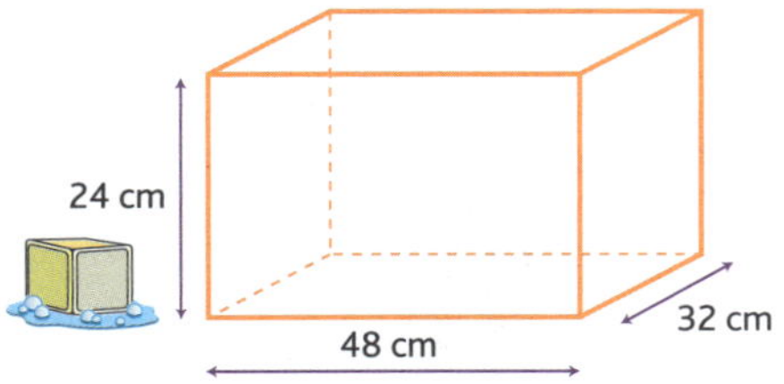

5 Une photo de forme rectangulaire a pour dimensions 95 mm sur 140 mm. Lors d'un agrandissement, on obtient une photo dont la plus grande dimension est 56 cm. **Quelle est l'autre dimension de l'agrandissement ?**

6 Durant sa première semaine de croissance, une plante double de taille tous les jours.
Si elle mesure 64 cm ce lundi, quelle était sa hauteur le lundi précédent ?

7 **Observe ce graphique.**

a. Quel était l'appareil ménager le plus utilisé en France en 1995 ?

b. Quel était le pourcentage d'équipement en lave-vaisselle en 1980 ?

c. Quel était l'appareil ménager le plus répandu en France en 1955 ?

d. Quel a été le pourcentage d'augmentation entre 1980 et 1995 pour les congélateurs ?

e. Entre 1980 et 1995 quel est l'appareil ménager qui a connu la plus grande augmentation ?

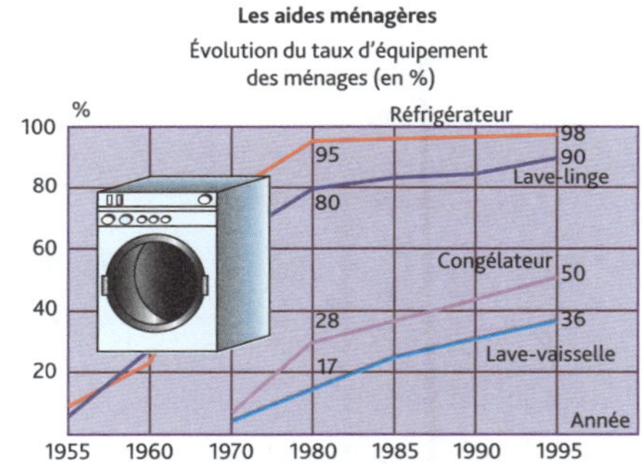

8 **Calcule la hauteur moyenne annuelle de pluie à Caracas (Venezuela).**

Hauteurs de pluie mensuelles en mm à Caracas												
Mois	J	F	M	A	M	J	J	A	S	O	N	D
Hauteur	23	28	10	44	89	111	108	107	107	130	69	48

Super exercice

Monsieur Dupont achète un bateau à moteur qui coute 95 430 €. Il verse 17 400 € à la commande et le reste en 60 mensualités d'un même montant.
Quel est le montant d'une mensualité ?

Histoire
Enseignement moral et civique

			DATE	ÉVALUATION
LE TEMPS DE LA RÉPUBLIQUE				
1	L'installation de la République	140		
2	L'école primaire au temps de Jules Ferry	142		
3	Les colonies françaises	144		
L'ÂGE INDUSTRIEL EN FRANCE				
4	La révolution industrielle : de nouvelles énergies et machines	146		
5	Le travail au XIXe siècle	148		
LA FRANCE, DES GUERRES MONDIALES À L'UNION EUROPÉENNE				
6	La Première Guerre mondiale	150		
7	La Seconde Guerre mondiale	152		
8	La construction européenne	154		
9	Les Trente Glorieuses	156		
ENSEIGNEMENT MORAL ET CIVIQUE				
1	Porter secours	158		
2	La loi	160		
3	La démocratie représentative en France et en Europe	162		

1 L'installation de la République

Je retiens l'essentiel

OBJECTIF
→ Comprendre que la République a mis du temps à s'installer durablement.

JE SAIS DÉJÀ
✔ Associer la Révolution française de 1789 à la fin de la monarchie absolue.

SUPER MÉMO
La République met près de cent ans à s'installer durablement en France.

- La Révolution de 1789 a mis fin à la **monarchie absolue**. La **République** est proclamée le 22 septembre 1792 : le pouvoir est alors partagé pour la première fois entre des représentants élus.
- En 1799, Napoléon Bonaparte, un général de l'armée, organise un coup d'État et s'empare du pouvoir. Devenu Premier consul, il modernise la France mais gouverne seul et contrôle tout. En 1804, il met fin à la République et instaure le **Premier Empire**. Il prend le nom de Napoléon Ier. Affaibli par des échecs militaires, il abdique en 1815.
- La **monarchie** est alors rétablie, c'est la **Restauration.** Elle n'est plus absolue mais **constitutionnelle** puisque les lois sont écrites et votées par des députés élus.
Mais trois rois, de plus en plus autoritaires, se succèdent : Louis XVIII, Charles X et Louis-Philippe. Le peuple, écarté du pouvoir, se révolte. C'est la fin de la monarchie en 1848.
- La **IIe République** est alors proclamée. Les hommes du peuple ont le droit de voter. Ils choisissent Louis-Napoléon Bonaparte, neveu de Napoléon Ier, comme premier président de la République.
- Mais suite à un coup d'État en 1851, celui-ci restaure l'empire et devient Napoléon III. C'est le **Second Empire**. En 1870, lors de la guerre contre les Prussiens (les Allemands d'aujourd'hui), il doit capituler.
- Après une période mouvementée, la **IIIe République** est finalement proclamée le 4 septembre 1870 et s'installe durablement.

Je sais comment faire

▷ Pour analyser et interpréter un tableau

■ *La Liberté guidant le peuple*, Eugène Delacroix, 1830

1. **Je décris les personnages.**
- J'observe le personnage principal. La femme représente **la Liberté.**
- Autour d'elle, je repère l'enfant, le bourgeois avec son chapeau haut de forme, les ouvriers et les soldats morts.

2. **Je repère les symboles républicains du tableau.**
- Je reconnais le drapeau tricolore et le bonnet phrygien.
- Cette femme est aussi une Marianne, symbole de la République.

3. **J'interprète ce tableau.**

Ce tableau représente le combat du peuple pour la Liberté. Eugène Delacroix montre qu'**il faut se battre pour la liberté, même avec des armes**.

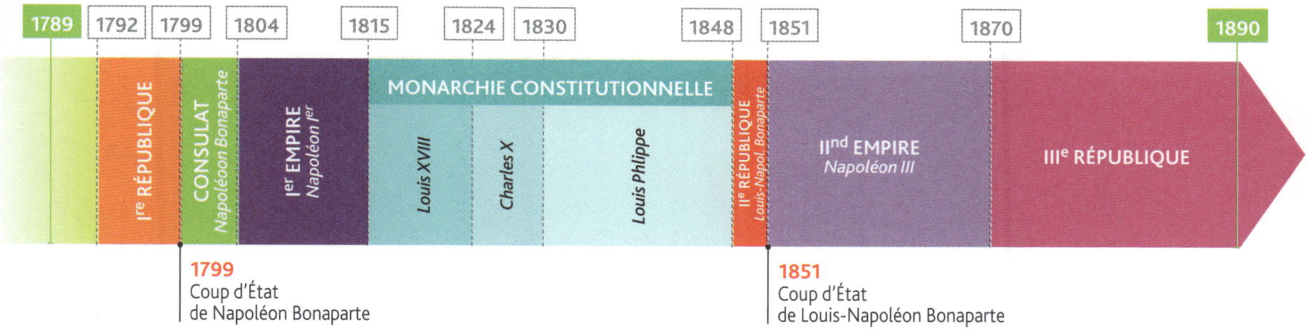

Je m'entraine

1 Relie les évènements aux dates.

a. Coup d'État de Napoléon Bonaparte	1815 – 1848
b. Instauration du Premier Empire	1870
c. Début de la IIIᵉ République	1851-1870
d. Le Second Empire	1799
e. La Restauration	1848 – 1851
f. La IIᵉ République	1804

2 Écris le nom du régime politique pour chaque définition.

la République – la monarchie constitutionnelle – l'Empire – la monarchie absolue

a. Le Roi concentre tous les pouvoirs, sans aucun contrôle. ....

b. Le pouvoir est détenu par un empereur de manière autoritaire. ....

c. Le pouvoir est exercé par plusieurs représentants élus. ....

d. La Constitution limite les pouvoirs du Roi.

....

3 Devinette. Qui suis-je ?

J'ai été élu premier président de la République française avant de devenir empereur.

Je suis Napoléon

4 Quel était le régime politique des personnages suivants ?

a. Napoléon Iᵉʳ

....

b. Charles X

....

c. Napoléon III

....

d. Louis-Philippe

....

Super exercice

Complète les phrases.

a. La Iʳᵉ République a duré 7 .... ans.

b. La IIᵉ République a duré 3 .... ans.

c. Le Premier Empire a duré 11 .... ans.

d. Le Second Empire a duré 19 .... ans.

e. La Restauration a duré .... ans.

f. Sur près d'un siècle, entre la Révolution et 1870, la République a duré seulement 20 .... ans en France.

2 L'école primaire au temps de Jules Ferry

Je retiens l'essentiel

OBJECTIF

→ Comprendre que la République se construit en partie par l'école gratuite, laïque et obligatoire.

JE SAIS DÉJÀ

✔ **Situer le début de la IIIe République**

SUPER MÉMO

Jules Ferry rend l'école gratuite, obligatoire et laïque pour tous les enfants français.

C'est autour de l'école que se construit la IIIe République.
En 1882, Jules Ferry, ministre de l'Instruction publique, rend l'école **gratuite**, **obligatoire** et **laïque**.

- L'école de la République veut **réduire les inégalités entre les enfants** qui n'ont pas les mêmes chances selon qu'ils sont nés dans des familles pauvres ou riches.
L'école est désormais accessible et imposée à tous les enfants.
Des écoles sont construites sur le même modèle avec une cour, un préau, des salles de classe et le logement de l'instituteur.
- L'école est aussi un moyen de **fixer les principes républicains**. Les élèves de 6 à 13 ans apprennent à lire, écrire et compter, mais les instituteurs enseignent également l'histoire, la géographie, les leçons de choses, la morale et l'instruction civique, afin de former des citoyens capables de voter et de décider.
- L'école est maintenant **indépendante de toute religion** puisque l'instruction religieuse est retirée des programmes.
L'Église s'oppose farouchement à cette décision. Cet affrontement aboutit en 1905 à la séparation de l'Église et de l'État.

Jules Ferry

Je sais comment faire

▷ Pour analyser et expliquer un texte historique

Paris, le 17 novembre 1883

Monsieur l'Instituteur,

L'instruction religieuse appartient aux familles et à l'Église, l'instruction morale à l'école. […]

il a paru tout naturel que l'instituteur, en même temps qu'il apprend aux enfants à lire et à écrire, leur enseigne aussi ces règles élémentaires de la vie morale qui ne sont pas moins universellement acceptées que celle du langage ou du calcul. […]

Je serais heureux si j'avais contribué par cette lettre à vous montrer toute l'importance qu'y attache le gouvernement de la République et si je vous avais décidé à redoubler d'efforts pour préparer à notre pays une génération de bons citoyens.

[…]

Le Président du Conseil,
Ministre de l'Instruction publique et des Beaux-Arts,
Jules Ferry

Lettre de Jules Ferry aux instituteurs du 17 novembre 1883

1. **Je lis et j'analyse le document.**
- Je repère qu'il s'agit d'**une lettre** envoyée à tous les instituteurs par Jules Ferry.
- Il y précise ce que l'école doit enseigner aux enfants en soulignant l'importance de l'instruction morale et civique et la fin de l'instruction religieuse à l'école.
- Je remarque que Jules Ferry espère que les instituteurs vont **faire des efforts**.

2. **J'explique les raisons de cette lettre.**
- L'école de la République veut **faire de chaque enfant un citoyen instruit, capable de décider par lui-même**.
Pour cela, elle compte sur l'investissement des instituteurs.

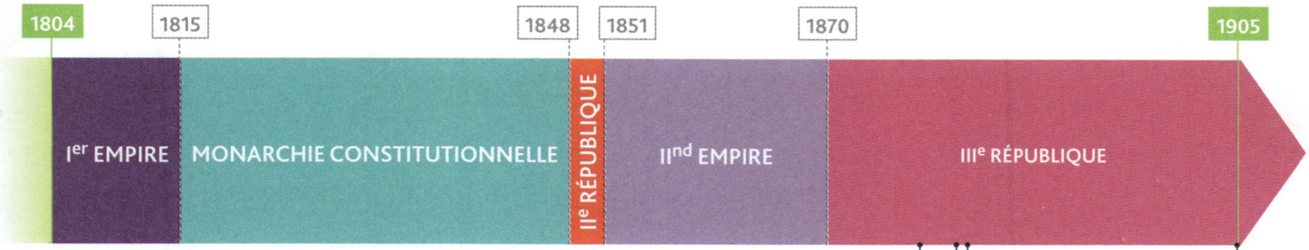

1878 Chaque commune doit construire un bâtiment d'école

1881 Gratuité de l'enseignement primaire

1882 Obligation et laïcité de l'enseignement primaire

1905 Séparation de l'Église et de l'État

Je m'entraine

1 Écris le nom des objets de l'école d'autrefois.

banc-table à deux places – plume et encrier – poêle – ardoise et crayon d'ardoise

a. plume et encrier

b. ardoise et crayon ardoise

c. banc-table à deux places

d. poêle

2 Écris vrai (V) ou faux (F).

a. À partir des lois Ferry, l'instruction religieuse est confiée à l'école. F

b. Ce sont les prêtres qui assurent l'instruction morale et civique. V

c. La loi oblige les parents à envoyer leurs enfants à l'école. V

d. L'école laïque oblige à accepter tous les élèves, quelle que soit leur religion. V

e. L'école est gratuite. Cela veut dire que ce sont les parents les plus riches qui payent pour les autres. F

3 Coche les bonnes réponses (plusieurs réponses possibles).

a. L'instruction morale permet de
- ☐ faire comme les autres.
- ☐ mieux vivre ensemble.
- ☒ décider, choisir par soi-même.
- ☐ laisser les autres choisir à notre place.

b. L'instruction civique permet de
- ☒ connaitre les valeurs de la République.
- ☐ connaitre la vie de Jésus Christ.
- ☒ connaitre ses droits et ses devoirs.
- ☒ devenir citoyen.

4 Pour quelles raisons les instituteurs sont-ils si importants pour Jules Ferry ?

Super exercice

Complète le texte.

riches – obligatoire – civique – morale – pauvres – gratuite – religion – laïque – citoyens

a. L'école est maintenant obligatoire, gratuite et laïque.

b. Tous les enfants se rendent à l'école, qu'ils soient riches ou pauvres et quelle que soit leur religion.

c. Les instituteurs enseignent l'instruction morale et civique pour que les enfants deviennent des citoyens.

Corrigés et conseils parents p. 34 du guide.

Ton évaluation sur ce chapitre

3 Les colonies françaises

Je retiens l'essentiel

OBJECTIF
→ Connaitre les raisons et les conséquences de la colonisation.

JE SAIS DÉJÀ
✔ **Identifier que la France possédait déjà des colonies au début du XIXe siècle, héritage de l'Ancien Régime.**

SUPER MÉMO
Au XIXe la France colonise de nouveaux territoires.

Un courant de pensée favorable à **la colonisation** se forme au **XIXe** siècle et se développe sous la IIIe République. **Trois raisons** sont avancées.

- La première est **économique** : les colonies apportent des matières premières essentielles (comme le coton, le caoutchouc ou les minerais) aux industries métallurgique et textile, naissantes en France.
- La deuxième est politique : il faut étendre le territoire français outre-mer et occuper des lieux stratégiques pour montrer la puissance de la France.
- Enfin, certains pensent avoir une **mission civilisatrice** : apporter aux populations indigènes la modernité et la manière de vivre des pays européens.

Au début du **XXe** siècle, après une vague de colonisation, **la France se partage une partie du monde avec d'autres pays européens.**

- Dans les colonies, des routes, des voies de chemin de fer, des ports sont construits par les **colons**. Des **missionnaires** ouvrent des écoles catholiques ainsi que des centres de soin.
- Mais les **populations indigènes** sont **contraintes**, **souvent par la force**, de travailler dans des mines ou des exploitations agricoles. Incitées à se convertir à la foi chrétienne, elles **subissent** les lois et règlements imposés par les colons ainsi que la **modernisation forcée** de leur territoire.

Je sais comment faire

▷ Pour lire une carte historique

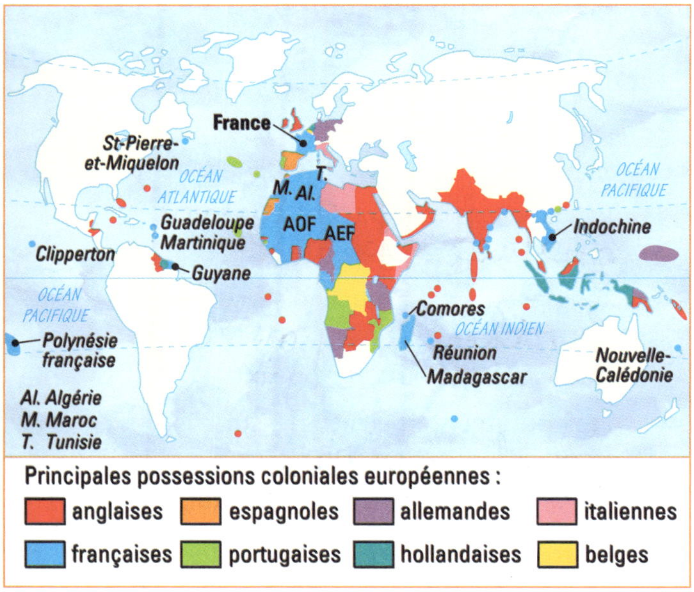

■ Carte des empires coloniaux en 1914

1. J'observe la carte.

- Le territoire français est repéré **en bleu**.
- Les pays européens sont surtout présents **en Afrique et en Asie du Sud.** La France occupe de vastes étendues en Afrique, une partie du sud-est asiatique, la Guyane et quelques iles.

2. J'interprète la carte.

Au début du **XXe** siècle, **la France possède l'un des plus vastes empires coloniaux.** Elle se partage l'Afrique avec d'autres pays européens.

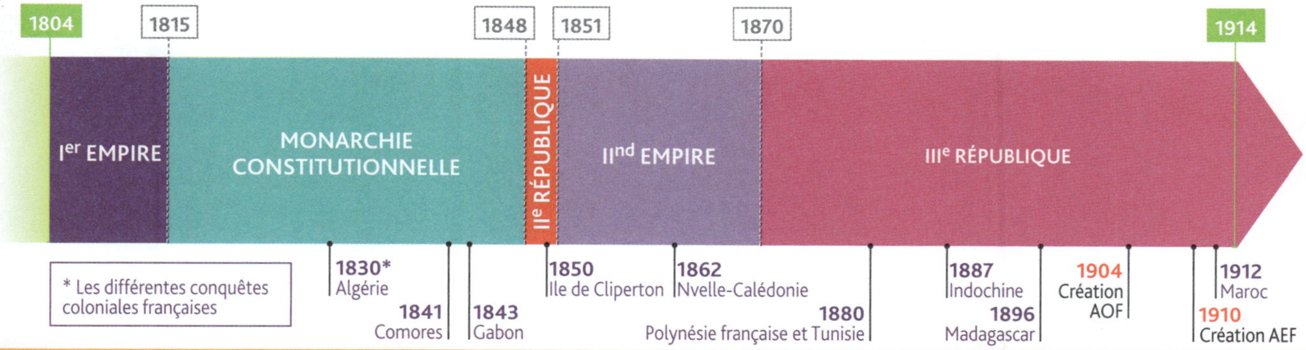

Je m'entraine

1 Écris vrai (V) ou faux (F).

a. Les Français occupent l'Algérie, la Tunisie et le Maroc. V

b. Les populations indigènes sont obligées de travailler pour les colons. V

c. Les Français sont surtout présents en Amérique. F

d. Les colonies fournissent des matières premières à la France. V

e. Les missionnaires créent des écoles et des centres de soin. V

f. Les populations indigènes sont heureuses de vivre comme des Européens. F

g. Elles sont bien traitées et respectées par les colons. F

2 Lis ce texte et réponds aux questions à l'oral.

« Messieurs, il y a un second point, un second ordre d'idées que je dois également aborder [...] : c'est le côté humanitaire et civilisateur de la colonisation. [...] Il faut dire ouvertement qu'en effet les races supérieures ont un droit vis-à-vis des races inférieures. [...] Elles ont le devoir de civiliser les races inférieures. [...] »

Extrait du discours de Jules Ferry sur la colonisation, devant les députés le 28 juillet 1885

a. Qui est l'auteur de ce discours ?

b. À propos de quelles lois as-tu déjà entendu parler de cet auteur ?

c. Que pense l'auteur de son peuple ?

d. Quelles sont les raisons évoquées pour coloniser d'autres pays ?

e. Pourquoi est-ce contraire aux principes républicains de liberté, d'égalité et de fraternité ?

3 En t'aidant de la carte de la page précédente et de la frise chronologique, retrouve le nom des cinq territoires de la France conquis avant le XIXe siècle.

a. Guyane

b. Indochine

c. Réunion

d. Polynésie

e. Madagascar

Super exercice

Complète les définitions.

a. .... : personne religieuse qui veut propager sa foi dans un autre pays.

b. indigène .... : personne qui a quitté son pays et qui s'installe dans une colonie.

c. .... : personne vivant dans le pays avant la colonisation.

Corrigés et conseils parents p. 34 du guide.

Ton évaluation sur ce chapitre

4 La révolution industrielle : de nouvelles énergies et machines

Je retiens l'essentiel

OBJECTIF

→ Comprendre que la machine à vapeur est à l'origine de la révolution industrielle et de celle des transports.

JE SAIS DÉJÀ

✔ **Repérer qu'au début du XIXe, la diligence était le transport privilégié et que le travail n'était pas mécanisé.**

En 1784, l'anglais John Watts invente **la machine à vapeur** qui est à l'origine de plusieurs changements importants dans la vie des hommes.

Bateau à vapeur

- Elle **révolutionne les transports.** Elle permet de concevoir **des trains** qui se déplacent plus vite et transportent davantage de voyageurs que les diligences. En 1852, la première ligne de chemins de fer relie Paris à Calais. Assez rapidement, de nouvelles voies couvrent le territoire français et européen. **Des bateaux à vapeur** font aussi leur apparition et remplacent les grands voiliers. Plus rapides et puissants, ils sont également utilisés par la marine de guerre.

- La machine à vapeur est aussi à l'origine de la **révolution industrielle.** De nouvelles machines permettent aux **usines** d'être plus productives. Les **engins agricoles** sont plus performants et font le travail de plusieurs hommes.

Je sais comment faire

▷ Pour lire et comprendre un schéma

SUPER MÉMO

Au XIXe siècle, la machine à vapeur est à l'origine de la révolution industrielle et de celle des transports.

1. J'observe le schéma.

- Je repère **les différentes parties** : la chaudière, le cylindre, le condenseur, le balancier et la bielle.
- Je lis le texte et je suis le trajet de l'eau.
- Je remarque **les flèches brunes** qui indiquent des mouvements.

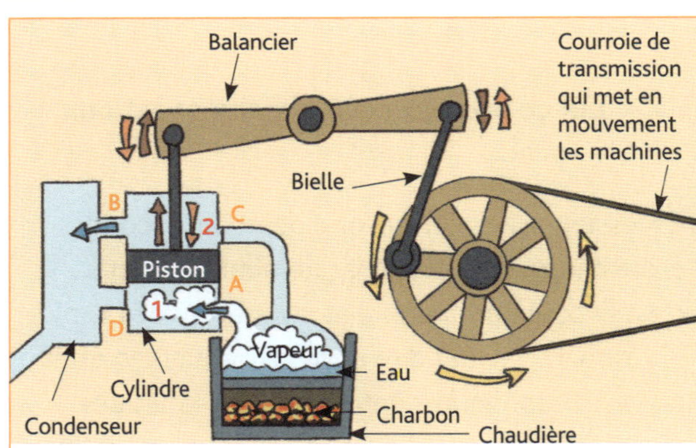

La vapeur est admise en 1 par la soupape A. Le piston monte et la chasse en B. La vapeur est admise en 2 par la soupape C. Le piston descend et la chasse en D.

la machine à vapeur de Watts

2. Je comprends le fonctionnement de la machine.

- L'eau est chauffée. **Sous la pression de la vapeur**, le piston monte et descend. Il entraine le balancier qui actionne la bielle. D'autres éléments peuvent ensuite être entrainés par la courroie de transmission.

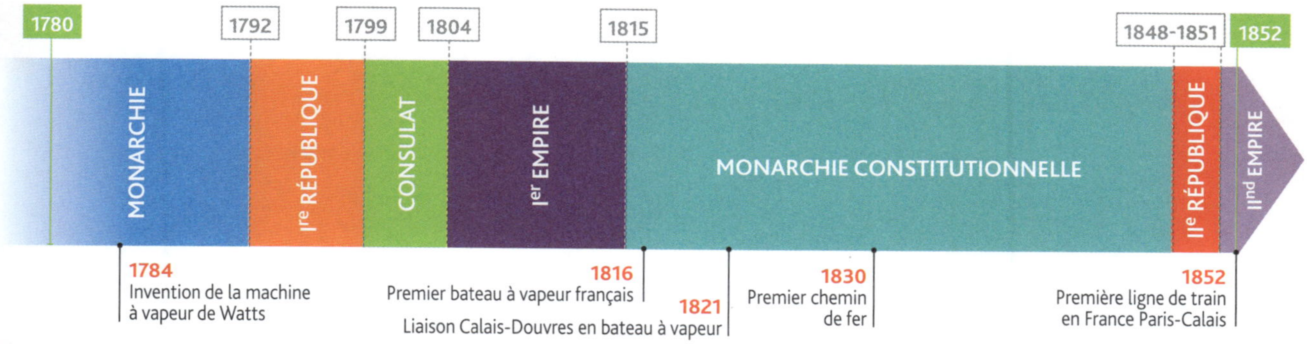

Je m'entraine

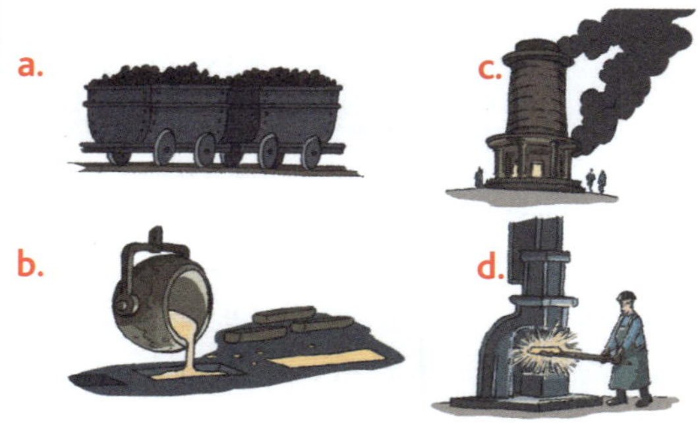

1 Coche les transports apparus au cours du XIXe siècle.

- **a.** un train à vapeur ☒
- **b.** une fusée ☐
- **c.** un bateau à vapeur ☒
- **d.** une diligence ☐
- **e.** un TGV ☐

○ ○ ○

2 Relie les évènements aux dates qui leur correspondent.

a. Invention de la machine à vapeur de Watts	1830
b. Première ligne de chemin de fer en France	1784
c. Premier bateau à vapeur français	1852
d. Premier chemin de fer	1816

(Relié à la main : a – 1784 ; b – 1852 ; c – 1816 ; d – 1830)

○ ○ ○

3 Numérote dans l'ordre les étapes de fabrication d'un rail.

- **a.** Extraction du minerai de fer dans les mines ....
- **b.** Coulée de l'acier en lingots ....
- **c.** Fonte du minerai dans les hauts fourneaux des industries de métallurgie ....
- **d.** Martelage des lingots ....

○ ○ ○

4 Devinette. Qui suis-je ?

Quand on m'extrait, je suis noir. Quand on me brule pour chauffer de l'eau, je deviens rouge. Quand j'ai fini de me consumer, je suis gris.
Je suis ...le charbon...........

○ ○ ○

Super exercice

Coche les bonnes réponses.

La machine à vapeur a permis

- **a.** de mécaniser le travail. ☒
- **b.** de concevoir de nouveaux transports. ☒
- **c.** de perfectionner les machines agricoles. ☐
- **d.** d'inventer la diligence. ☐
- **e.** de créer des usines. ☒

○ ○ ○

Histoire

5 Le travail au XIXe siècle

Je retiens l'essentiel

OBJECTIF
→ Connaitre les modes et lieux de production et comprendre les changements sociaux liés à l'industrialisation.

Au XIXe siècle, la révolution industrielle change le travail et la vie des hommes.

- Elle fait apparaitre de **nouveaux lieux** de production.
Des **mines voient le jour** dans le Nord et l'Est de la France car les hommes ont besoin de charbon et de fer pour la fabrication et le fonctionnement des nouvelles machines.
Les **usines** et les **ateliers** se multiplient.

- Avec la **mécanisation** du travail, les artisans et paysans ont moins de travail et se rendent massivement dans les villes pour travailler dans les usines ou les mines comme **ouvriers**. C'est l'**exode rural.**

- Les **conditions de travail des ouvriers** sont **très dures**, voire **dangereuses.** Ils n'ont pas de vacances et sont très peu payés. **Les femmes** et aussi **les enfants** sont **obligés de travailler**.

- Les **logements des ouvriers** sont très **petits** et **insalubres** : les conditions de vie et d'hygiène sont déplorables, entrainant des maladies ou des morts précoces.

- À l'opposé, la révolution industrielle permet aux **familles d'industriels et de banquiers** de s'enrichir. Ces **bourgeois** mènent une vie luxueuse et se font souvent élire maires.

- Devant tant de difficultés et d'injustices, les ouvriers créent des **syndicats** chargés de les défendre face aux patrons et d'améliorer leurs conditions de vie.

JE SAIS DÉJÀ
✔ **Concevoir que la révolution industrielle entraine une mécanisation du travail.**

SUPER MÉMO
L'industrialisation modifie la manière de travailler et de vivre des hommes.

Je sais comment faire

• **Article 2 :** Les enfants devront, pour être admis, avoir au moins 8 ans.
De 8 à 12 ans, ils ne pourront être employés au travail effectif plus de huit heures [...]
De 12 à 16 ans, ils ne pourront être employés au travail effectif plus de douze heures [...]
• **Article 3 :** [..] Tout travail de nuit est interdit pour les enfants au-dessous de 13 ans. [...]
• **Article 4 :** Les enfants au-dessous de 16 ans ne pourront être employés les dimanches et jours de fête reconnus par la loi.

Loi du 22 mars 1841 relative au travail des enfants, extraits

Pour analyser un texte de loi

1. Je lis et j'analyse les articles de la loi.

• Je **repère les temps de travail,** selon l'âge des enfants, fixés par cette loi.

→ La loi interdit le travail des enfants la nuit, le dimanche et les jours fériés.

2. Je comprends les raisons de cette loi.

Les enfants sont plus faibles et bien moins payés que les adultes. Ils effectuent des tâches plus dangereuses à cause de leur petite taille. **Cette loi veut limiter leur exploitation.**

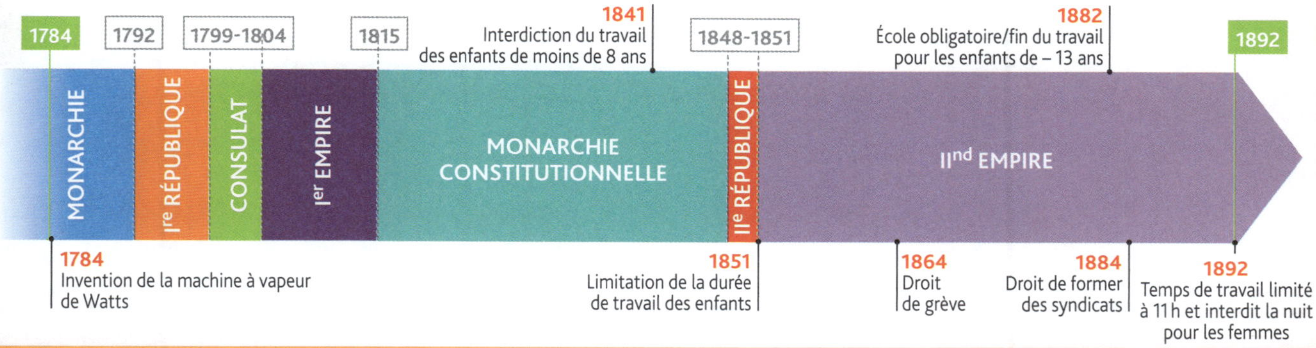

Je m'entraine

1 Relie les évènements aux dates.

a. Limitation de la durée de travail des enfants ○
b. Droit de grève ○
c. Limitation du temps de travail pour tous à 11 heures par jour ○
d. Droit de former des syndicats ○
e. Interdiction de travailler la nuit pour les femmes ○

○ 1892
○ 1884
○ 1851
○ 1864

2 Écris les mots à côté de leur définition.

un bourgeois – une grève – un ouvrier – un exode rural – un syndicat

a. Les ouvriers s'arrêtent de travailler pour obtenir quelque chose de leur patron. ....

b. Groupe de personnes réunies pour défendre les intérêts des ouvriers. ....

c. Personne qui vit de manière aisée sans exercer de travail manuel. ....

d. Personne qui exerce un métier manuel.

....

e. Déplacement d'une population de la campagne à la ville. ....

3 Relis les articles de loi de la page précédente et réponds aux questions.

a. Quel âge minimal doit avoir un enfant pour travailler en 1841 ? ....

b. Combien de temps par jour un enfant de 13 ans travaille-t-il ? ....

c. Quels sont les jours où les enfants ne travaillent pas ? ....

d. Pourquoi faut-il limiter le travail des enfants ?

....

Super exercice

Écris vrai (V) ou faux (F).

a. Les ouvriers avaient des salaires élevés. ....

b. Les ouvriers avaient beaucoup de temps libre pour leurs loisirs. ....

c. Les enfants ne travaillaient pas dans les usines. ....

d. Les conditions de travail étaient très pénibles. ....

e. Les bourgeois vivaient mieux et plus longtemps que les ouvriers. ....

f. Les maires étaient souvent des bourgeois de la ville. ....

g. Les syndicats sont chargés de défendre les ouvriers face aux patrons. ....

Corrigés et conseils parents p. 35 du guide.

Ton évaluation sur ce chapitre

6 La Première Guerre mondiale

Je retiens l'essentiel

OBJECTIF

→ Comprendre que le conflit s'est mondialisé et qu'il a été très meurtrier.

JE SAIS DÉJÀ

✔ **Identifier que les pays européens dominent le monde au début du xxe siècle grâce à leurs colonies.**

SUPER MÉMO

La guerre de 1914-1918 s'appelle aussi la Grande Guerre.

Poilus dans les tranchées

En 1900, **l'Europe domine le monde**. Mais des **tensions** apparaissent au sujet de leurs colonies. Et les Français veulent reprendre aux Allemands l'Alsace et la Lorraine perdues en 1871.

- En 1914, l'Autriche-Hongrie déclare alors la guerre à la Serbie. Puis, **par le jeu des alliances** entre les pays, c'est toute **l'Europe** qui **s'engage dans la guerre**.
- **Les Allemands envahissent la France.** Ils progressent rapidement vers la capitale, mais sont stoppés sur la Marne par les soldats français. **Le front se stabilise**. Pour se défendre et se protéger, les soldats creusent des tranchées et y vivent. Ils ont froid, faim et il n'y a pas d'hygiène.
- Par le biais des colonies, **le conflit se mondialise**. En 1917, les États-Unis rejoignent la France et le Royaume-Uni. Ils remportent la victoire.

L'armistice est signé **le 11 novembre 1918**. L'Empire austro-hongrois éclate en plusieurs pays et la France récupère l'Alsace et la Lorraine. La **guerre** a été particulièrement **meurtrière et couteuse**. L'Europe est affaiblie et **les États-Unis** prennent la place de **première puissance mondiale**.

Je sais comment faire

▷ Pour lire et interpréter un tableau

Pays	Soldats mobilisés	Morts	Pourcentage des pertes	Blessés
Empire russe	18 000 000	1 800 000	10 %	4 900 000
France	7 900 000	1 400 000	17,7 %	4 300 000
Royaume-Uni	8 900 000	900 000	10,1 %	2 000 000
Italie	5 600 000	578 000	10,3 %	947 000
États-Unis	4 300 000	116 000	2,7 %	234 000
Autriche Hongrie	9 000 000	1 100 000	12,2 %	3 600 000
Empire allemand	13 200 000	2 000 000	15,1 %	4 200 000
TOTAL	**66 900 000**	**7 894 000**	**11,8 %**	**20 181 000**

Bilan humain de la Première Guerre mondiale

1. Je lis le tableau.

- Je repère les **deux couleurs du tableau**. Je comprends qu'il s'agit des deux camps qui se sont opposés.
- Je remarque que c'est l'empire allemand qui a perdu le plus de soldats. Mais c'est la France qui a subi le plus de pertes en comparaison du nombre de soldats mobilisés.

2. J'interprète les données du tableau.

La Première Guerre mondiale a été **particulièrement meurtrière** pour les Français et les Allemands. Le **nombre de blessés** est **considérable**.

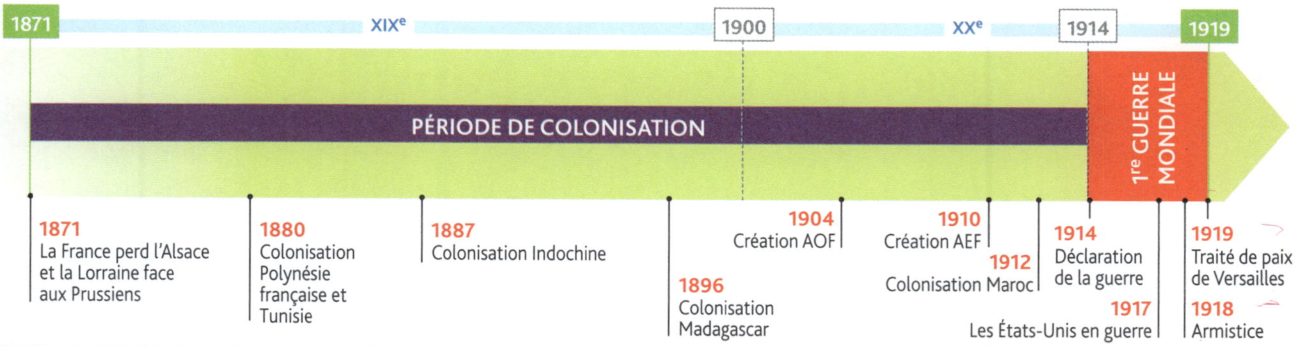

Je m'entraine

1 Que s'est-il passé aux dates suivantes ?

a. 1914 : ....

b. 1917 : ....

c. 1918 : ....

d. 1919 : ....

2 Écris les mots pour chaque définition.

le front – l'armistice – les alliés – les tranchées

a. pays combattant dans le même camp : ....

b. fossés permettant de se protéger : ....

c. fin des combats : ....

d. zone de combat : ....

3 Écris le nom des différentes parties de l'équipement du soldat.

barda de 30/35 kg – manteau militaire, capote – casque – masque à gaz – poignard – fusil – bande de protection

a. ....

b. ....

c. ....

d. ....

e. ....

f. ....

g. ....

4 Réponds oralement aux questions.

a. À ton avis, pourquoi les soldats français ont été surnommés les poilus ?

b. Pourquoi était-ce difficile de se déplacer lors des combats ?

c. À ton avis, à quoi servaient les masques à gaz ?

Super exercice

Pour chaque série, coche la proposition exacte.

a. ❑ Les poilus avaient des barbes parce que c'était la mode.
❑ Les poilus étaient barbus car ils ne pouvaient pas se raser dans les tranchées.

b. ❑ Avant la guerre, les tensions étaient vives entre les pays européens.
❑ Avant la guerre, tous les pays européens étaient unis.

c. ❑ Le gaz est une nouvelle arme de la Première Guerre mondiale.
❑ Le gaz apparait lors de la Seconde Guerre mondiale.

d. ❑ Le traité de paix a été signé en 1918.
❑ L'armistice a été signé en 1918.

Corrigés et conseils parents p. 35 du guide.

Ton évaluation sur ce chapitre

7 La Seconde Guerre mondiale

Je retiens l'essentiel

OBJECTIF
→ Comprendre qu'Hitler et les nazis ont déclenché un conflit mondial et ont organisé l'extermination de juifs.

JE SAIS DÉJÀ
✔ Repérer que les Allemands ont perdu la guerre de 1914-1918.

SUPER MÉMO
Entre 1939 et 1945, la Seconde Guerre mondiale a provoqué la mort de 50 millions de personnes, dont 6 millions de juifs.

Dans les années 1930, suite à une crise économique, plusieurs **dictatures** s'installent en Europe. En Allemagne, le chancelier **Adolf Hitler** affirme que les Allemands sont la race supérieure et veut que son pays redevienne puissant.

- En 1939, il envahit plusieurs pays. La France et le Royaume-Uni lui déclarent alors la guerre. Mais l'armée française est anéantie en quelques jours.
Le **maréchal Pétain**, chef du gouvernement français, signe l'armistice le 22 juin 1940 et **décide de collaborer avec les Allemands**. Certains Français s'y opposent et répondent à l'appel du 18 juin 1940 lancé par le **général de Gaulle** : ils entrent en **résistance**.

- En 1941, **le conflit se mondialise**.
La **Grande Alliance** entre la Grande-Bretagne, les États-Unis, l'Union soviétique et les résistants, fait face aux **puissances de l'Axe** (Allemagne, Italie, Japon).
Le 6 juin 1944, **les Alliés débarquent** en Normandie et en aout 1944 en Provence. Les régions sont libérées. Hitler se suicide et l'Allemagne signe **l'armistice le 8 mai 1945**.

- **Cette guerre est l'une des plus dévastatrices** avec 50 millions de morts et des pays détruits par les bombardements. Mais ce sont surtout les **génocides** commis qui sont **traumatisants**.
Considérés par Hitler et les nazis comme une race inférieure, **les juifs** ont été arrêtés avec l'aide des Français collaborateurs, déportés dans des **camps de concentration** et exterminés. 6 millions de juifs ont été tués.

Je sais comment faire

▷ Pour comparer deux affiches

PRÉFECTURE DE POLICE

UN MILLION DE RÉCOMPENSE

AVIS A LA POPULATION

Ces derniers temps, plusieurs attentats ont été commis contre les voies et le matériel des chemins de fer.

Ces attentats mettent en danger des vies humaines et notamment celles de milliers de travailleurs qui empruntent chaque jour ce moyen de transport ; ils interrompent les communications et compromettent particulièrement le ravitaillement déjà bien difficile dans la situation actuelle.

En conséquence, la population tout entière, dans l'intérêt général, est invitée à s'associer à la répression et même à la prévention de ces attentats.

Une récompense d'un million de francs est offerte à toute personne qui permettra d'arrêter les auteurs des attentats commis. La discrétion la plus absolue est assurée.

Il y a lieu de fournir tous les renseignements utiles à la Préfecture de Police (*Direction de la Police Judiciaire — 36, Quai des Orfèvres. Téléphone : Turbigo 92-00, poste 337*).

1. J'observe les deux affiches.
- Je lis les textes. Il s'agit de **deux affiches de propagande**.
- Sur la première, je remarque la croix de Lorraine, symbole de la Résistance.
- Sur la deuxième je relève le montant élevé de la récompense pour collaborer.

2. J'interprète.
Collaborateurs et résistants essaient de convaincre les Français à **les rejoindre**.

Je m'entraine

1 Relie les pays au camp auquel ils appartiennent.

La Grande Alliance ○
Les puissances de l'Axe ○

- ○ **a.** L'Allemagne
- ○ **b.** L'Union soviétique
- ○ **c.** Le Royaume-Uni
- ○ **d.** L'Italie
- ○ **e.** Les États-Unis
- ○ **f.** Le Japon

2 Associe les personnes à leurs actes.

Le collaborateur ○
Le résistant ○

- ○ **a.** réalise des actes de sabotage.
- ○ **b.** aide les juifs à se cacher.
- ○ **c.** aide les Allemands à arrêter les juifs.
- ○ **d.** distribue des tracts de propagande.
- ○ **e.** refuse l'armistice signé en 1940.
- ○ **f.** soutient le régime nazi.
- ○ **g.** dénonce des personnes aux Allemands.

3 Écris les mots pour chaque définition.

génocide – dictateur – déportation – camp de concentration

a. Élimination de tout un peuple ou de toute une ethnie. ....

b. Déplacement forcé de personnes. ....

c. Lieu fermé où sont détenues des personnes dans de très mauvaises conditions.

....

d. Personne qui exerce seule tous les pouvoirs.

....

Super exercice

Écris vrai (V) ou faux (F).

a. Les Allemands envahissent plusieurs pays. ....

b. Tous les Français sont d'accord avec le maréchal Pétain. ....

c. Hitler pense que les Allemands sont une race supérieure. ....

d. Les Français collaborateurs aident les Allemands à déporter les juifs. ....

e. Près de 6 millions de juifs ont été exterminés. ....

f. Les débarquements alliés ont lieu en 1941. ....

g. L'armistice du 8 mai 1945 est signé suite au suicide d'Hitler. ....

Corrigés et conseils parents p. 35 du guide.

Ton évaluation sur ce chapitre

8 La construction européenne

Je retiens l'essentiel

OBJECTIF
→ Comprendre que les pays autrefois en guerre les uns contre les autres, sont aujourd'hui rassemblés au sein de l'Union européenne.

JE SAIS DÉJÀ
✔ **Repérer que les États-Unis, l'Union Soviétique et le Royaume-Uni sortent vainqueurs de la Seconde Guerre mondiale.**

Les **États-Unis** et **l'Union soviétique** sont les grands **vainqueurs** de la Seconde Guerre mondiale. Mais très vite, les deux puissances se divisent. La paix est de nouveau menacée.

- Les pays européens, affaiblis par la guerre, se mettent sous la protection de l'un des deux grands pays. Mais plusieurs hommes politiques comprennent qu'ils doivent plutôt **s'unir pour construire la paix**, et ne plus dépendre financièrement des deux grandes puissances.
- **En 1951**, l'Allemagne, l'Italie, la France, la Belgique, les Pays Bas et le Luxembourg organisent ensemble la production et le commerce du charbon et de l'acier. Ils créent **la CECA** (Communauté européenne du charbon et de l'acier). **En 1957**, le traité de Rome va plus loin et crée la **Communauté économique européenne** (CEE), pour favoriser les échanges et la circulation libre et sans frais des produits.
- C'est un **succès**, les six pays se développent. La **communauté européenne s'agrandit** et en 1992, devient **l'Union européenne (UE)**. En plus des biens, les personnes ont désormais le droit de circuler librement dans les pays de l'Union. En 1999, l'euro devient la monnaie de plusieurs pays. Aujourd'hui, l'Union européenne comprend **28 pays membres**.

Je sais comment faire

▷ Pour utiliser une frise chronologique

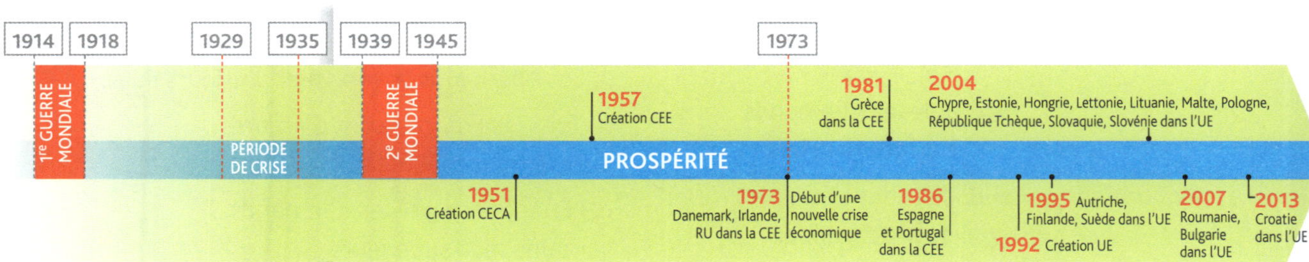

1. J'observe la frise.

- Je me rappelle qu'une frise chronologique représente des évènements qui sont positionnés selon leur déroulement dans le temps.
- Je repère **les périodes** (Première Guerre mondiale, Seconde Guerre mondiale, prospérité, crise) ainsi que **les dates et évènements les plus importants** de la construction européenne.

2. J'interprète la frise.

Une longue période de paix qui correspond à la construction européenne, s'installe suite aux deux guerres mondiales.

SUPER MÉMO
Depuis 1951, les pays d'Europe, ennemis lors de la guerre, se rassemblent pour construire la paix et faire face aux deux grandes puissances.

Je m'entraine

1 Associe les dates aux évènements correspondants.

1951 o	o la CEE devient l'Union européenne
1957 o	o création de la CECA
1992 o	o l'euro devient la monnaie commune à plusieurs pays
1999 o	o création de la CEE

2 Écris vrai (V) ou faux (F)

a. La Suisse fait partie de l'Union européenne. ....

b. Sept pays ont créé la communauté européenne. ....

c. L'Union européenne comprend 28 pays. ....

d. La Grèce a rejoint l'UE en 1981. ....

e. La Norvège fait partie de l'Union européenne. ....

f. La Hongrie faisait partie des pays fondateurs. ....

g. La Lituanie fait partie de l'Union européenne. ....

3 Colorie la carte en respectant la légende.

Des dates d'entrée dans l'UE

4 À l'aide d'un dictionnaire, retrouve le nom des capitales des six pays fondateurs de la CEE.

Les capitales sont :

....

....

....

....

....

....

Super exercice

Complète les phrases avec les mots ci-dessous.

Communauté économique européenne
l'Union européenne
circuler librement
économique
paix
euro
28

a. La .... a été créée pour construire la .... après les deux guerres mondiales.

b. Elle permet une union .... pour faire face aux autres puissances mondiales.

c. Au sein des .... pays de l'Union européenne, les personnes et les biens peuvent ....

d. Plusieurs pays de .... ont la même monnaie : l'.. .

9 Les Trente Glorieuses

Je retiens l'essentiel

OBJECTIF
→ Comprendre la nécessité d'embaucher pendant la période de prospérité.

JE SAIS DÉJÀ
✔ **Savoir que les pays d'Europe sont affaiblis au sortir de la Seconde Guerre mondiale.**

SUPER MÉMO
Pendant les Trente Glorieuses, les entreprises françaises ont dû faire appel à des travailleurs immigrés.

À partir de 1945 et jusqu'en 1973, la France connait une période de **croissance économique importante et de prospérité**, appelée **les Trente Glorieuses**.

Chaine de montage

- Pendant cette période sans chômage, de très importants changements professionnels s'effectuent. **La plupart des Français** sont désormais **plus qualifiés** et occupent des postes d'employés ou de cadres dans les bureaux, les administrations ou les magasins.
- Pour assurer le développement économique de la France, les entreprises doivent impérativement trouver plus d'ouvriers. Elles **offrent du travail aux personnes venues d'autres pays**, qui connaissent le chômage et sont **en demande**.
- Venus dans un premier temps d'**Italie**, d'**Espagne** et du **Portugal**, puis dans un second temps du **Maroc**, de la **Tunisie** et de l'**Algérie**, des travailleurs émigrent par centaines de milliers et viennent renforcer les effectifs des entreprises.

Mais **en 1973 c'est la crise**. Les entreprises licencient en masse et le chômage se développe.

Je sais comment faire

▷ Pour lire un graphique

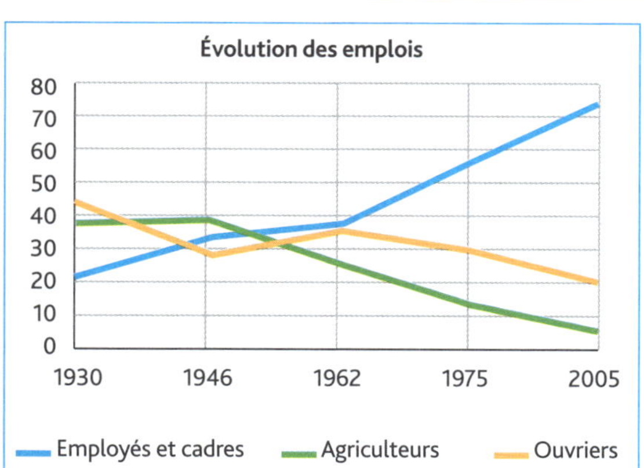

1. J'observe le graphique.
- Je repère **les trois couleurs** et les catégories de travailleurs auxquelles elles correspondent.
- Je lis qu'en 1975, il y avait 15 % d'agriculteurs, 30 % d'ouvriers et 55 % d'employés et de cadres.
- Je remarque **l'évolution des lignes**.

2. J'interprète le graphique.
Après la Seconde Guerre mondiale, **les Français délaissent les emplois d'agriculteurs et d'ouvriers** au profit de ceux d'employés et de cadres.

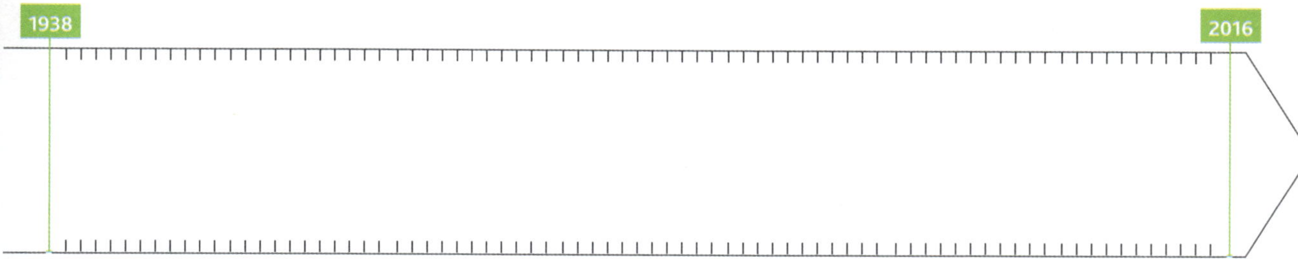

Je m'entraine

1 **Complète la frise chronologique ci-dessus selon les indications suivantes.**

a. Colorie en rouge, la période de la Seconde Guerre mondiale, en vert la période de croissance économique et marque d'un trait bleu le début de la crise économique.

b. Écris au bon endroit : *Seconde Guerre mondiale – crise économique – Trente Glorieuses*

2 **Écris les mots pour chaque définition.**

immigration – crise économique – croissance économique – chômage

a. Augmentation sur une longue période des richesses d'un pays. ....

b. Ralentissement brutal de l'activité économique.

....

c. Situation d'une personne qui souhaite travailler mais ne trouve pas d'emploi. ....

d. Installation dans un pays d'une personne originaire d'un autre pays. ....

3 **Colorie les six principaux pays d'origine des travailleurs immigrés pendant les Trente Glorieuses. Puis réponds oralement aux questions.**

a. Que peux-tu dire de la position géographique de ces pays par rapport à la France ?

b. Pourquoi les travailleurs n'émigrent-ils pas vers des pays plus lointains ?

c. Quels sont les pays qui sont d'anciennes colonies françaises ? (Tu peux te reporter au chapitre 3.)

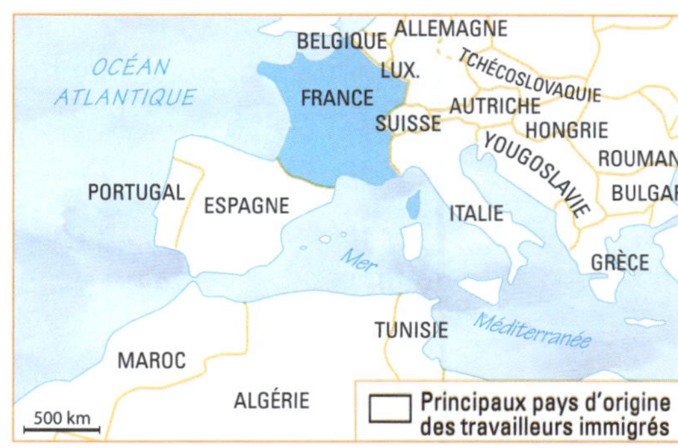

Super exercice

Relie les propositions qui vont ensemble.

Les entreprises ○	○ **a.** n'ont pas de travail dans leur pays d'origine.
Les travailleurs immigrés ○	○ **b.** ont besoin de main d'œuvre.
	○ **c.** offrent du travail.
	○ **d.** occupent surtout des emplois d'ouvrier.
	○ **e.** font appel aux travailleurs d'autres pays.
	○ **f.** participent au développement des entreprises.

Corrigés et conseils parents p. 36 du guide.

Ton évaluation sur ce chapitre

1 Porter secours

Je retiens l'essentiel

OBJECTIF
→ Connaitre les étapes à suivre pour porter secours à autrui.

JE SAIS DÉJÀ
✔ Identifier les numéros d'urgence.

SUPER MÉMO
Pour porter secours, il est important de rester calme, d'être organisé et rapide.

Lorsqu'une personne est victime d'un accident, sa survie tient souvent **à l'intervention des premières personnes. Calme, rapidité et organisation** sont donc nécessaires tout au long des opérations.

- **Observer :** il est important de prendre quelques instants afin d'identifier le danger : incendie, évanouissement, brulure, accident de la route…
- **Protéger :** il s'agit ensuite d'éviter un accident plus grave. On se protège et on protège les autres : on signale le danger, on s'en éloigne.
- **Alerter :** il faut prévenir un adulte ou alerter les services d'urgences. Au téléphone, on se présente et on situe le lieu de l'évènement. On décrit la situation en donnant des informations sur la nature des blessures, l'état de conscience et de ventilation [→ 3] des victimes. On précise aussi ce qu'on veut faire pour porter secours et on attend l'accord de l'adulte.
- **Secourir :** pour cela, il faut apprendre certains gestes qui sauvent.

NUMÉROS D'URGENCE

15	SAMU
18	pompiers
17	police
112	numéro européen d'urgence depuis un portable

Je sais comment faire

▷ Pour lire et comprendre un plan d'action

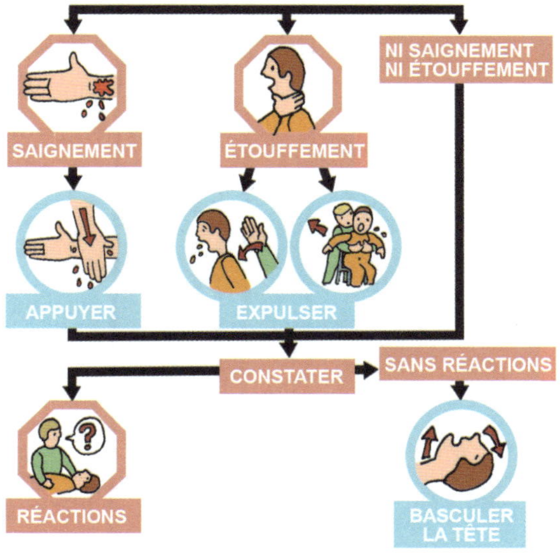

1. **Je lis le plan d'action.**

Les situations sont en rouge, et les gestes qui sauvent en bleu.

2. **Je comprends le plan.**

À chaque situation correspond un geste de premier secours. Il faut le réaliser précisément et calmement. Il faut veiller à **ne pas déplacer la victime**.

→ Si un objet se trouve dans une plaie, la personne doit être allongée sans retirer l'objet. Même s'il y a des saignements, il ne faut pas appuyer dessus.

Je m'entraine

1 Indique le nom de ces situations d'urgence.

malaise – étouffement – électrocution – accident de la route – incendie – noyade

a. ....

b. ....

c. ....

d. ....

e. ....

f. ....

2 À ton avis, que peut-on faire pour vérifier qu'une personne est consciente ?

a. ❑ La transporter dans une pièce calme.
b. ❑ Lui demander de serrer la main.
c. ❑ Lui demander son prénom.
d. ❑ Lui donner à boire.
e. ❑ Lui demander de cligner des yeux.

3 Cherche dans ton dictionnaire la définition du mot ventilation. Puis réponds oralement à la question.

a. ventilation : ....

....

b. Comment peut-on vérifier la ventilation d'une personne ?

4 Explique oralement ce qu'il faut faire pour chacune des situations d'urgence.

a.

- pour éviter un accident plus grave
- le geste de secours :

....

b.

- pour éviter un accident plus grave
- le geste de secours :

....

c.

- pour éviter un accident plus grave
- le geste de secours :

....

Super exercice

Remets dans l'ordre les différentes étapes pour porter secours.

a. secourir
b. observer
c. alerter
d. protéger

Le bon ordre est : ....

EMC

2 La loi

Je retiens l'essentiel

OBJECTIF
→ Comprendre l'utilité et le fondement des lois françaises.

JE SAIS DÉJÀ
✔ Comprendre l'utilité des règles pour vivre ensemble.

SUPER MÉMO
Les lois obéissent à une Constitution, fixent des droits et des devoirs en prévoyant des sanctions.

En France, **chaque citoyen est libre** et possède un certain nombre de **droits**. Il est également **responsable** de ses faits et gestes et doit **respecter des devoirs**. Ces règles permettent de mieux vivre ensemble, librement et en sécurité.

- **Ce sont les lois qui fixent les règles**. Certaines sont anciennes et toutes sont **écrites** pour qu'on puisse les connaitre et s'y référer. Ce sont **des représentants du peuple**, comme les députés, qui les rédigent. Les lois prévoient également **des sanctions adaptées si elles ne sont pas respectées**. Si un enfant ne respecte pas la loi, ce sont ses parents qui sont responsables et sanctionnés à sa place.
- **Les lois obéissent à des principes qui sont énoncés dans une Constitution.** La nôtre date de 1958. Elle précise que **la France est une République indivisible, laïque, démocratique et sociale.** C'est **la Ve Constitution.** Elle se réfère à **la Déclaration des droits de l'homme et du citoyen** (en 1789, lors de la Révolution française).

Je sais comment faire

▷ Pour analyser et interpréter un tableau

La Déclaration des droits de l'homme et du citoyen, Le Barbier (1791)

1. Je décris le tableau.

- Je remarque la femme aux couleurs de la France qui **brise les chaines de la monarchie absolue.** Celle avec des ailes **semble éclairer le texte**. C'est **la Liberté**.
- **La Déclaration est gravée** sur des tables de loi, **comme si elle était sacrée.**

2. Je repère les symboles.

- La lance et le bonnet phrygien sont les **symboles de la Révolution**.
- L'œil dans un triangle équilatéral, **symbolise la raison**.
- La guirlande de lauriers représente **la victoire**.

3. J'interprète ce tableau.

Les 17 articles de la Déclaration énoncent **les droits que chacun possède à sa naissance**. L'artiste utilise des symboles pour **souligner la victoire du peuple** et **la fin de l'Ancien Régime** au travers de cette déclaration.

Je m'entraine

1 Lis ces extraits d'articles de la Déclaration des droits de l'homme et du citoyen puis réponds par vrai (V) ou par faux (F).

Art. 1er : Les hommes naissent et demeurent libres et égaux en droits.
Art. 4 : La liberté consiste à faire ce qui ne nuit pas à autrui.
Art. 6 : [La Loi] doit être la même pour tous, soit qu'elle protège, soit qu'elle punisse.
Art. 10 : Nul ne doit être inquiété pour ses opinions, même religieuses, pourvu que leur manifestation ne trouble pas l'ordre public établi par la Loi.

a. L'article 6 traite de la liberté religieuse. ....
b. Tous les hommes ont les mêmes droits à leur naissance. ....
c. La Loi protège la liberté et les droits de chaque citoyen. ....
d. Des citoyens de religions différentes n'ont pas les mêmes droits. ....
e. Une personne a le droit de faire beaucoup de bruit toute la nuit parce qu'elle est libre de faire ce qu'elle veut. ....

2 Lis et réponds aux questions.

En 1804, Napoléon rassemble toutes les lois dans un livre, le Code civil.

Les lois ne peuvent être obligatoires si elles sont inconnues, c'est pourquoi nous nous sommes occupés de les rassembler et de les publier. [...] Elles permettent ou elles défendent ; elles ordonnent, elles corrigent, elles punissent ou elles récompensent. [...]

D'après le discours de présentation du Code civil à l'Assemblée nationale par J.-E.-M. Portalis

a. Qu'est-ce que le Code civil ?
b. Qui a ordonné la rédaction du Code civil ?
c. Pourquoi est-ce important d'écrire les lois ?
d. Dans la dernière phrase, quels sont les verbes associés aux droits, aux devoirs et aux sanctions ?

3 Écris les groupes de mots sous leur définition.

république indivisible – république laïque – république démocratique – république sociale.

a. Seul le peuple peut exercer le pouvoir. Aucun groupe, aucune personne ne peut se l'attribuer.
....
b. Les représentants du peuple sont élus au suffrage universel par tous les citoyens majeurs.
....
c. Tout est fait pour améliorer la condition des plus démunis.
....
d. Aucune religion n'est privilégiée et chaque personne est libre de ses croyances.
....

Super exercice

Complète les phrases.

la Déclaration des droits de l'homme et du citoyen – des principes – écrites – la Constitution – le Code civil – les lois

a. .... fixent les règles.
b. Elles sont ....
pour que chacun puisse les connaitre.
c. Elles obéissent à ....
énoncés dans ....
d. En 1804, les lois ont été regroupées dans un livre, ...
e. Le texte de 1789 à l'origine de la Constitution s'appelle ....

EMC

Ton évaluation sur ce chapitre

3 La démocratie représentative en France et en Europe

Je retiens l'essentiel

OBJECTIF
→ Comprendre les fondements de la démocratie représentative en France et en Europe.

JE SAIS DÉJÀ
✔ **Repérer les représentants du peuple au niveau national.**

SUPER MÉMO
La France et l'Union européenne sont des démocraties représentatives.

- **La France est une démocratie représentative**, c'est-à-dire que le pouvoir est exercé par le peuple qui choisit ses représentants. Le pays est donc dirigé par plusieurs personnes.

→ Les députés et les sénateurs rédigent les lois. **L'Assemblée nationale et le Sénat** représentent **le pouvoir législatif**.

→ **Le président de la République et le gouvernement** font appliquer la loi. Ils représentent **le pouvoir exécutif**.

→ **Les juges** sanctionnent les personnes qui ne respectent pas les lois. C'est **le pouvoir judiciaire.**

- L'**Union européenne** est aussi une **démocratie représentative** : plusieurs institutions organisent la vie des Européens.

→ **Le Parlement européen** regroupe des députés élus par les citoyens des pays membres de l'Union européenne. Il **propose et vote des lois.**

→ **La Commission européenne** évalue les conséquences possibles des lois et **veille à leur application.**

→ La **Cour de justice européenne** peut **sanctionner les pays.**

Je sais comment faire

▷ Pour lire et interpréter un schéma

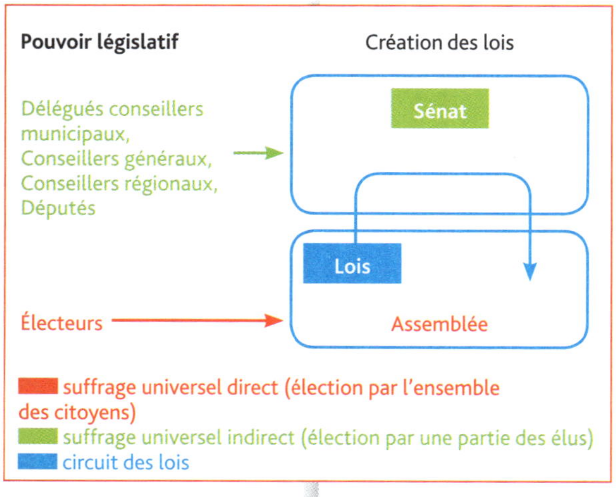

1. **Je lis le schéma.**

- Je repère **les modes de suffrage** pour élire les députés (en rouge) et les sénateurs (en vert).
- J'observe **le chemin des lois** (en bleu).

2. **J'interprète le schéma.**

Le Sénat et l'Assemblée nationale forment le Parlement. Ils discutent et votent les lois.
Les députés sont **directement** élus par le peuple.
Les sénateurs sont élus par des représentants choisis par les citoyens français. C'est un suffrage **indirect**.
Les lois sont proposées par les députés avant d'être soumises au Sénat. Si les sénateurs sont d'accord, la loi est votée. Sinon, les députés doivent apporter des modifications et la loi repart au Sénat. C'est **la navette**.

Je m'entraine

1 **Relie chaque institution au pouvoir qu'elle représente.**

a. le Sénat ○
b. le Parlement européen ○
c. la Cour de justice européenne ○
d. la Commission européenne ○
e. le président de la République ○
f. l'Assemblée nationale ○
g. les tribunaux ○

○ pouvoir exécutif
○ pouvoir législatif
○ pouvoir judiciaire

2 **Réponds aux questions à l'oral.**

Mandat	Durée du mandat	Lieu
Président de la République	5 ans	Le président réside au palais de l'Élysée.
Député	5 ans	L'Assemblée nationale se réunit au palais Bourbon.
Sénateur	6 ans	Le Sénat se réunit au palais du Luxembourg.
Député européen	5 ans	Le Parlement européen.

a. Comment s'appelle le bâtiment de l'Assemblée nationale ?
b. À l'aide de ton dictionnaire, lis dans quelle ville se situent le palais de l'Élysée, le palais Bourbon et le palais du Luxembourg.
c. Quelles sont les fonctions du président de la République ?
d. À quoi sert un député européen ?
e. À ton avis, pourquoi les mandats sont-ils limités dans le temps ?

3 **Écris le nom des symboles français et européen (fais des recherches).**

le drapeau européen – la devise européenne – la devise française – le drapeau français – l'hymne français

a. Le bleu et le rouge, couleurs de Paris, entourent le blanc, couleur de la royauté.

....

b. L'harmonie est représentée par le nombre 12 et l'unité par le cercle.

....

c. « Unie dans la diversité. »

....

d. « Liberté, Égalité, fraternité. »

....

e. Chant de guerre révolutionnaire, *La Marseillaise* appelle à la liberté et au patriotisme.

....

Super exercice

Écris vrai (V) ou faux (F).

a. En France et en Europe, c'est le peuple qui exerce le pouvoir. ....
b. Trois pouvoirs sont chargés par les citoyens de diriger le France. ....
c. Les députés font partie du pouvoir exécutif. ....
d. Le Parlement européen sanctionne les pays qui ne respectent pas les lois. ....
e. La limitation de la durée des mandats garantit la démocratie. ....

Géographie

			DATE	ÉVALUATION
SE DÉPLACER				
1	Se déplacer au quotidien	166		
2	Se déplacer de ville en ville en France	168		
3	Se déplacer en Europe	170		
4	Se déplacer dans le monde	172		
COMMUNIQUER GRÂCE À INTERNET				
5	Un monde de réseaux	174		
6	Un habitant connecté au monde	176		
7	Les inégalités d'accès à Internet	178		
MIEUX HABITER				
8	Cohabiter en ville avec la nature	180		
9	Recycler	182		

1 Se déplacer au quotidien

OBJECTIF
→ Connaitre les modes et réseaux de transports utilisés par les habitants dans leur quotidien.

JE SAIS DÉJÀ
✔ **Reconnaitre l'importance des déplacements.**

SUPER MÉMO
Au quotidien, les Français utilisent différents moyens de transport.

Je retiens l'essentiel

Pour leurs activités quotidiennes, comme l'école, le travail, les courses ou les loisirs, les Français utilisent **différents moyens de transport**.

Station de métro parisien

- Ils prennent surtout **la voiture, pratique et confortable**, qui permet de transporter toute la famille en partant et en arrivant exactement où l'on veut.
Mais c'est un **transport couteux et polluant**. Dans les villes, certaines **voies** sont **saturées** et le **stationnement** est un vrai **problème**. Pour éviter cela, des systèmes de co-voiturage ou de location de voitures électriques existent.
- Les Français utilisent aussi les **transports en commun** qui permettent à plusieurs personnes de se déplacer en même temps. Cela **diminue la pollution et le cout liés aux trajets.** Mais les TER (Train Express Régional), métros, tramways, bus sont **souvent surchargés,** rendant les voyages inconfortables.
- Enfin, les Français se déplacent **à pied, à vélo ou en trottinette** pour de courts trajets en ville. Ces modes de transports bons pour la santé sont également **non polluants**.

Je sais comment faire

▷ Pour lire et interpréter une infographie

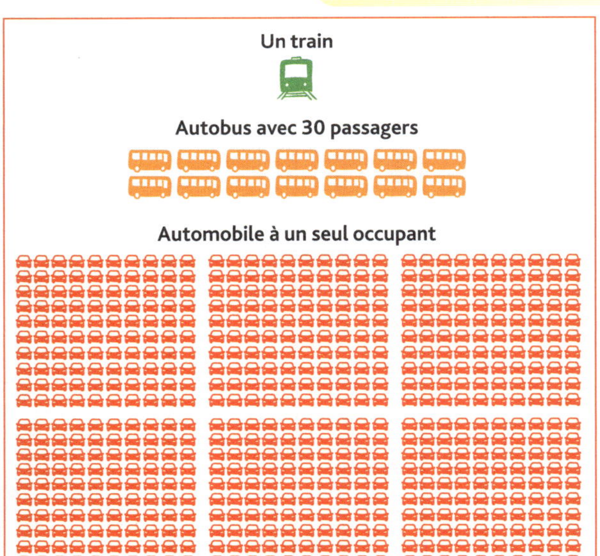

Nombre de véhicules nécessaires pour transporter 600 personnes

1. Je décris l'infographie.

- Je repère **les modes de transports associés aux trois couleurs** : le train, l'autobus, la voiture.
- Je remarque que **leur capacité** est **très différente**.
→ Pour transporter 600 personnes, il faut 600 voitures ou 20 autobus ou 1 seul train.

2. J'interprète l'infographie.

En privilégiant les transports en commun, il y a moins de véhicules, donc **moins d'embouteillages. Les rejets de gaz polluants** dans l'environnement sont aussi **moins nombreux**.

Le train est un transport sur rail. Les horaires de départ et d'arrivée sont donc connus à l'avance.

Je m'entraine

1 **Pour chacun des transports, indique deux avantages.**

a. La voiture : pratique et confortable

b. Les transports en commun : plusieurs personne se déplacent en même temps

c. Le vélo : bon pour la santé moins polluant

2 **Pour chaque proposition, coche l'avantage.**

a. Le bus
- [ ] Il peut y avoir des grèves.
- [ ] On ne peut pas s'arrêter où l'on veut.
- [x] On peut faire des trajets courts ou longs.

b. La voiture
- [x] On part quand on veut et on arrive où l'on veut.
- [ ] C'est un moyen couteux.
- [ ] Il peut y avoir des embouteillages.

c. La marche à pied
- [ ] On ne peut pas parcourir de longues distances.
- [x] C'est un moyen non polluant.
- [ ] On n'est pas protégé des intempéries.

3 **Observe le graphique et réponds aux questions.**

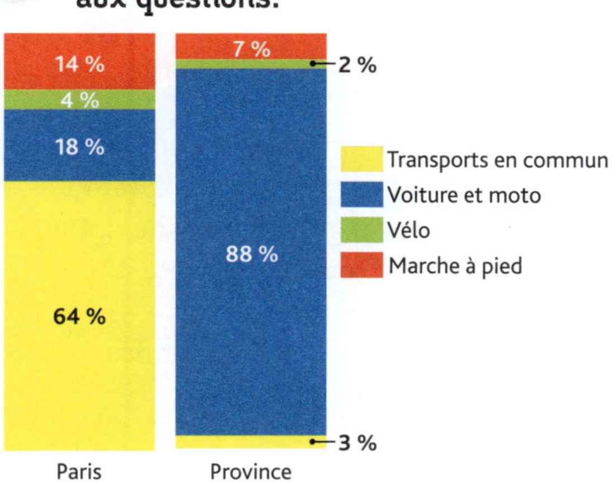

Déplacement domicile-travail selon le mode de transport

a. Quels sont les déplacements étudiés par ce graphique ?

b. Quel est le pourcentage de déplacements en voiture à Paris et en province ?

c. Quel est le pourcentage de déplacements en transports en commun à Paris et en province ?

d. À ton avis, comment s'expliquent ces deux différences entre Paris et la province ?

e. Quel est le pourcentage de déplacements en marche à pied à Paris et en province ?

f. À ton avis, pourquoi est-il plus facile de se déplacer en marchant à Paris que dans les villes de province ?

Super exercice

Écris V (Vrai) ou F (Faux).

a. Les Français privilégient la voiture pour leurs déplacements. V

b. Un bus transportant 30 personnes pollue moins que 30 voitures. V

c. Les transports en commun sont rarement surchargés. F

d. Dans les villes, le stationnement est un problème. V

e. La voiture est le seul moyen de partir de chez soi. F

f. La voiture est un transport non polluant. F

g. C'est pratique de marcher à pied quotidiennement sur de longues distances. V

h. Les TER sont présents dans toutes les régions. V

2 Se déplacer de ville en ville en France

Je retiens l'essentiel

OBJECTIF
→ Connaitre les modes et réseaux de transports utilisés dans les déplacements en France.

JE SAIS DÉJÀ
✔ **Repérer les modes et réseaux de transports utilisés au quotidien.**

Pour se déplacer en France, il existe quatre modes de transport.

- Les **transports routiers** assurent près de 80 % du trafic. Très **commodes**, ils sont aussi **chers**, **polluants** et représentent **un risque élevé d'accidents**.
- Les **transports ferroviaires** se sont déployés avec l'apparition **des TGV**. Ces trains **sont plus rapides** et **moins polluants** que la voiture.
- Avec plus de 400 aéroports, les **transports aériens** sont très développés en France. Transport très rapide, **l'avion** ne l'est cependant **pas toujours pour des voyages à l'intérieur du pays**.
- Les **transports maritimes** sont peu empruntés. Ils permettent de rejoindre les îles, la plupart du temps avec une voiture.

En France, **les réseaux de transport** sont centrés sur la capitale : ils forment **une étoile autour de Paris**. Ils ont un **impact fort sur l'environnement**. Les routes et aéroports engendrent des **pollutions sonore et atmosphérique importantes**, et les lignes de TGV **transforment les paysages**.

Je sais comment faire

▷ Pour comparer et interpréter deux cartes

SUPER MÉMO
En France, les réseaux routiers, ferroviaires et aériens sont centrés sur Paris.

1. Je lis les cartes.

- **Les autoroutes (en bleu)**sont plus nombreuses dans l'Est et le Nord. Plusieurs partent de Paris. Il n'y en a pas en Bretagne.
- Le centre de la France n'est pas desservi. par **les lignes de TGV (en rouge)**. Le réseau est plus dense à l'Est. Une seule ligne traverse la France d'Est en Ouest.

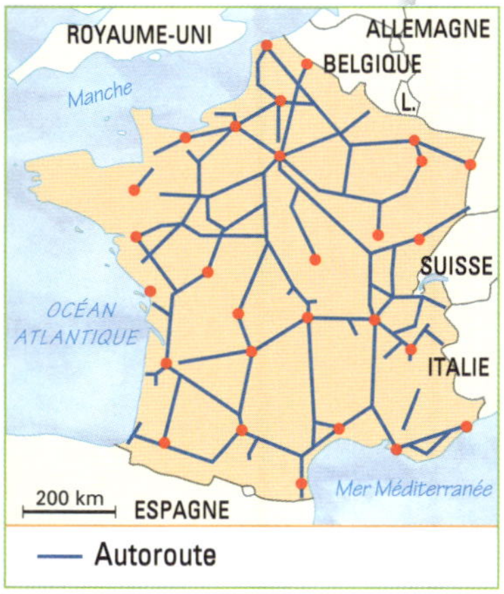

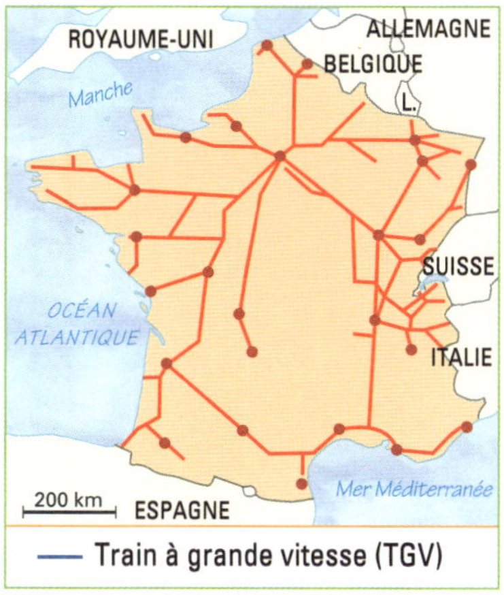

2. Je les interprète.

Les réseaux autoroutiers et TGV **forment comme une étoile autour de Paris**. Ils sont **presque inexistants entre les autres métropoles**. **À l'Est et au Nord**, ils sont **plus développés pour rejoindre les pays frontaliers.**

Je m'entraine

1 Écris les mots sous leur définition.

réseau de transport – pollution sonore – trafic – pollution atmosphérique – mode de transport

a. L'ensemble des circulations des transports : ....

b. La diminution de la qualité de l'air, causée notamment par les transports et les industries : ....

c. L'ensemble des voies utilisées par un transport : ....

d. Un ensemble de bruits qui nuisent à la vie, voire à la santé de l'homme : ....

e. Le moyen par lequel on se déplace : ....

2 En t'aidant des cartes de la page précédente, réponds aux questions.

a. Dans quelle partie de la France, les réseaux de transports sont-ils insuffisants ? ....

b. Quel obstacle naturel explique qu'il y a moins d'autoroutes et de TGV dans cette partie ? ....

c. Vers quelle ville se dirigent la plupart des voies de communication ? ....

d. Pourquoi peut-on dire que Paris est un nœud des réseaux de transport ? ....

e. Quel lien existe entre les pays frontaliers et le développement des réseaux de transport à l'Est de la France ? ....

3 Lis le tableau puis réponds à l'oral.

PARIS-LYON	en voiture	en TGV trajets vers et depuis la gare compris	en avion trajets vers et depuis l'aéroport + enregistrement compris
temps total	5 h pauses comprises	3 h	3 h 30
cout total	70 € carburant + péages	35 €	60 €

a. Quel est le mode de transport le plus rapide ?

b. Quel est le mode de transport le plus onéreux ?

c. Pour quelles raisons faut-il mieux choisir le TGV si on est seul ?

d. Pour quelle raison choisir la voiture pour une famille de 4 personnes ?

Super exercice

Complète les phrases avec les mots proposés.

maritimes – routiers – ferroviaires – polluants – utilisés – transforment – aériens

a. Les transports roltiers sont les plus utilisés en France.

b. Ils sont très polluants, comme les transports aériens.

c. Les transports maritimes transforment les paysages.

d. Les transports .... sont les moins ....

Corrigés et conseils parents p. 38 du guide.

Ton évaluation sur ce chapitre

3 Se déplacer en Europe

Je retiens l'essentiel

OBJECTIF
→ Connaitre les modes et réseaux de transports utilisés en Europe.

JE SAIS DÉJÀ
✔ **Identifier les modes et réseaux de transports utilisés pour les déplacements en France.**

SUPER MÉMO
En Europe, les réseaux de transport sont essentiellement développés dans la mégalopole.

En Europe, les réseaux de transports sont surtout développés dans une zone appelée **la mégalopole européenne.**

Cette zone fortement urbanisée et peuplée concerne les pays les plus riches : **le Royaume-Uni, la Belgique, le Luxembourg, les Pays-Bas, l'Allemagne, la Suisse, la France et l'Italie.**

- **Des autoroutes** ou **des lignes de trains à grande vitesse** (LGV) relient les métropoles de ces pays entre elles. **Les aéroports les plus fréquentés** sont ceux de Londres, de Paris, de Francfort et de Milan.
- **Mais les embouteillages sont nombreux et la pollution considérable** dans cette zone. Les tunnels qui traversent les Alpes, fragilisent les montagnes et posent des problèmes de sécurité.
- **En France**, les **axes autoroutiers** permettent de rejoindre rapidement les pays frontaliers. Des **TGV** relient le pays à ceux de la mégalopole européenne. La France possède aussi **7 aéroports internationaux** pour se rendre à l'étranger.
- **Dans le reste de l'Europe**, en dehors de la mégalopole européenne, les conditions climatiques, le relief, mais surtout des raisons économiques freinent le développement des réseaux de communication.

Je sais comment faire

▷ Pour situer la mégalopole européenne

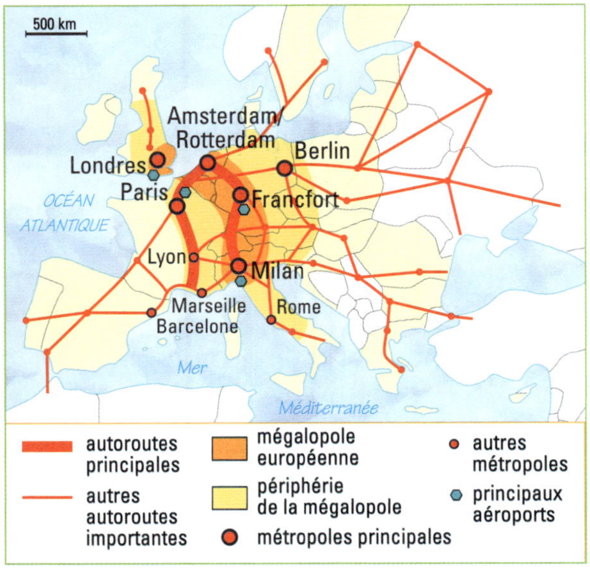

1. Je lis la carte.

- Je repère **les métropoles européennes** ciblées par des ronds marron : les plus grands correspondent aux villes les plus importantes.
- Je remarque l'emplacement **des autoroutes les plus empruntées** ainsi que **les principaux aéroports.**
- J'observe les limites de **la mégalopole européenne** en orange ainsi que celles de sa périphérie en jaune.

2. J'interprète.

La mégalopole s'étend de Londres à Milan en passant, en France, par la vallée du Rhône. Elle a **la forme d'une banane**. Elle correspond à **la zone la plus riche où les réseaux de transports sont les plus développés.** Dans sa périphérie, l'activité est aussi importante.

Je m'entraine

1 Coche les pays de la mégalopole européenne.

☒ France	☒ Pays-Bas
☒ Suisse	☐ Portugal
☐ Hongrie	☒ Royaume-Uni
☒ Allemagne	☒ Belgique
☐ Espagne	☐ Portugal
☒ Italie	☐ Luxembourg

2 Indique ce qui caractérise la mégalopole.

a. Réseau autoroutier très développé. ✓
b. Peu de lignes ferroviaires à grande vitesse.
c. Des embouteillages ✓.
d. Pureté et qualité de l'air.
e. Grande activité économique.
f. Peu de liaisons routières.
g. Fluidité du trafic.
h. Aéroports les plus fréquentés. ✓
i. Liaisons de Train à Grande Vitesse. ✓
j. Activité économique modérée.
k. Pollutions atmosphérique et sonore. ✓

Les caractéristiques de la mégalopole sont : A, C, H, I, K

3 Lis le tableau et réponds aux questions.

nom du train à Grande Vitesse	principales villes desservies depuis Paris
Thalys	Bruxelles, Liège, Anvers Amsterdam, Rotterdam Cologne, Düsseldorf
Eurostar	Londres
Lyria	Genève, Lausanne, Bâle

a. Recherche le nom des quatre pays desservis par le Thalys.
Londres Genève Lausanne Bâle

b. Quel est le train qui permet de rejoindre la Suisse ?

c. À ton avis, par quel moyen l'Eurostar traverse-t-il la Manche pour rejoindre Londres ?
Par des tunnels

d. Pourquoi peut-on dire que la France est bien connectée aux autres pays ?

Super exercice

Écris V (Vrai) ou F (Faux).

a. Les transports sont très développés dans la mégapole. V
b. Il y a beaucoup d'autoroutes dans la mégalopole parce qu'il n'y a ni avion ni train. F
c. Les liaisons les plus développées sont celles qui relient l'est à l'ouest. F
d. Le relief est un des obstacles à la construction d'une autoroute. V
e. Les pays européens hors mégapole ne peuvent pas développer leurs réseaux routiers parce que cela coute cher. F
f. La France est reliée à tous les pays européens par le rail (le train). V
g. La France est bien connectée aux pays frontaliers. V
h. La mégalopole a la forme d'une citrouille. F

4 Se déplacer dans le monde

Je retiens l'essentiel

OBJECTIF

→ Connaitre les modes et réseaux de transports utilisés dans le monde.

JE SAIS DÉJÀ

✔ **Identifier les modes et réseaux de transports utilisés pour les déplacements en Europe.**

SUPER MÉMO

Les moyens de transport utilisés dépendent essentiellement de la richesse du pays.

Des hommes et des femmes voyagent dans le monde **pour leurs activités professionnelles** ou **en tant que touristes**. Mais seuls les plus aisés ont les moyens de le faire. Les **déplacements internationaux** s'effectuent donc majoritairement **depuis les pays les plus riches, en avion.**

- Les **modes de transports** varient d'un pays à l'autre. Ils **dépendent** essentiellement **de la richesse du pays**. La marche à pied est le moyen le plus économique. D'autres transports comme le vélo, la mobylette, la charrette, mais aussi le car ou le taxi collectif peuvent être utilisés. Le bateau peut également être emprunté dans certains archipels ou zones fluviales.
- **Dans les pays riches, les réseaux de transports** sont **développés.** La plupart des équipements sont **modernes et entretenus.**
- **Dans les pays pauvres, les réseaux de transports** relient les villes principales, délaissant les zones moins peuplées. Mais **à l'image des équipements** (train, voiture, car, vélo…), ils **sont souvent en mauvais état**, provoquant de fréquents accidents.

Je sais comment faire

▷ Pour décrire et interpréter des photos

Un taxi brousse au Burkina Fasso

Un char à bœufs au Cambodge

1. Je décris les photos.

- Sur la 1re photo, j'observe **un véhicule rempli de passagers**, avec **une montagne de bagages sur le toit**.
- Sur la 2de photo, deux hommes se déplacent à l'aide **d'une charrette tirée par deux bœufs.**

2. J'interprète ces photos.

Dans certains pays d'Afrique, **le taxi collectif** est très souvent **utilisé pour voyager à prix raisonnable. Avec l'état des routes et des véhicules, les pannes et accidents sont fréquents.**

Au Cambodge, les paysans se déplacent souvent en **charrette**. C'est lent et **peu confortable en cas d'intempéries**. Par contre, c'est **économique** et les propriétaires peuvent effectuer eux-mêmes les réparations.

Je m'entraine

1 Numérote ces modes de transport du plus économique au plus couteux.

2 a. un pousse-pousse

b. la marche à pied 1

4 c. une voiture

d. un scooter 3

5 e. un avion

2 Écris V (Vrai) ou F (Faux).

a. Le développement et la qualité des réseaux de transports sont des indicateurs de richesse d'un pays. V

b. Dans les pays pauvres, les moyens de déplacement sont le plus souvent économiques. V

c. Il y a des réseaux de transport dans tous les pays du monde. F

d. Dans certains coins du monde, on utilise encore des charrettes pour se déplacer. V

e. Les routes sont souvent en mauvais état en Afrique. V

f. Plus une route est en mauvais état, moins il y a de risque d'accidents F

g. La plupart des voyageurs à travers le monde travaillent ou sont des touristes. V

Le trafic aérien mondial

3 Observe la carte et réponds à l'oral.

a. Que représente la carte ?

b. Dans quel hémisphère la densité du trafic est-elle la plus importante ?

c. Quels sont les pays concernés par un fort trafic aérien ?

d. Sur quels continents y a-t-il moins de voyages en avion ?

e. Qu'est-ce que cela indique en termes de richesse pour ces pays ?

Super exercice

Complète les phrases avec les mots ou groupes de mots proposés.

pays pauvres – pays riches – transports

a. Les transports varient d'un pays à l'autre.

b. Dans les pays riches, les transports et les réseaux sont entretenus et modernes.

c. Dans les pays pauvres, les voies de transports et les véhicules sont souvent en mauvais état.

Corrigés et conseils parents p. 38 du guide.

Ton évaluation sur ce chapitre

5 Un monde de réseaux

Je retiens l'essentiel

OBJECTIF
→ Comprendre le fonctionnement d'Internet et en connaitre les infrastructures matérielles.

JE SAIS DÉJÀ
✔ **Identifier quelques fonctionnalités d'Internet.**

SUPER MÉMO
Internet est un monde de réseaux auquel on accède à plusieurs conditions.

L'amélioration de la technologie a fait progresser **la téléphonie** et **l'informatique, ce qui** a donné naissance à **Internet** au début des années 1990.

- C'est **un réseau** qui ressemble à **une toile d'araignée.** Il **permet de relier les ordinateurs entre eux dans le but d'échanger des données** (vidéo, musique, images, texte…). Ces données circulent sous forme numérique très vite et quasiment en temps réel.
- On peut **communiquer** par écrit, par audio ou par vidéo, **échanger des fichiers** ou **accéder à de l'information**.
- **Pour avoir accès à Internet**, les usagers doivent **s'équiper de machines puissantes** (ordinateurs, smartphones, tablettes…) et **payer un abonnement** à une entreprise de téléphonie qui se charge de les relier au réseau.

Étant donné que les données traitées par Internet, notamment les vidéos, sont toujours plus nombreuses et prennent de plus en plus de place, **seules les connexions comme la fibre ou l'ADSL haut débit permettent des accès rapides**. Elles ne sont cependant pas disponibles partout.

Je sais comment faire

▷ Pour comprendre le schéma du réseau Internet

■ Le réseau Internet

1. Je décris le schéma.

- J'observe les objets qui sont représentés. Je comprends que les ordinateurs, les tablettes, les smartphones et les montres sont **des objets susceptibles d'être connectés au réseau Internet.**
- Lorsqu'ils accèdent au réseau, les objets sont alors reliés à tous les autres un à un.

2. J'interprète le schéma.

Les connexions à Internet s'entrecroisent et **forment un réseau qui ressemble à une toile d'araignée ou à un filet.** Chaque objet connecté représente un des nœuds. Dès qu'un objet interrompt son accès à Internet, cela n'affecte pas les autres connexions. **Internet ne s'arrête jamais.**

Je m'entraine

1 Associe les mots à leur définition.

box ○ ○ science du traitement automatique de l'information

informatique ○ ○ technique de transmission des sons à distance

téléphonie ○ ○ appareil utilisé pour la transmission des données

2 Qu'est-ce qui a permis la naissance d'Internet ?

L'informatique

3 Observe le schéma et place les mots suivants.

ordinateur – opérateur téléphonique – smartphone – opérateur téléphonique

a. ordinateur

b. operateur téléphonique

c. operateur téléphonique

d. smartphone

4 Lis le texte et réponds aux questions.

Tout a commencé en 1969 lorsque des militaires américains créent une technologie permettant de décomposer un message depuis un ordinateur avant de le recomposer sur un autre ordinateur. Ils mettent au point un réseau avec plusieurs nœuds, pour éviter que tout puisse être détruit d'un seul coup.

a. En quelle année a été inventée la technologie permettant d'envoyer un message à distance ?

1969

b. Qui l'a inventée ?

les américains

c. De quand date la naissance d'Internet ?

82 ans

d. Pour quelle raison le réseau Internet a-t-il été conçu avec plusieurs nœuds ?

pour ne pas tout perdre

e. Que se passe-t-il si un des nœuds s'arrête ou est détruit ?

on perd tout

Super exercice

Écris V (Vrai) ou F (Faux).

a. Ce sont des militaires américains qui ont trouvé le moyen d'envoyer un message numérique. V

b. Les liaisons à Internet se font soit par des câbles téléphoniques soit par les ondes. V

c. Si une personne arrête de se connecter, Internet ne fonctionne plus. F

d. Le réseau Internet ressemble à une étoile. F

e. La fibre est un moyen d'accéder à Internet en haut débit. V

Géographie

Corrigés et conseils parents p. 38 du guide.

Ton évaluation sur ce chapitre

6 Un habitant connecté au monde

Je retiens l'essentiel

OBJECTIF

→ Comprendre qu'Internet définit un nouvel espace-temps et questionne la citoyenneté.

JE SAIS DÉJÀ

✔ **Comprendre le fonctionnement d'Internet.**

SUPER MÉMO

Internet offre de nombreuses possibilités qui changent la manière de vivre des hommes.

Internet change la manière de vivre des hommes.

- **À partir de différents objets connectés,** ils peuvent avoir accès aux informations sans attendre et communiquer avec quelqu'un à l'autre bout du monde en direct. L'espace et le temps se réduisent : **tout devient proche et immédiat.** Internet réduit la taille de la Terre à celle d'un village où **tout peut se savoir rapidement et facilement.**

Une tablette

- **Grâce à Internet**, les hommes peuvent **réaliser la quasi-totalité de leurs activités** dans ce qu'on appelle le cyberespace : travailler, assister à des réunions, suivre des cours, réaliser des démarches administratives, jouer, consommer, visiter...
- Les internautes peuvent également communiquer et **participer à un ou plusieurs réseaux sociaux.** Ils tissent des liens de façon groupée avec des personnes avec lesquelles ils ont des affinités, voire des valeurs en commun, quels que soient leur pays ou leur nationalité. Les frontières tombent avec Internet. On parle d'ailleurs de **la communauté des internautes** comme on parlerait des habitants d'un même pays.

Je sais comment faire

▷ Pour lire et interpréter un diagramme en barre

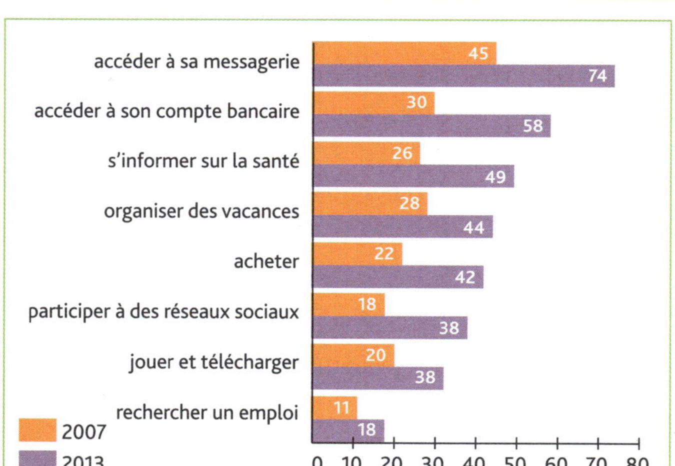

Utilisation d'Internet par les Français

1. Je comprends le diagramme.

- **J'associe les barres aux années** 2007 et 2013 en fonction des couleurs.
- **Je repère les différents usages** et une augmentation importante du nombre de Français pour chaque catégorie.

→ En 2007, 28 % des Français utilisaient Internet pour organiser leurs vacances, contre 44 % en 2013.

2. J'interprète le diagramme.

Beaucoup de Français ont accès à Internet. **Ils l'utilisent de plus en plus pour leurs activités quotidiennes.** Certains usages ont explosé comme la participation à des réseaux sociaux ou l'accès au compte bancaire.

Je m'entraine

1 Coche tout ce qu'on peut faire avec Internet.

a. ☒ échanger des photos.
b. ☒ regarder la télévision.
c. ☐ se laver.
d. ☒ envoyer des courriers électroniques.
e. ☐ faire la cuisine.
f. ☒ demander un acte de naissance.
g. ☒ jouer aux jeux vidéo contre quelqu'un.
h. ☒ acheter de la nourriture.
i. ☐ offrir des fleurs.
j. ☐ nager.
k. ☒ trouver une recette de cuisine.
l. ☒ communiquer avec une personne par liaison vidéo.

2 Lis le tableau puis réponds aux questions.

quelques dangers d'Internet	quelques règles d'utilisation
– Intrusion dans la vie privée (rumeur, histoire…). – Contenus violents. – Personnes mal intentionnées. – Informations inexactes. – Jeux d'argent.	– Informer les parents de sa connexion. – Ne jamais donner son nom, son adresse, son téléphone, sa photo. – Utiliser un pseudonyme. – Ne pas accepter de rendez-vous. – N'écrire ni menace, ni insulte, ni grossièreté. – Ne pas transmettre une rumeur.

a. Quelle est la première règle à respecter ? informer les parents quand on se connecte

b. Pourquoi ne faut-il pas accepter de rendez-vous ? par car on ne connait pas la personne.

c. Pourquoi ne faut-il pas transmettre son adresse ou son téléphone ? ……………………

d. Est-il important de ne pas transmettre une rumeur sur quelqu'un ? non

e. À ton avis, pourquoi faut-il suivre ces règles ? Pour ne pas être en danger ?

3 Réponds à l'oral.

a. Pourquoi dit-on que les distances se sont réduites avec Internet ?

b. Pourquoi dit-on qu'Internet raccourcit le temps ?

c. Pourquoi Internet est-il comparé à un village ?

d. Pourquoi le nombre d'internautes augmente-t-il ?

e. Quelle est la première activité des Français sur Internet ?

Super exercice

Écris les mots à côté de leur définition.

télétravailler – objets connectés – réseau social – internaute – cyberespace

a. Ensemble d'individus qui communiquent selon leurs affinités. réseau social

b. Utilisateur d'Internet. internautes

c. Espace qui réunit les internautes et les informations numériques accessibles. cyberespace

d. Travailler à distance de son bureau, de son entreprise. télétravailler

e. Objets permettant d'accéder à Internet (montres, smartphones, tablettes…). objets connectés

Géographie

7 Les inégalités d'accès à Internet

Je retiens l'essentiel

OBJECTIF
→ Comprendre que tout le monde n'a pas les mêmes chances d'accès à Internet.

JE SAIS DÉJÀ
✔ Identifier les différents usages d'Internet.

SUPER MÉMO
Il existe des inégalités d'accès à Internet entre les pays mais aussi à l'intérieur d'un même pays.

Un cybercafé

En 2015, le nombre d'internautes est de 3 milliards, soit 42 % de la population mondiale. **Tout le monde n'a donc pas encore accès à Internet.** Et **à l'intérieur même de chaque pays, des inégalités existent.**

- **Les pays riches,** comme les États-Unis, le Canada, les pays d'Europe, le Japon et l'Australie, regroupent **la plus grande partie des internautes**. Mais les personnes les plus âgées ou les plus défavorisées ne sont pas toutes connectées.
- **D'autres pays** situés en Afrique, en Amérique du Sud ou en Asie **restent à l'écart de cet outil de communication et de savoir**.

  Même en Inde et en Chine où les connexions sont nombreuses, la grande majorité de la population n'a pas accès à Internet.
- C'est avant tout **l'absence de moyens financiers** qui empêche la connexion. Les équipements et raccordements coutent très cher et il existe d'autres priorités comme l'alimentation ou l'habitat.

  Mais certains États, des dictatures, interdisent également l'accès à Internet **pour des raisons politiques ou religieuses**. Ils préfèrent isoler les populations du reste du monde pour continuer à les diriger et garder le contrôle.

Je sais comment faire

▷ Pour lire et interpréter un graphique

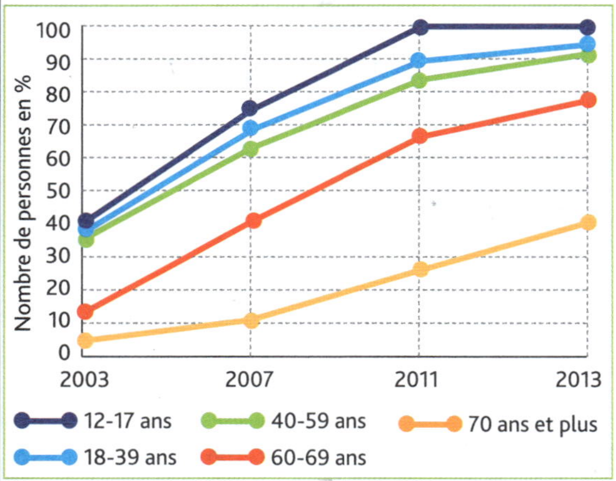

Personnes connectées à Internet selon l'âge

1. **J'observe le graphique.**
   - **J'attribue les couleurs à chaque tranche d'âge.** Puis je lis le pourcentage de personnes connectées en fonction des années.

     → En 2007, 40 % des personnes âgées de 60 à 69 ans étaient des internautes.
   - **J'observe l'évolution des courbes** et je remarque qu'elles augmentent toutes avec le temps.
2. **J'interprète ce graphique.**

   Il y a **de plus en plus de personnes connectées en France**. Les personnes **les plus jeunes ont toujours été les plus nombreuses.** Mais cet écart tend à diminuer, puisque **le nombre des internautes les plus âgés explose** alors que les autres tranches d'âge stagnent.

Je m'entraine

1 Coche les raisons pour lesquelles l'accès à Internet ne se fait pas.

a. ❑ Le relief empêche les ondes de passer.
b. ☒ Les habitants n'ont pas de téléviseur.
c. ☒ Les zones ne sont pas ou peu peuplées.
d. ☒ Le raccordement au réseau est couteux.
e. ❑ Les personnes ont des smartphones mais pas d'ordinateur.
f. ☒ Les équipements (ordinateurs, smartphones…) sont chers.
g. ☒ Les habitants ne peuvent payer un abonnement à Internet.

2 Observe la photo de la page précédente et réponds aux questions.

a. Cherche dans ton dictionnaire ce qu'est un cybercafé. un café ou il y a des ordinateurs

b. Pour quelle raison utilise-t-on ce lieu ? Pour pouvoir se connecté a internette

c. Quels sont les inconvénients par rapport à une utilisation à la maison ? ....

3 En t'aidant de cette carte, réponds aux questions.

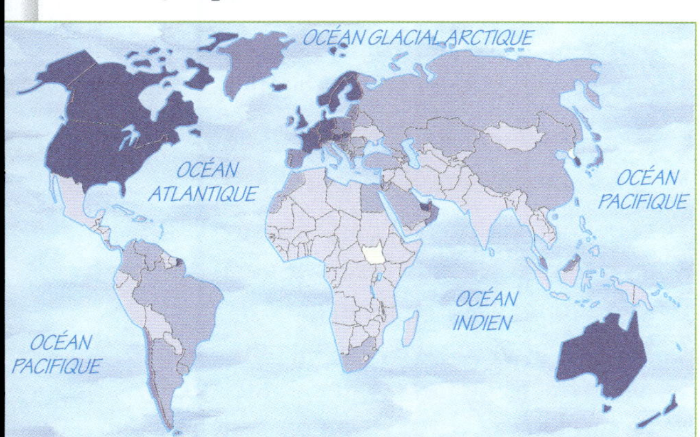

En % | 0 à 40 | 40 à 60 | 60 à 80 | 80 à 100 | absence de données

■ Pourcentage d'internautes par pays

a. Sur quels continents se situent les pays qui n'ont pas ou peu accès à Internet (moins de 40 %) ? L'afrique est l'asie

b. Quels sont les pays qui comptent le plus d'internautes ? oustralie france le haut de l'amerique

c. Dans quel hémisphère se trouvent-ils principalement ? océanie, Amerique

d. Pourquoi les pays ayant le plus d'internautes sont-ils les mêmes que ceux qui ont le trafic aérien le plus important (voir p. 173) ? ....

e. Donne plusieurs raisons pour lesquelles certains pays n'ont pas accès à Internet. ~~pauvreté~~ Ils sont pauvre la dictature ça coute chèr

Super exercice

Écris V (Vrai) ou F (Faux).

a. Les cybercafés sont des endroits où les clients peuvent avoir accès à Internet sans être équipés. V

b. Le relief n'empêche pas la connexion au cyberespace. V

c. L'accès à Internet est un des indicateurs de la richesse d'un pays. F

d. Les pays pauvres n'ont pas ou peu accès à Internet. V

e. Toutes les personnes d'un pays ont les mêmes conditions d'accès à Internet. V

f. En 2015, plus de la moitié de la population mondiale ne peut pas se connecter. F

Géographie

8 Cohabiter en ville avec la nature

Je retiens l'essentiel

OBJECTIF
→ Comprendre que l'amélioration du cadre de vie et la protection de l'environnement sont des préoccupations actuelles.

JE SAIS DÉJÀ
✔ Caractériser les espaces urbains et leurs fonctions.

SUPER MÉMO
Plusieurs actions sont mises en place pour cohabiter avec la nature en ville.

Afin d'avoir un cadre de vie plus apaisant et plus sain, les hommes cherchent de plus en plus à **faire cohabiter la nature et la ville.**
L'idée est de **diminuer les désagréments de la ville tout en préservant les avantages de la nature**. Plusieurs actions sont mises en place.

- **La nature occupe davantage d'espace, mais surtout elle** n'est plus domestiquée et **redevient sauvage.** Cela permet le retour d'espèces variées et résistantes.
- **Les traitements** apportés aux végétaux sont **plus respectueux de l'environnement. L'eau de pluie est récupérée** pour l'arrosage.
- **Les habitants sont encouragés à changer de comportement**. Ils sont incités à recycler, à économiser l'eau ou bien à changer de mode de transport.
- De nombreuses pistes cyclables et des zones interdites aux voitures permettent de **diminuer les pollutions atmosphérique et sonore**.
- **Les nouveaux bâtiments sont mieux isolés et consomment moins d'énergie.** Les toits de certains immeubles sont végétalisés. En plus d'être agréables à regarder, ces plantations permettent de réguler naturellement la température des logements.

MIEUX HABITER

Je sais comment faire

▷ Pour comprendre le fonctionnement d'un écoquartier

Un **écoquartier** est un quartier où la nature cohabite de manière intelligente avec la ville. Il améliore les espaces verts 1. Il utilise des énergies renouvelables nécessaires aux différentes activités 2. Il privilégie les déplacements non polluants 3, valorise les déchets produits 4, et prévoit un système pour récupérer l'eau de pluie 5.

1. J'observe le dessin.

- J'associe les numéros du dessin aux différents endroits décrits dans le texte.
- Je remarque les voitures garées en dehors de la zone d'habitation.

2. Je comprends les avantages et inconvénients d'un écoquartier.

L'écoquartier permet de **préserver** de manière efficace **l'environnement et** d'**économiser les énergies**.
Mais c'est un **quartier avec peu de passage de personnes extérieures, ce qui limite l'installation de commerces en nombre**. Sa construction revient très cher et **tout le monde ne peut** donc **pas y vivre.**

Je m'entraine

1 Écris les groupes de mots sous leur définition.

énergie renouvelable – énergie non renouvelable

a. C'est une énergie inépuisable et propre, c'est-à-dire qu'elle ne produit pas ou peu de déchets.

énergie renouvlable

b. C'est une énergie extraite du sous-sol (fossile), polluante, qui s'épuise et peut disparaitre.

énergie non renouvlable

2 Indique les sources d'énergie renouvelables et non renouvelables.

a. le pétrole

b. l'uranium

c. le vent (une éolienne)

d. le soleil (un panneau solaire)

e. le charbon

f. l'eau (un barrage)

g. le gaz

h. la chaleur de la terre (une centrale géothermique)

Les sources d'énergies non renouvelables sont :
a, B, E, G

Les sources d'énergies renouvelables sont :
c, d, F, H

3 Réponds aux questions.

a. Quel est le type d'énergie le moins polluant ? renouvelable

b. Dans un écoquartier, quels équipements utilisant des énergies renouvelables peut-on utiliser ? panneau solaire, une éolienne

c. Quels sont deux des avantages de ces installations ? c'est écolo

d. Que faut-il pour que ces équipements fonctionnent ?

e. Quels transports les hommes peuvent-ils utiliser pour moins polluer ? vélos, skatte, roller, trotinette, marche à pied

f. Quelles sont les autres actions mises en place dans un écoquartier pour préserver l'environnement ?

Super exercice

Coche les situations qui permettent de mieux vivre avec la nature en ville.

a. ☐ L'homme fait pousser des pelouses bien vertes et aligne les arbres.

b. ☐ De nouvelles routes sont créées.

c. ☑ L'eau de pluie est récupérée.

d. ☑ Les bâtiments sont construits avec des matériaux isolants.

e. ☑ La voiture est interdite dans certains quartiers.

f. ☐ Les fuites d'eau ne sont pas réparées.

g. ☑ Les espèces végétales poussent librement.

h. ☑ Des panneaux solaires ou des éoliennes sont installés.

i. ☐ Les immeubles sont mal isolés et laissent échapper l'énergie.

j. ☐ On utilise le gaz ou le fuel.

Géographie

9 Recycler

Je retiens l'essentiel

OBJECTIF
→ Comprendre l'importance du tri des déchets.

JE SAIS DÉJÀ
✔ **Identifier des actions pour mieux vivre avec la nature.**

SUPER MÉMO
Le tri et la valorisation des déchets préservent l'environnement et font des économies.

La production de **déchets** augmente chaque année. **Afin de réduire les impacts sur la vie quotidienne et l'environnement,** il est important de les **trier** et de les **valoriser**.

- Certains **peuvent être recyclés**, c'est-à-dire utilisés pour fabriquer de nouveaux produits. Le recyclage **permet de moins polluer** mais aussi **de préserver les ressources naturelles**. C'est aussi **un moyen de faire des économies**, puisqu'il n'y a pas à payer les matières premières.
- Les **déchets qui ne peuvent être recyclés** sont acheminés dans des usines d'incinération. La chaleur produite lors de la combustion peut être transformée **en énergie électrique et en chauffage**.
- Mais le tri concerne aussi **les vêtements, jouets, appareils électroménagers et meubles**… qui **peuvent être réparés et réutilisés** par d'autres personnes.

Pour aider à l'acheminement des déchets vers les bonnes filières, il existe **différents bacs de tri**.

Je sais comment faire

▷ Pour analyser et comprendre un tableau

	→ verre coloré		1 tonne de verre trié et recyclé = 2 500 bouteilles de verre de 75 cL
	→ carton d'emballage, enveloppe, essuie-tout…		150 kilos de journaux = 60 rouleaux de papier cadeau
	→ tubes, tuyaux, chaises, tabourets…		3 500 bouteilles de lait = 1 chaise longue
	→ chariots, tirebouchons, outils de bricolage…		19 000 boites de conserve = la carrosserie d'une voiture

■ Le recyclage des déchets

1. Je décris les parties du tableau.

- À gauche, il y a les déchets recyclables. Après la flèche, se trouvent les objets recyclés. À droite figurent des équivalences entre des quantités de déchets et le nombre d'objets valorisés produits à l'aide de ces déchets.

2. J'interprète le tableau.

Le verre, le carton, le papier, le plastique, mais aussi **l'aluminium** et **l'acier** peuvent être recyclés. À partir de ces déchets, on fabrique de nouveaux objets qui sont **des produits valorisés.**

Je m'entraine

1 Réponds aux questions en t'aidant du tableau.

matières premières	matériaux fabriqués
pétrole	plastique
bois	papier, carton
charbon	acier
sable	verre

a. Que peut-on fabriquer avec le bois ?
charbon, carton

b. Avec quoi est fabriqué le verre ?
du sable

c. Que peut-on fabriquer avec le charbon ?
du fer

d. Avec quoi est fabriqué le plastique ?

e. Où se trouvent les matières premières ?
dans les magasins

f. Que peut-on dire du stock de ces matières ?

g. Que permet le recyclage vis-à-vis de ces matières ?
~~être écolo~~
fabrique d'autre chose

2 Observe le diagramme et réponds aux questions.

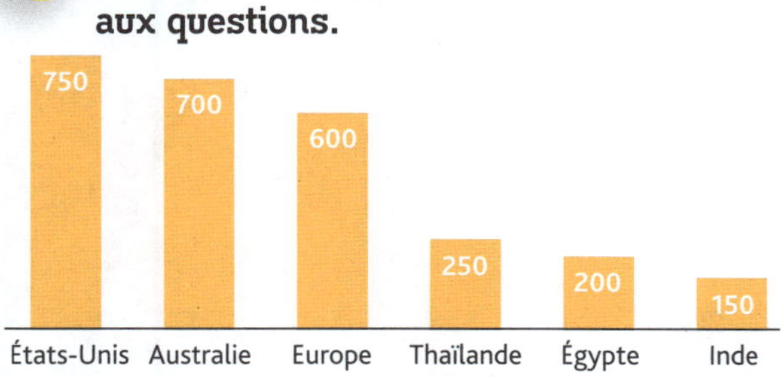

■ Quantité (en kilogrammes) de déchets par personne et par an

a. Que représente ce diagramme ?
la masse des déchets

b. Combien de kilogrammes de déchets produit un Thaïlandais en 1 an ?
250 kg

c. Combien de kilogrammes de déchets produit un Australien en 1 an ?
700 kg

d. Quels sont les pays qui produisent le plus de déchets ?
Les États-unis et l'Australie

e. À ton avis, pourquoi les pays les plus riches produisent-ils plus de déchets ?
Plus de mondes

Super exercice

Écris V (Vrai) ou F (Faux).

a. Tous les déchets sont recyclables. F

b. Le verre, l'acier, le plastique et le papier peuvent être recyclés. V

c. Il faut trier les déchets pour que certains soient recyclés. V

d. Tous les Français ont les moyens de recycler. V

e. La combustion permet de fabriquer de nouveaux produits. F

f. Il faut 3 400 bouteilles de lait pour fabriquer une chaise longue. F

g. Les pays pauvres produisent plus de déchets. F

h. Plus on consomme, plus on produit de déchets. V

i. Trier permet de moins polluer et de faire des économies. V

Corrigés et conseils parents p. 39 du guide.

Ton évaluation sur ce chapitre

Sciences et technologie

		DATE	ÉVALUATION
LE VIVANT, SA DIVERSITÉ ET SES FONCTIONS			
1 La classification des êtres vivants et la biodiversité	186		
2 Les interactions entre les êtres vivants	188		
3 La respiration	190		
4 La circulation et l'excrétion	192		
MATIÈRE, MOUVEMENT, ÉNERGIE			
5 Des corps dissous	194		
6 Transmission du mouvement	196		
7 Les sources d'énergie	198		
LA TERRE, L'HOMME ENVIRONNEMENT			
8 Les économies d'énergie	200		
9 Risques et nuisances liés à l'énergie	202		
10 Pollution et traitements de l'eau	204		
11 Les volcans et les risques pour les sociétés humaines	206		
12 Les séismes et les risques pour les sociétés humaines	208		

1 La classification des êtres vivants et la biodiversité

Je retiens l'essentiel

OBJECTIF

→ Connaitre les principes de la classification des êtres vivants et l'importance de la biodiversité.

JE SAIS DÉJÀ

✔ **Il existe une très grande variété d'espèces animales et végétales.**

▷ Classer le vivant

Il existe une très **grande diversité** d'êtres vivants : des **bactéries**, des **champignons**, des **végétaux** et des animaux.
Près de 2 millions d'espèces sont connues mais on pense qu'il en existe 100 fois plus.
Voulant mettre de l'ordre et les classer, les scientifiques ont cherché des ressemblances ou pris en compte le milieu de vie par exemple.

▷ La biodiversité en danger

La menace est surtout causée par l'homme, avec la **destruction des milieux**, la **pollution**, la **surexploitation** par la pêche ou la chasse et le **braconnage**.

Je sais comment faire

SUPER MÉMO

Dans leur grande diversité, les êtres vivants ont des caractères communs qui permettent de les classer.

▷ Pour réaliser une classification

Pour classer les vertébrés, on a d'abord considéré la **présence d'une colonne vertébrale**. Ensuite c'est le squelette osseux ou cartilagineux qui a fait la distinction puis le fait d'avoir quatre pattes, etc.
On distingue ainsi 8 groupes ou classes.

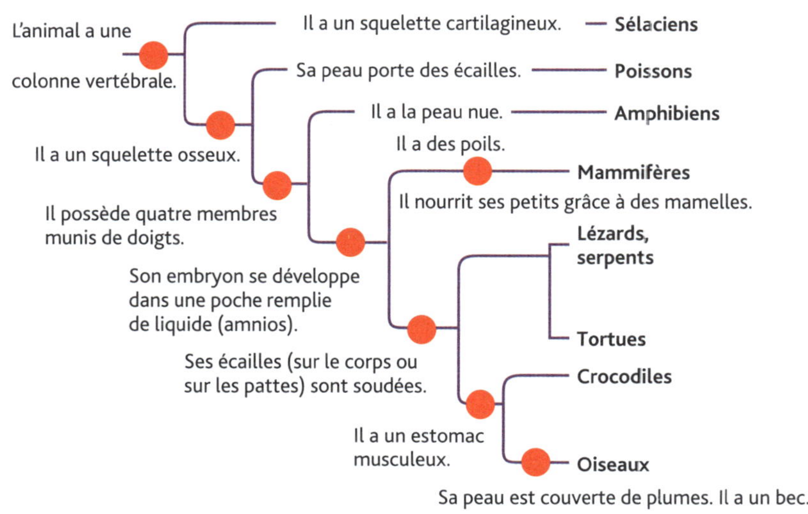

Je m'entraine

1 Coche la ou les bonne(s) réponses.

a. Combien d'espèces pense-t-on qu'il existe sur Terre ?

❑ deux millions ❑ 200 millions ❑ un milliard

b. L'homme assure une protection des animaux suffisante.

❑ vrai ❑ faux

c. La déforestation provoque la disparition de nombreux animaux.

❑ vrai ❑ faux

d. Quelle caractéristique une grenouille et un crocodile ont-ils en commun ?

❑ des écailles
❑ un estomac musculeux
❑ un squelette osseux

e. Quelle caractéristique est commune à tous les vertébrés ?

❑ des poils
❑ une colonne vertébrale
❑ un squelette osseux

2 Réponds aux questions.

a. Comment fait-on pour classer les animaux ?
b. Qu'est-ce que la biodiversité ?
c. Cite deux situations qui menacent la biodiversité ?

3 Qui suis-je ? Lis la suite d'informations et dis à quel animal elles correspondent.

a. J'ai un squelette osseux et quatre membres. Mon estomac musculeux (ou gésier) me permet de manger des graines. Mes pattes ont des écailles. Ma peau porte des plumes et je possède un bec.
b. J'ai une colonne vertébrale et un squelette cartilagineux. Je vis dans l'eau où je suis craint de tous les autres animaux.
c. J'ai un squelette osseux et quatre membres. Ma peau est nue. Je vis le plus souvent dans l'eau mais je peux en sortir pour chasser des insectes.

4 Lis les textes (a. à g.) puis associe à chaque animal la ou les menace(s) qui pèsent sur lui (numéros 1 à 5).

La biodiversité menacée

a. L'ours polaire vit au pôle Nord, il est menacé par la fonte de la banquise.
b. En vingt ans, 80 % des ressources en thon rouge ont disparu des mers et océans.
c. Le gorille des montagnes est chassé pour sa viande mais aussi son crâne et ses mains. La déforestation le prive de son habitat.
d. Les pandas géants vivent en Chine, dans les forêts de bambous, son alimentation de base. Mais celles-ci sont détruites.
e. Le frelon asiatique est un prédateur féroce pour les abeilles. Dix frelons asiatiques peuvent décimer une ruche entière.
f. L'orang-outan de Bornéo est menacé par l'exploitation de son habitat naturel.
g. La tortue Luth, la plus grande espèce de tortue marine, est menacée car elle mange le plastique rejeté par millions de tonnes dans les océans.

Les principales menaces qui pèsent sur la biodiversité

1. La destruction et la dégradation de l'habitat
2. La surexploitation (pêche, braconnage...)
3. La pollution
4. L'invasion d'espèces étrangères
5. Le changement climatique

a. .... **b.** .... **c.** .... **d.** .... **e.** .... **f.** .... **g.** ....

Super exercice

Lis les caractéristiques des animaux et entoure en rouge celles de la grenouille (pélobate) et en bleu celles de l'oiseau (martinet).

squelette osseux — colonne vertébrale — peau nue — quatre membres — écailles soudées — doigts — plumes — embryon dans une poche liquide — estomac musculeux — nageoires — mamelles — squelette cartilagineux — écailles — poils — bec

Corrigés et conseils parents p. 40 du guide.

Ton évaluation sur ce chapitre

2 Les interactions entre les êtres vivants

Je retiens l'essentiel

OBJECTIF
→ Connaitre les interactions dans un milieu et l'influence de l'homme.

JE SAIS DÉJÀ
✔ **Les végétaux et les animaux sont des êtres vivants qui ont des relations alimentaires entre eux.**

- Un milieu est composé d'un **cadre naturel** (un champ, une forêt, la mer…), peuplé par des **végétaux** et des **animaux**.
Les **conditions de vie** dans ce milieu dépendent du **relief**, de la **nature des sols**, de la **salinité de l'eau** et des **facteurs climatiques**.
Chaque espèce y occupe une place particulière.
- Les organismes vivants sont **interdépendants**. La relation la plus évidente est de nature alimentaire, que l'on appelle aussi **trophique** : les **végétariens** mangent des végétaux et les **carnivores** mangent d'autres animaux.
Ils constituent des **réseaux trophiques**.
- Le **climat** influe sur le monde vivant. En hiver, beaucoup d'arbres perdent leurs feuilles ; de nombreux animaux comme les insectes se terrent à l'abri du froid pour mener une **vie ralentie**, certains comme la marmotte **hibernent** (ils dorment plusieurs mois) et de nombreux oiseaux **migrent** vers des régions tempérées.
- Tout ce monde vit dans un équilibre **fragile** que l'homme peut venir perturber en **polluant** ou en **exploitant abusivement** le milieu. Mais il sait aussi protéger la nature dans des **actions positives**.

Je sais ce qui se passe

SUPER MÉMO
Dans un milieu, les êtres vivants sont interdépendants et influencés par le climat et le relief. L'homme a aussi un impact sur eux.

▷ Une relation intéressée : le mutualisme

Le **mucus protecteur** qui enduit le corps du poisson clown lui permet de supporter le **venin** de l'anémone.
Dans les tentacules de l'anémone, il est à l'abri des prédateurs qu'il attire d'ailleurs pour en faire des proies pour son hôte et en récupérer les miettes.
Le poisson clown défend même son anémone contre les attaques de certains poissons.
C'est une **association à bénéfices réciproques.**

Je m'entraine

1 Choisis la ou les bonne(s) réponse(s).

a. Un milieu est composé d'un cadre naturel et de ses habitants. ❑ vrai ❑ faux

b. Les conditions climatiques ne jouent pas un grand rôle dans un milieu. ❑ vrai ❑ faux

c. Qu'est-ce qu'un animal végétarien ne peut pas manger ?

❑ de l'herbe ❑ une mouche
❑ une feuille d'arbre ❑ un ver de terre

d. Que permet l'hibernation ou la vie ralentie ?

❑ se reposer ❑ économiser de l'énergie
❑ attendre le Soleil ❑ digérer

2 Réponds aux questions.

a. Quels facteurs interviennent dans les conditions de vie d'un milieu ?

....

b. Comment s'appelle la relation entre un poisson clown et son anémone ?

....

c. Comment l'homme peut-il perturber l'équilibre d'un milieu ?

....

3 Observe ce réseau alimentaire formé de deux chaines puis réponds aux questions.

a. Entoure en vert les végétaux, en bleu les végétariens et en rouge les carnivores.

....

b. Quel est le premier maillon de ces deux chaines alimentaires ?

....

c. Qui se trouve au sommet de ce réseau trophique ?

....

Super exercice

Lis les textes puis réponds aux questions.

L'influence de l'homme sur les milieux

84 % des plantes cultivées en France dépendent des insectes pour assurer leur pollinisation des fleurs et ainsi la production des fruits. Excellente pollinisatrice, l'abeille est le meilleur exemple d'insecte pollinisateur. Or, l'abeille est décimée par un insecticide.

a. Qu'adviendrait-il si les abeilles disparaissaient ?

En 1850, la totalité des pêches mondiales ne dépassait pas 2 millions de tonnes. C'est 45 fois plus aujourd'hui. La surexploitation des ressources de la mer est la première menace des populations marines.

b. Que faut-il faire pour éviter que les ressources de la mer disparaissent?

Il y a 100 ans, les éléphants d'Afrique étaient plus de 2 millions. Ils sont aujourd'hui à peine plus de 350 000 à cause du braconnage et du commerce de l'ivoire.

c. Quelles solutions permettraient de protéger les éléphants ?

d. À l'aide de tes réponses à l'exercice 4 page 187, identifie la nature de l'influence de l'homme dans ces trois textes.

Sciences

3 La respiration

Je retiens l'essentiel

OBJECTIF
→ Connaitre le fonctionnement et l'utilité de la respiration.

JE SAIS DÉJÀ
✔ La respiration est un échange de gaz entre l'homme et son milieu.

▷ Les mouvements respiratoires

• En se contractant automatiquement, le **diaphragme**, grand muscle plat séparant le torse de l'abdomen, permet aux poumons de se remplir d'air puis de se vider.

▷ Le trajet de l'air dans le corps

• L'air que nous inspirons est essentiellement composé de deux gaz : l'**azote** et l'**oxygène**. L'air que nous expirons est moins riche en oxygène et chargé de **gaz carbonique**.

• **À l'inspiration**, l'air entre par la bouche ou le nez, s'engage dans la **trachée artère**, les **bronches**, les **bronchioles**, et parvient jusqu'aux **alvéoles**.
L'oxygène de l'air passe dans le sang qui circule dans des capillaires : des vaisseaux très fins qui entourent les alvéoles.
Le sang transporte l'oxygène vers toutes les cellules composant nos organes qui l'utilisent avec **les nutriments** (particules alimentaires issues de la digestion) pour produire de **l'énergie**.

• **À l'expiration**, le **gaz carbonique**, un déchet produit par les cellules, est transporté par le sang vers nos poumons qui le rejettent.

• La respiration ne se situe pas uniquement au niveau des poumons. Elle s'effectue dans **chaque cellule** de notre corps. On peut dire que tout notre corps respire.

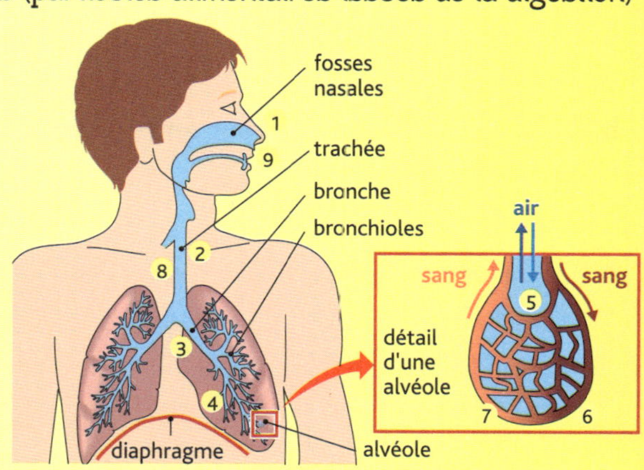

■ L'appareil respiratoire

SUPER MÉMO
La respiration permet d'absorber l'oxygène de l'air. Les organes en ont besoin. Ils produisent du dioxyde de carbone (gaz carbonique) rejeté dans l'air expiré.

Je sais comment ça fonctionne

▷ Comment mesurer ses capacités sportives ?

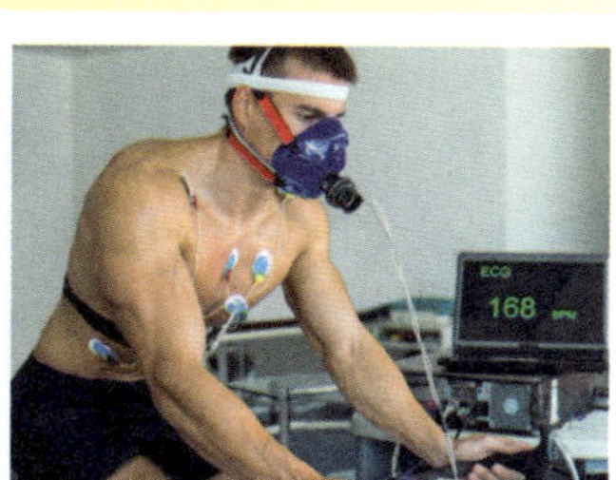

Afin de mesurer l'aptitude d'un sportif à pratiquer un effort extrême, on mesure en laboratoire les variations de son **rythme cardiaque** et de son **rythme respiratoire** ainsi que les échanges gazeux effectués lors de l'épreuve. On s'assure ainsi qu'il est capable de pratiquer son sport sans risque pour sa santé.

Je m'entraine

★ **1 Coche la bonne réponse.**

a. De quels gaz l'air inspiré est-il essentiellement constitué ?
❑ l'hydrogène ❑ l'azote
❑ le gaz carbonique ❑ l'oxygène

b. Quel gaz contenu dans l'air nous est indispensable ?
❑ l'oxygène ❑ l'azote ❑ le gaz carbonique

c. La respiration ne se fait qu'au niveau de l'appareil pulmonaire.
❑ vrai ❑ faux

d. La respiration sert à nous procurer de l'énergie.
❑ vrai ❑ faux

★ **2 Réponds aux questions.**

a. Quel est le muscle qui permet aux poumons de se remplir d'air ?
b. Quelles sont les modifications de la composition de l'air après son passage dans les poumons ?
c. Qu'est-ce qui assure le transport des gaz et des nutriments dans le corps ?

★★ **3 Remets en ordre les phrases décrivant le circuit de l'air dans le corps : place après chaque phrase le bon numéro figurant sur le schéma de l'appareil respiratoire de la page 190.**

a. L'air est aspiré par le nez. ....
b. L'oxygène passe dans le sang. ....
c. Il pénètre dans les bronches. ....
d. Il est expiré par la bouche. ....
e. L'air remonte vers la trachée. ....
f. Il parvient dans les alvéoles. ....
g. Il descend par la trachée. ....
h. Le gaz carbonique ramené par le sang passe dans l'alvéole. ....
i. Il se répartit dans les bronchioles. ....

★★★ **4 Lis, observe et réponds aux questions.**

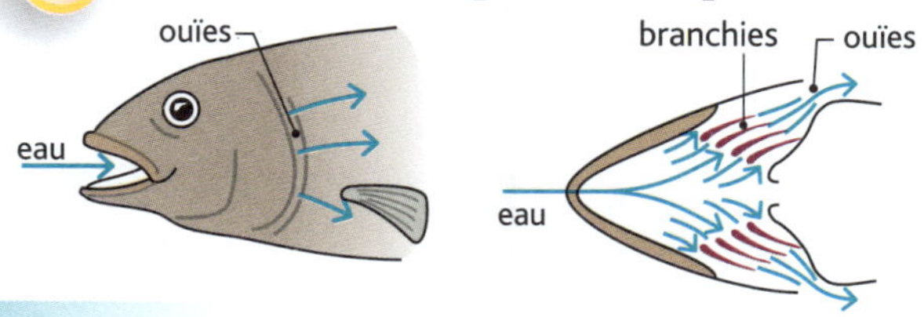

Nous ne pouvons pas respirer sous l'eau, car l'oxygène qui s'y trouve est à l'état dissous (comme le gaz dans une eau minérale gazeuse). Pour le respirer, les poissons possèdent des branchies. Ce sont des organes en forme de lamelles parcourus par des vaisseaux sanguins. En ouvrant la bouche régulièrement, le poisson aspire de l'eau qui ressort par les ouïes. L'eau circule sur les branchies. Les échanges respiratoires s'opèrent alors.

a. Sous quelle forme l'oxygène est-il disponible dans l'eau ?
b. Pourquoi les branchies sont-elles rouges ?
c. À quels organes de l'homme s'apparentent les branchies des poissons ?

Super exercice

Observe ces dessins de bronchiole, lis le texte et réponds aux questions.

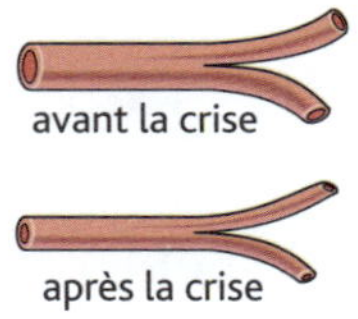

En provoquant le rétrécissement du diamètre des bronchioles, une crise d'asthme limite le passage de l'air vers les alvéoles. Elle est souvent causée par les grains de pollen ou les acariens (animaux minuscules).

a. Que peut-il se passer si le rétrécissement est trop important ?
b. Coche les bonnes solutions pour soigner l'asthme : ❑ On utilise des aérosols qui dilatent les voies respiratoires.
❑ On porte un masque en permanence.
❑ On prend des médicaments qui diminuent la sensibilité du malade.
❑ On supprime les plantes et les acariens.

Sciences

4 La circulation et l'excrétion

Je retiens l'essentiel

OBJECTIF
→ Connaitre le fonctionnement de la circulation sanguine et de l'excrétion.

JE SAIS DÉJÀ
✔ Le sang circule dans le corps, dans les veines et les artères.

SUPER MÉMO
Propulsé par le cœur, le sang circule en sens unique dans les vaisseaux. Il permet les échanges entre les organes.

- Le sang transporte les **nutriments**, l'**oxygène** et les **déchets** produits par l'organisme. Chez l'homme, il existe huit grands **groupes sanguins** qu'il n'est pas toujours possible de mélanger.

▷ Composition du sang

- Le sang d'un adulte contient cinq litres d'une substance liquide, le **plasma**, dans lequel baignent des cellules :
  – les **globules rouges** transportent l'oxygène et le gaz carbonique ;
  – les **globules blancs** défendent le corps contre les microbes ;
  – les **plaquettes** jouent un rôle dans la coagulation du sang.

▷ Le cœur et la circulation sanguine

- Le sang est propulsé dans le corps par une pompe puissante, le **cœur**. Il est formé de deux oreillettes et deux ventricules. En battant 75 fois par minute, il se contracte 3 milliards de fois en 75 ans !
- Le sang circule dans des **vaisseaux** qui forment un circuit fermé. Il s'éloigne du cœur par des **artères** et y revient par des **veines**.

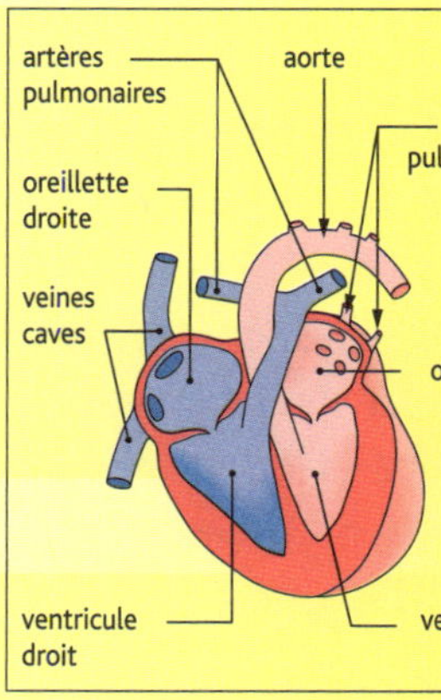

■ Le cœur

▷ L'excrétion

- Les **reins** jouent le rôle principal de nettoyage du sang. En le filtrant, ils produisent l'**urine**, qui est stockée dans la **vessie** puis évacuée.

Je sais comment ça fonctionne

▷ Quel est le trajet du sang ?

- Les **vaisseaux sanguins** (qui sont de différentes tailles) forment un circuit de 150 000 km.

Certains vaisseaux ont un diamètre important : 2 cm pour l'**artère aorte**, par exemple.
Les **capillaires** sont invisibles à l'œil nu.
Ils relient les artères aux veines.

- **Les vaisseaux amènent le sang** vers toutes les parties du corps, qui ont besoin d'oxygène et de nutriments pour fonctionner.

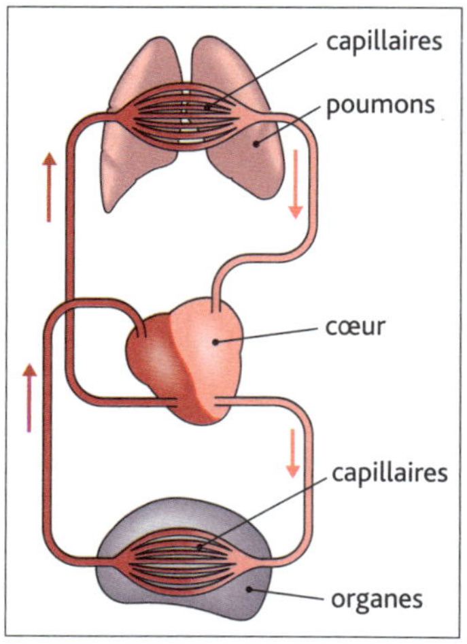

■ L'appareil circulatoire

Je m'entraine

1 Coche la bonne réponse.

a. Quel est le volume sanguin d'un adulte ?
❑ 3 litres ❑ 5 litres ❑ 10 litres

b. Quels sont les vaisseaux sanguins ayant le plus petit diamètre ?
❑ les artères ❑ les veines ❑ les capillaires

c. Le cœur est le moteur principal de la circulation sanguine.
❑ vrai ❑ faux

d. Certaines parties de notre corps ne reçoivent pas de sang.
❑ vrai ❑ faux

2 Réponds aux questions.

a. Quel est le rôle ?
– des globules rouges ;
– des globules blancs ;
– des plaquettes.

b. Quels organes nettoient le sang ?

c. Comment les déchets produits par l'organisme sont-ils évacués ?

3 Lis, observe et réponds aux questions.

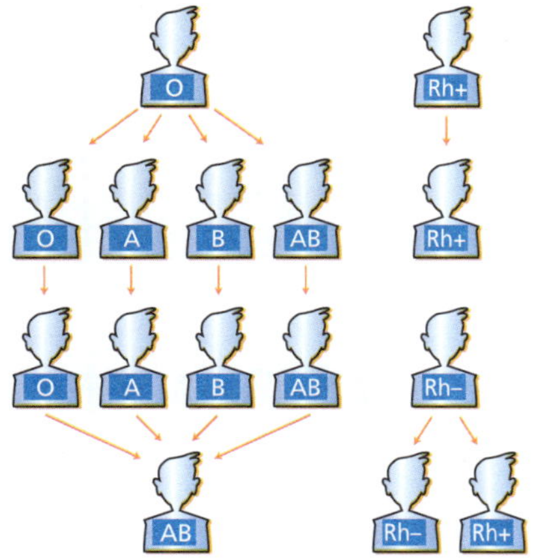

On peut donner son sang à une autre personne, à condition de respecter des règles strictes de transfusion. Il existe chez les êtres humains 4 grands groupes sanguins : A, B, AB et O. On ne peut les mélanger n'importe comment. Il faut aussi respecter le facteur rhésus, qui peut être positif ou négatif. Un sang rhésus + ne peut être transfusé qu'à un rhésus +. Un sang rhésus – peut être transféré à tout le monde.

a. Les donneurs universels peuvent donner leur sang à tout le monde. De quel groupe s'agit-il ?

b. Les receveurs universels peuvent recevoir du sang de tout le monde. De quel groupe s'agit-il ?

c. Barre ci-dessous les cas impossibles.

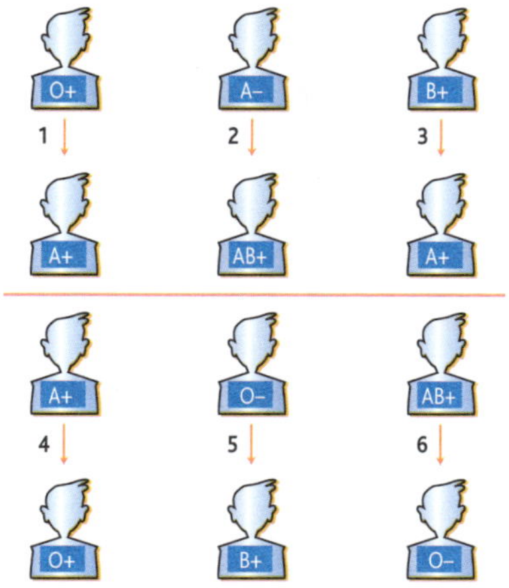

Super exercice

Observe ce tableau et réponds aux questions.

	Avant l'effort	Juste après l'effort	5 min après l'effort
Rythme respiratoire (mouvements par min)	14	30	14
Rythme cardiaque (battements par min)	72	136	74

a. Quels changements notes-tu dans les rythmes après un effort ?

b. En travaillant, les muscles consomment beaucoup d'énergie, donc de l'oxygène et des nutriments.
En quoi l'accélération de ces rythmes permet-elle un apport énergétique supplémentaire ?

c. Que se passe-t-il cinq minutes après l'effort ?

Sciences

Corrigés et conseils parents p. 41 du guide.

Ton évaluation sur ce chapitre

5 Des corps dissous

Je retiens l'essentiel

OBJECTIF

→ Concevoir qu'une substance dissoute reste présente en solution et peut être récupérée par évaporation de l'eau.

JE SAIS DÉJÀ

✔ Effectuer des pesées à la balance Roberval.

SUPER MÉMO

Un corps dissous dans l'eau est présent bien qu'il soit invisible.

▷ La dissolution

• Lorsqu'on met du sel dans de l'eau et que l'on remue, il disparait et l'eau reste limpide. On dit que le sel s'est **dissous** dans l'eau et le mélange est une **solution** de sel dans l'eau. En effectuant cette **dissolution** sur une balance, on constate que la masse totale ne varie pas. Ceci montre que, bien qu'invisible, le sel dissous se trouve toujours dans l'eau. Diverses autres substances sont, comme le sel, **solubles** dans l'eau.

▷ Saturation

• Lorsqu'on essaie de dissoudre de plus en plus de sel dans une certaine quantité d'eau, il arrive un moment où le sel rajouté ne se dissout plus. On dit que la solution est **saturée** en sel. Ainsi, on ne peut pas dissoudre plus de 380 g de sel environ dans 1 L d'eau.

▷ Récupération du corps dissous

• Si l'on filtre de l'eau contenant du sel dissous, on ne récupère rien dans le filtre car les particules de sel sont extrêmement petites et passent dans les trous du filtre. Pour récupérer le sel, il faut faire évaporer l'eau : c'est ce qui se passe avec l'eau de mer dans les **marais salants**.

Je sais comment c'est fait

▷ Que contient l'eau minérale ?

L'étiquette d'une bouteille d'eau minérale indique le nom de diverses substances dissoutes dans l'eau. On les appelle **sels minéraux** car ils proviennent de différentes roches que l'eau a dissoutes en les traversant durant son cheminement dans le sous-sol.
Dans certains cas, l'eau contient aussi du gaz dissous qui réapparait sous forme de bulles.
L'eau du robinet et l'eau des rivières contiennent aussi des sels minéraux.

1 Coche la bonne réponse.

	V	F
a. Quand on dissout du sel dans l'eau, celui-ci disparait et n'existe plus.	❑	❑
b. On peut dissoudre autant de sel qu'on veut dans un litre d'eau.	❑	❑
c. L'eau du robinet contient des substances dissoutes.	❑	❑
d. Filtrer de l'eau salée ne permet pas de récupérer le sel dissous.	❑	❑
e. Un gaz ne peut pas être dissous dans l'eau.	❑	❑

2 Réponds aux questions.

a. Comment appelle-t-on le phénomène qui se passe quand une substance semble disparaitre dans l'eau ?
b. Quelles substances peut-on trouver dans une bouteille d'eau minérale ?
c. Comment peut-on récupérer les substances dissoutes dans l'eau ?
d. Quelle substance dissoute se trouve dans l'eau de mer ? Comment s'appellent les installations où l'on récupère cette substance ?
e. Que se passe-t-il si l'on essaie de dissoudre un kilogramme de sel dans un litre d'eau ?

3 Pour savoir quelles substances sont solubles dans l'eau, on réalise l'expérience ci-dessous avec quatre substances différentes. Le tableau donne les résultats obtenus.

Indique quelles substances sont solubles dans l'eau.

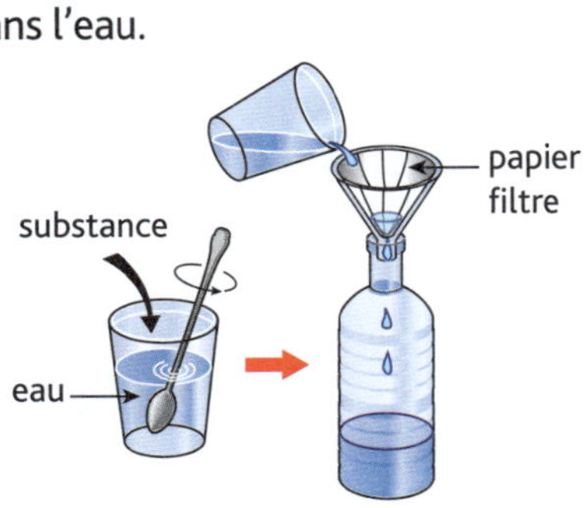

Substance	Aspect de l'eau	Dépôt sur le filtre
farine	trouble	oui
sucre	limpide	non
sable	limpide avec dépôt	oui
aspirine en poudre	limpide	non

4 Lorsqu'on ouvre une bouteille d'eau minérale, des bulles apparaissent. On verse cette eau dans un verre et on la laisse s'évaporer complètement. On observe alors un dépôt blanchâtre au fond du verre.

a. D'où proviennent les bulles ?
b. D'où provient le dépôt blanchâtre ?

Super exercice

Lis et coche la bonne réponse.

On met une cuillère de sel dans un verre d'eau puis on pèse le verre en réalisant l'équilibre. On va ensuite remuer pour dissoudre le sel.

a. Que verra-t-on dans le verre ?
❑ de l'eau trouble
❑ de l'eau limpide
❑ un dépôt de sel

b. Comment sera le plateau de la balance portant le verre ?
❑ plus haut qu'avant
❑ plus bas qu'avant
❑ au même niveau qu'avant

c. On laisse maintenant l'eau contenue dans le verre s'évaporer. Qu'observera-t-on au fond du verre quand toute l'eau sera partie ?
❑ de la buée ❑ rien ❑ du sel

Corrigés et conseils parents p. 41 du guide.

Ton évaluation sur ce chapitre

6 Transmission du mouvement

Je retiens l'essentiel

OBJECTIF

→ Connaitre les principaux modes de transmission du mouvement et le principe de la démultiplication.

JE SAIS DÉJÀ

✔ Comment la roue arrière de la bicyclette est entrainée par la chaine.

SUPER MÉMO

Un engrenage est constitué de deux roues dentées en contact.

- Lorsqu'un objet tourne sur lui-même, on dit qu'il a un mouvement de **rotation**. Ce mouvement peut être transmis de différentes façons.

- Un **engrenage** est constitué par deux roues dentées en contact. La roue qui entraine l'autre est **motrice**. Les deux roues tournent en sens inverse et la plus petite (celle qui a le moins de dents) tourne le plus vite.

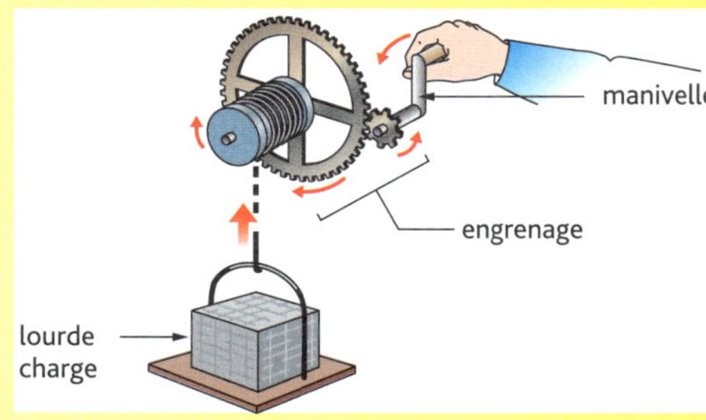

Engrenage dans un treuil

- Une **chaine** relie à distance des roues dentées, par exemple le **pédalier** et un **pignon** d'une bicyclette. La roue la plus petite tourne le plus vite.

- Une **courroie** est une bande souple reliant entre elles des roues appelées **poulies**. Si les poulies sont de taille différente, elles tournent d'autant plus vite qu'elles sont plus petites.

Entrainement par courroie

Je sais comment ça marche

▷ Quel pignon utiliser sur une bicyclette ?

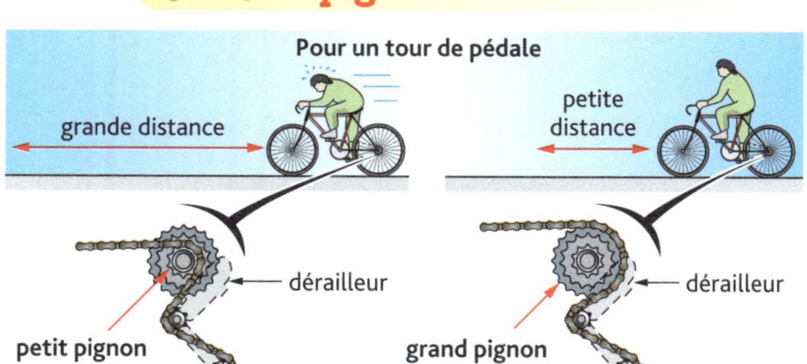

- Plus **le pignon** utilisé est **petit**, plus la roue fait de tours pour un tour de pédales. La distance parcourue est donc plus grande avec le petit pignon : on l'utilise sur le plat ou en descente, pour aller vite.

- En revanche, le cycliste force moins sur les pédales avec le **grand pignon** : on l'utilise surtout en montée.

Je m'entraine

1 Coche la bonne réponse.

a. Quel est le système d'entrainement sur une bicyclette ?

- ❑ engrenage
- ❑ courroie
- ❑ chaine

b. Par quoi est constitué un engrenage ?

- ❑ roues dentées
- ❑ poulies
- ❑ maillons

c. Les deux roues d'un engrenage tournent dans le même sens.

❑ vrai ❑ faux

d. Dans un engrenage, la roue la plus petite tourne le plus vite.

❑ vrai ❑ faux

e. La roue motrice est celle qui est entrainée.

❑ vrai ❑ faux

2 Réponds aux questions.

a. Quels sont les trois principaux moyens de transmettre le mouvement de rotation ?

b. Comment appelle-t-on les roues dentées fixées sur la roue arrière d'une bicyclette ?

c. Quel objet permet de relier plusieurs poulies entre elles ?

d. Quelle est la roue dentée motrice sur une bicyclette ?

3 Observe le dessin et réponds aux questions.

Ces quatre poulies sont reliées par une courroie, entrainée par la poulie A.

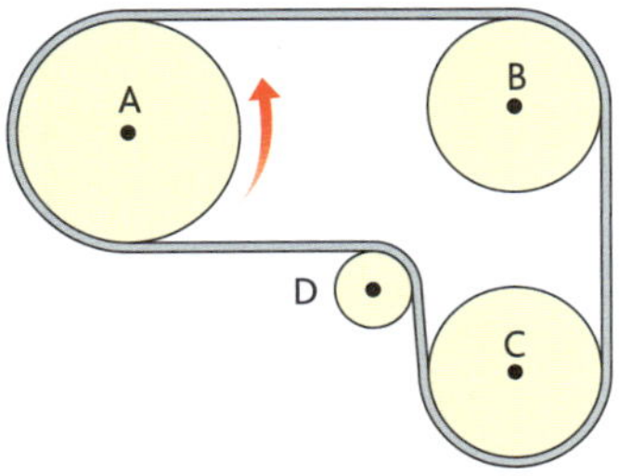

a. Quelles sont les poulies qui tournent dans le même sens que la poulie A ?

b. Quelle poulie tourne le plus vite ?

c. Quelle poulie tourne le moins vite ?

Super exercice

Lis, observe et réponds aux questions.

La roue arrière de ce vélo comprend trois pignons (A, B, C) possédant respectivement 10, 15 et 20 dents. Le pédalier possède 40 dents. Quand le pédalier tourne d'une dent, le pignon entrainé tourne aussi d'une dent.

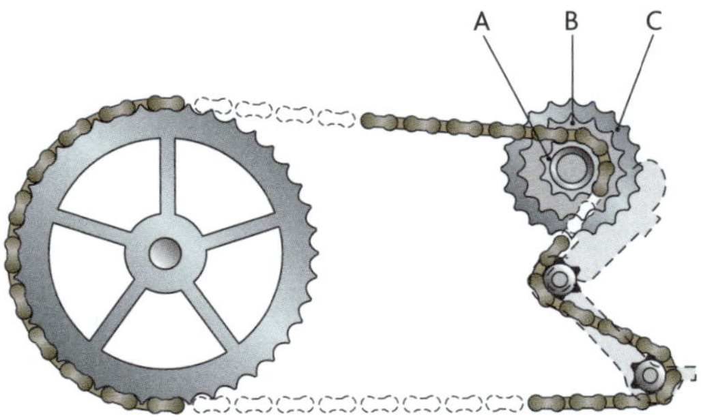

a. Quel pignon utilisera-t-on plutôt pour rouler vite en descente ?

....

b. Quel pignon utilisera-t-on plutôt pour gravir une montée très raide ?

....

c. Si c'est le pignon A qui est entrainé, combien de tours fait-il pour un tour de pédales ?

....

d. Si c'est le pignon C qui est entrainé, combien de tours fait-il pour un tour de pédales ?

....

7 Les sources d'énergie

Je retiens l'essentiel

■ Photopiles alimentant un lampadaire

- Les **sources d'énergie** permettent d'obtenir : du **mouvement** (carburant pour les véhicules), de la **chaleur** (radiateur électrique, chaudière au fioul…) ou de la **lumière** (lampes électriques, à gaz…).

OBJECTIFS
→ Connaitre les principales sources d'énergie naturelles et leur utilisation.
→ Connaitre les différents types de centrales électriques.

▷ Les sources d'énergie naturelles

- Diverses sources d'énergie existent dans la nature :
– le **soleil**, les **muscles** des animaux et des hommes, l'**eau des rivières**, le **vent** et la **biomasse** (produits végétaux ou animaux combustibles), qui sont des sources d'énergie **renouvelables** ;
– le **pétrole**, le **charbon** et le **gaz naturel**, qui sont des sources d'énergie **fossiles** présentes dans le sous-sol en quantité limitée ;
– l'**uranium**, servant à produire de l'électricité ;
– l'**eau chaude** souterraine, dont l'utilisation est appelée **géothermie**.

JE SAIS DÉJÀ
✔ Utiliser des appareils électriques pour éclairer, chauffer, entrainer des mécanismes.

▷ La production du courant électrique

■ Centrale hydroélectrique au pied d'un barrage

- **Le courant électrique** n'est pas une source d'énergie naturelle. Il peut être obtenu à partir du rayonnement solaire grâce à des **photopiles**, mais il est surtout produit dans de grandes usines appelées **centrales**.
Il existe des centrales :
– **hydroélectriques**, utilisant la force de l'eau des rivières ;
– **thermiques**, brulant divers combustibles : charbon, fioul, gaz ;
– **nucléaires**, utilisant l'uranium qui est à l'origine de réactions nucléaires très énergétiques.
On produit également du courant électrique avec des **éoliennes** qui utilisent la force du vent pour actionner leurs pales.

SUPER MÉMO
Une source d'énergie est ce qui nous permet d'obtenir du mouvement, de la chaleur ou de la lumière.

Je sais comment ça fonctionne

▷ Comment fonctionne une centrale hydroélectrique ?

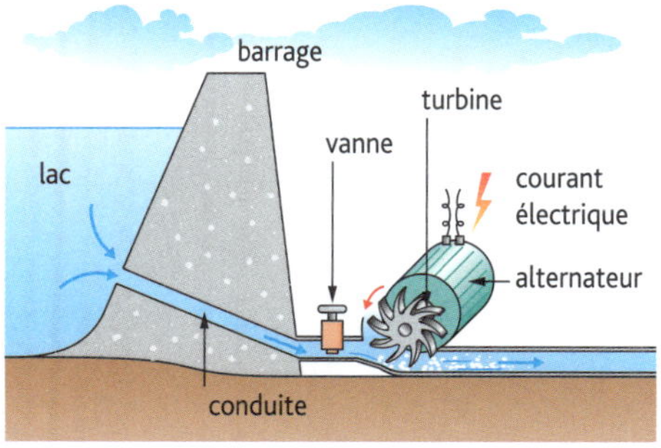

Dans toute centrale, un **alternateur**, en tournant, produit du courant électrique (comme une « dynamo » de bicyclette).
L'alternateur est entraîné par une **turbine** (roue à pales).

→ C'est **la force d'une chute d'eau** qui fait tourner la turbine d'une centrale hydroélectrique.

Je m'entraine

1 Coche la bonne réponse.

a. Quelle est la source d'énergie issue des êtres vivants ?

❑ l'eau des rivières ❑ la biomasse ❑ le Soleil

b. Laquelle de ces trois substances n'est pas une source d'énergie ?

❑ le charbon ❑ le bois ❑ la craie

c. Le courant électrique arrivant aux prises est une source d'énergie naturelle.

❑ vrai ❑ faux

d. Il faut une source d'énergie pour produire de la lumière.

❑ vrai ❑ faux

e. La géothermie est l'utilisation de la chaleur des animaux.

❑ vrai ❑ faux

2 Réponds aux questions.

a. Quelles sont les sources d'énergie naturelles renouvelables ?

b. Cite trois types de centrales électriques.

c. À quoi sert un alternateur ?

d. Dans quel type de centrale utilise-t-on l'uranium comme source d'énergie ?

e. Quel dispositif permet d'obtenir directement du courant électrique à partir du Soleil ?

3 Explique comment fonctionne une centrale hydroélectrique en reliant ces cases par des flèches signifiant « entraine » ou « produit ».

turbine

courant électrique

chute d'eau

alternateur

4 Indique pour chaque objet sa source d'énergie et le principal effet produit (mouvement, chaleur ou lumière).

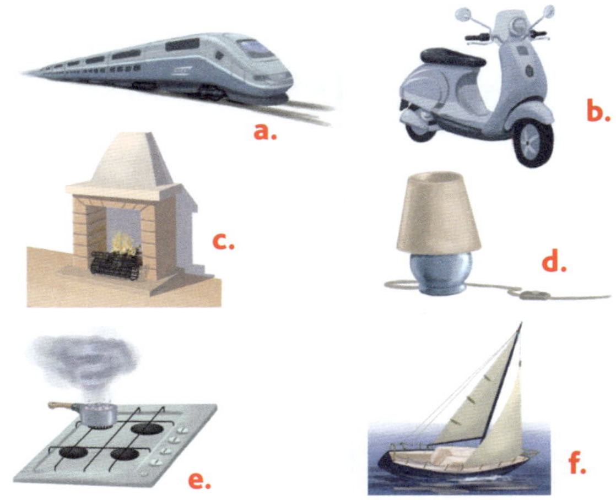

Super exercice

Observe ce dessin et réponds aux questions.

Ce schéma représente de façon simplifiée le fonctionnement d'une centrale thermique. En faisant bouillir l'eau dans la chaudière, on produit de la vapeur d'eau sous pression. C'est cette vapeur qui fait tourner la turbine.

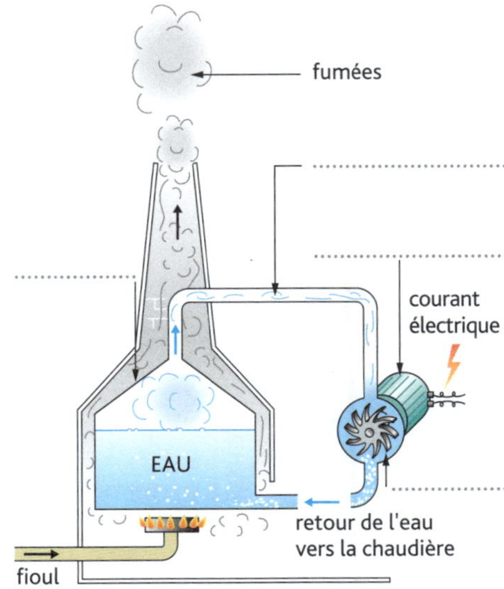

a. Quelle est la source d'énergie utilisée dans cette centrale ?

b. Complète la légende du dessin.

Sciences

Corrigés et conseils parents p. 42 du guide.

Ton évaluation sur ce chapitre

8 Les économies d'énergie

Je retiens l'essentiel

OBJECTIF
→ Comprendre l'intérêt d'économiser l'énergie et connaitre certains moyens d'y parvenir.

JE SAIS DÉJÀ
✔ **Il faut de l'énergie pour obtenir lumière, chaleur ou mouvement.**

SUPER MÉMO
Il faut économiser l'énergie car les énergies fossiles s'épuisent rapidement.

• Pour satisfaire nos besoins (chauffage, éclairage, transports, industrie...), nous consommons beaucoup de pétrole, de gaz et de charbon, et les réserves mondiales de ces combustibles s'épuisent rapidement. Il faut donc **économiser l'énergie** en améliorant les techniques et en modifiant les habitudes des gens.

▷ Économie dans les habitations

• On peut réduire les fuites de chaleur en recouvrant les parois (toit, murs...) de matériaux **isolants**, que la chaleur traverse difficilement. Les meilleurs isolants sont la **laine de verre** et le **polystyrène**. Plus le matériau est épais, plus il est isolant.

Laine de verre (sous le toit d'une maison)

• Le chauffage peut également être assuré par l'**énergie solaire**, qui est **gratuite**, **inépuisable** et **non polluante**. On installe alors de grandes surfaces vitrées ou des **capteurs solaires**.

• On économise aussi de l'énergie en évitant divers gaspillages : lampes allumées inutilement, portes et fenêtres ouvertes durant le chauffage, etc.

Une maison solaire

▷ Économie dans les transports

• Pour rendre les transports moins couteux en énergie, on peut :
– fabriquer des véhicules moins gourmands en carburant ;
– prendre les **transports en commun** ;
– conduire plus lentement, car plus une voiture roule vite, plus elle consomme de carburant ;
– privilégier le vélo et la marche à pied.

Je sais comment ça fonctionne

▷ Comment fonctionne un capteur solaire ?

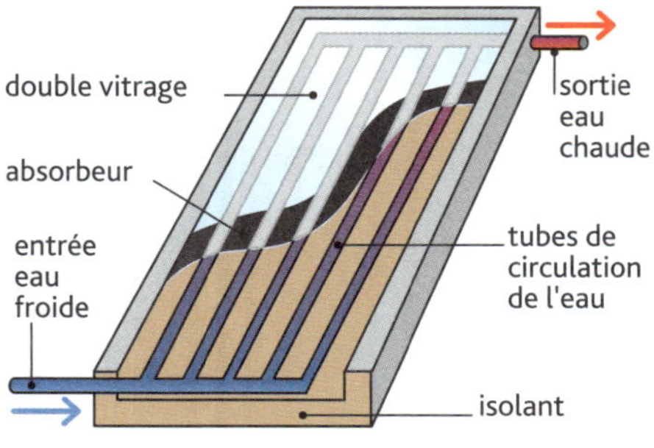

Un capteur solaire permet d'obtenir de l'eau chaude en captant l'énergie du soleil. Comme dans une serre, la vitre laisse pénétrer le rayonnement solaire et **piège** la chaleur à l'intérieur, où la température devient donc élevée : ce phénomène est appelé **effet de serre**. L'eau s'échauffe en circulant dans des tubes placés dans le capteur.

Je m'entraine

1 Coche la bonne réponse.

a. Quel est le meilleur isolant ?

❑ l'aluminium
❑ le béton
❑ la laine de verre

b. La laine de verre produit de la chaleur.

❑ vrai ❑ faux

c. Une paroi de polystyrène isole mieux si elle est plus épaisse.

❑ vrai ❑ faux

d. Une voiture consomme moins de carburant si elle roule plus vite.

❑ vrai ❑ faux

e. Laisser des lampes allumées dans des pièces vides constitue un gaspillage d'énergie.

❑ vrai ❑ faux

2 Réponds aux questions.

a. Pourquoi doit-on économiser l'énergie ?

b. Pourquoi recouvre-t-on les parois des maisons de matériaux isolants ?

c. Quels sont les avantages de l'énergie solaire ?

d. Quel dispositif utilise-t-on pour obtenir de l'eau chaude à partir de l'énergie solaire ?

e. Quels comportements permettent d'économiser l'énergie dans les transports ?

3 Range ces quatre parois de la plus isolante à la moins isolante.

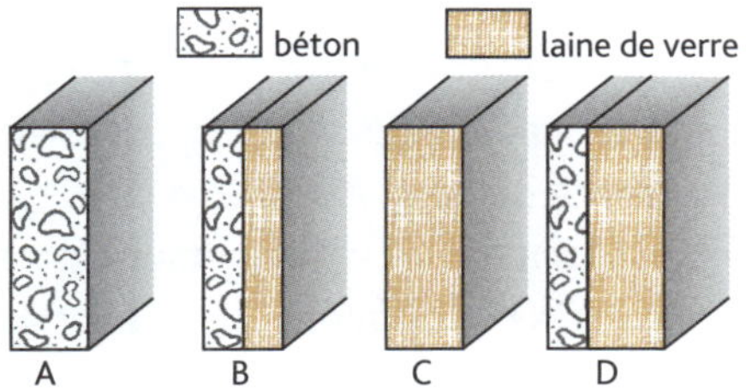

....

4 Observe ces dessins et réponds aux questions.

Deux jours après une chute de neige, le toit de ces trois maisons voisines ne présente pas le même aspect.

a. Comment expliques-tu ces différences ?

b. Dans quelle maison doit-on certainement dépenser le plus d'énergie pour le chauffage ?

Super exercice

Lis, observe et réponds aux questions.

Avec la même quantité d'énergie (équivalent à un verre de pétrole), ces cinq véhicules peuvent transporter une tonne de marchandises plus ou moins loin.

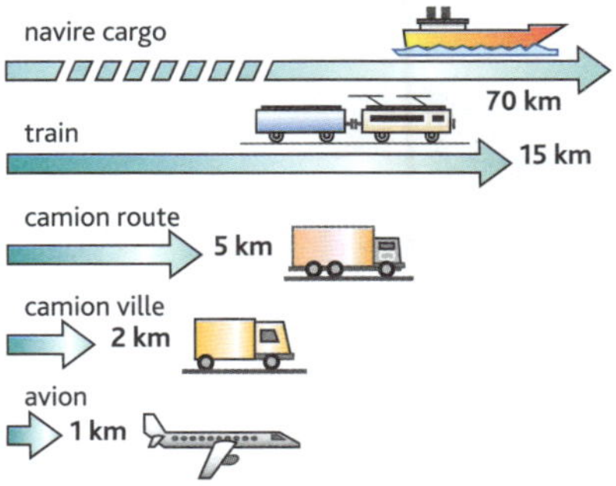

a. Quel est le véhicule le plus économique ? le moins économique ?

b. Essaie d'expliquer les raisons de ces différences.

c. Compare les trajets en ville et sur route pour le camion. Lequel apparait le plus économique, et pourquoi ?

9 Risques et nuisances liés à l'énergie

Je retiens l'essentiel

OBJECTIF
→ Connaitre les principaux risques et nuisances liés à l'utilisation des sources d'énergie.

JE SAIS DÉJÀ
✔ En France, pétrole, charbon, gaz naturel et nucléaire sont les principales sources d'énergie utilisées.

SUPER MÉMO
Les énergies fossiles génèrent des nuisances et le nucléaire présente des risques.

- Les énergies **renouvelables** (soleil, vent, hydraulique, géothermie…) sont à privilégier car l'utilisation des énergies fossiles et du nucléaire entrainent des nuisances et des risques.

▷ Nuisances dues aux énergies fossiles

- Les carburants (tirés du pétrole) ou le charbon produisent en brulant des fumées qui entrainent la **pollution de l'air** et des **problèmes de santé**.

- De plus, ces combustions produisent un gaz appelé **dioxyde de carbone**, qui s'accumule dans l'atmosphère et provoque son **réchauffement** progressif par **effet de serre**. Il en résulte des changements climatiques : montée du niveau des océans, multiplication des tempêtes et des cyclones, etc.

Pollution dans une ville

▷ Risques liés à l'énergie nucléaire

- Une centrale nucléaire n'est pas polluante mais produit des **déchets radioactifs** très dangereux et indestructibles, qui doivent être stockés en sécurité.

- Les centrales nucléaires peuvent être l'objet de **graves accidents** comme à Tchernobyl (Ukraine, 1986) et à Fukushima (Japon, 2011), avec l'émission de radiations mortelles et de produits radioactifs dans l'environnement.

Je sais comment ça fonctionne

▷ En quoi consiste l'effet de serre dans l'atmosphère ?

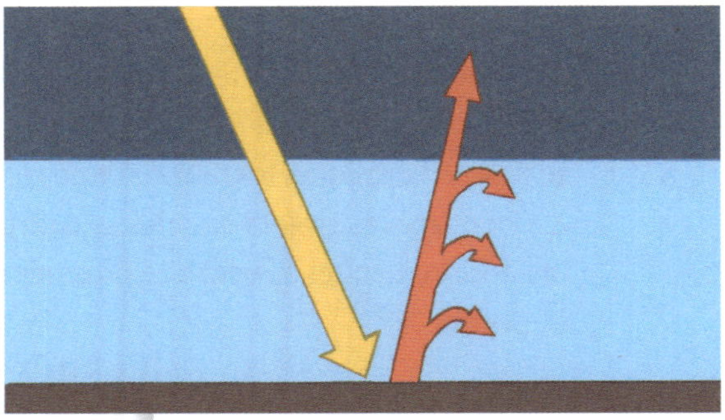

L'effet de serre atmosphérique

Le rayonnement solaire (en jaune) apporte son énergie à la Terre. Celle-ci renvoie une partie de cette énergie vers l'espace sous la forme d'un **rayonnement** (en rouge) un peu différent, qui est absorbé en partie par le dioxyde de carbone présent dans l'air. L'énergie ainsi absorbée provoque le **réchauffement** de l'atmosphère (en bleu) et de la surface de la Terre, comme dans une serre.

Je m'entraine

1 Coche la bonne réponse.

a. Quel est le principal gaz qui provoque l'effet de serre atmosphérique ?

❑ le dioxygène

❑ le dioxyde de carbone

❑ le diazote

b. Parmi ces dispositifs de production électrique, lequel présente le moins de nuisances et de risques ?

❑ centrale nucléaire

❑ centrale thermique au charbon

❑ centrale hydraulique

c. L'utilisation d'une source d'énergie entraîne toujours une certaine pollution de l'air.

❑ vrai ❑ faux

d. Dans une centrale nucléaire, l'uranium brule en produisant du dioxyde de carbone.

❑ vrai ❑ faux

2 Réponds aux questions.

a. Quelles sont les sources d'énergie dont l'utilisation entraine peu ou pas du tout de nuisances ?

b. Quelles sont les deux principales sources d'énergie qui provoquent la pollution de l'air ?

c. À cause de quel phénomène la Terre est-elle en train de se réchauffer progressivement ?

d. Quel est le principal problème que pose le fonctionnement normal d'une centrale nucléaire ?

e. Quelles sont les deux centrales nucléaires qui ont subi un très grave accident ?

f. Quel type de sources d'énergie devrait-on privilégier dans l'avenir pour limiter le réchauffement de la planète ?

3 Observe et réponds aux questions.

a. Sur chaque photo quelle source d'énergie est utilisée ?

b. Cette utilisation entraine-t-elle une pollution ?

1.

2.

3.

4.

Super exercice

Lis le texte puis réponds aux questions.

En France comme dans de nombreux autres pays, on installe de plus en plus d'éoliennes pour produire de l'électricité. Celles-ci présentent l'avantage d'utiliser une source d'énergie gratuite, renouvelable et non polluante. Le problème se pose par contre de trouver des sites favorables pour les installer. Il doit y avoir suffisamment de vent bien sûr, et les éoliennes doivent être suffisamment éloignées des habitations car une éolienne en fonctionnement fait un certain bruit qui pourrait être gênant pour des habitants trop proches.

a. Quelle source d'énergie une éolienne utilise-t-elle ?

b. Quels sont les avantages d'une éolienne pour produire de l'électricité ?

c. À ton avis, quelle nuisance est engendrée par une éolienne en fonctionnement ?

10 Pollution et traitements de l'eau

Je retiens l'essentiel

OBJECTIF
→ Connaitre les principales causes et conséquences de la pollution de l'eau.

JE SAIS DÉJÀ
✔ L'eau peut contenir des corps dissous invisibles.

SUPER MÉMO
L'homme pollue l'eau en l'utilisant. La production d'eau potable nécessite diverses opérations.

▷ L'eau potable

- Une eau est **potable** si on peut la boire sans danger. Elle ne doit pas contenir de microorganismes. En France, l'eau du robinet est potable. Elle est produite principalement à partir de l'eau des rivières.
- On utilise en moyenne 200 litres d'eau du robinet par jour et par personne pour nos usages domestiques (douche, lessive…). L'eau utilisée est alors **polluée** par divers produits (détergents, déjections…) et évacuée dans les égouts.

▷ La pollution de l'eau

- Rejeter directement dans la nature l'eau des égouts serait néfaste pour l'environnement. En France, cette eau salie est d'abord nettoyée dans des **usines d'épuration des eaux usées**, où elle subit :
  – une **décantation** pour éliminer les particules en suspension,
  – une **épuration biologique** grâce à des **microorganismes** qui digèrent la pollution,
  – une nouvelle décantation.
  À la sortie, l'eau est clarifiée et épurée mais elle n'est pas potable.
- L'agriculture peut être une source de pollution de l'eau car les **engrais** et les **pesticides** sont entrainés par la pluie jusqu'aux rivières ou aux nappes phréatiques.
- La mer peut aussi être polluée accidentellement quand un pétrolier fait naufrage et que sa cargaison de pétrole crée une **marée noire**.

Je sais ce qui se passe

▷ En quoi consiste la décantation ?

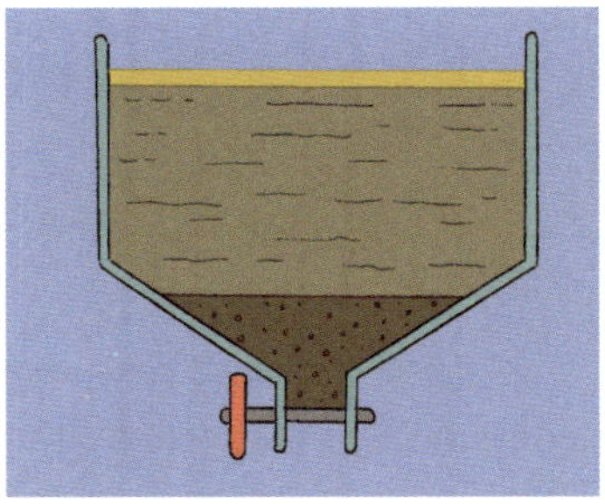

Un bassin de décantation

- En laissant séjourner assez longtemps l'eau sale dans un bassin, les diverses particules (petits morceaux) solides, plus lourdes que l'eau, coulent et s'accumulent dans le fond pour former les **boues**.
- Inversement, **les gouttelettes d'huile ou de graisse**, plus légères que l'eau, remontent et viennent s'accumuler à la surface. La **décantation** permet ainsi de séparer l'eau des boues et des corps gras.

Je m'entraine

1 Coche la bonne réponse.

a. Quelle quantité d'eau du robinet un Français utilise-t-il en moyenne chaque jour ?
❑ 2 litres ❑ 20 litres ❑ 200 litres

b. Qu'est-ce qui ne doit pas être présent dans l'eau potable ?
❑ du chlore
❑ des sels minéraux
❑ des microorganismes

c. En France, le plus souvent, l'eau des égouts est rejetée directement dans la nature.
❑ vrai ❑ faux

d. En France, la plus grande partie de l'eau potable est produite à partir de l'eau des rivières.
❑ vrai ❑ faux

e. L'eau qui sort d'une usine d'épuration des eaux usées n'est pas potable.
❑ vrai ❑ faux

2 Réponds aux questions à l'oral.

a. Où est évacuée l'eau après qu'elle a servi pour nos usages domestiques ?

b. Quel type d'installation sert à nettoyer l'eau des égouts ?

c. Dans le processus d'épuration des eaux usées, en quoi consiste l'épuration biologique ?

d. Qu'est-ce qu'une eau potable ?

e. Quelles substances utilisées dans l'agriculture risquent de polluer les nappes phréatiques ?

f. Qu'appelle-t-on une marée noire ?

3 Observe, lis et réponds aux questions.

Paul a mis de la terre et un peu d'huile dans sa bouteille d'eau, puis il a bien secoué le tout. La bouteille a alors l'aspect du dessin A.
Il laisse la bouteille posée et au bout de quelques heures, celle-ci a alors l'aspect du dessin B.

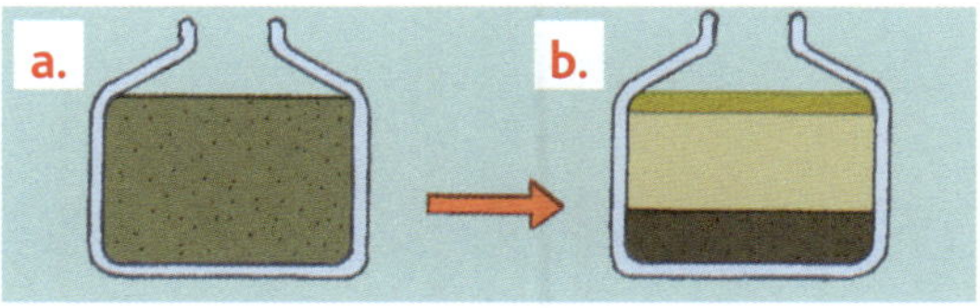

a. Qu'observe-t-on au fond de la bouteille B ?

b. Qu'observe-t-on à la surface de l'eau pour la bouteille B ?

c. Comment appelle-t-on le phénomène qui s'est produit pour passer de la situation A à la situation B ?

Super exercice

Observe les dessins et réponds.

Par quoi et comment de l'eau va-t-elle être polluée dans chaque situation ?

a. ....
....

b. ....
....

c. ....
....

d. ....
....

Corrigés et conseils parents p. 43 du guide.

Ton évaluation sur ce chapitre

11 Les volcans et les risques pour les sociétés humaines

Je retiens l'essentiel

OBJECTIF

→ Reconnaitre les manifestations volcaniques et comprendre leurs causes.

JE SAIS DÉJÀ

✔ La Terre est le théâtre de nombreuses éruptions volcaniques.

SUPER MÉMO

Les volcans permettent l'arrivée en surface des roches fondues par la chaleur interne de la Terre.

▷ Les éruptions volcaniques

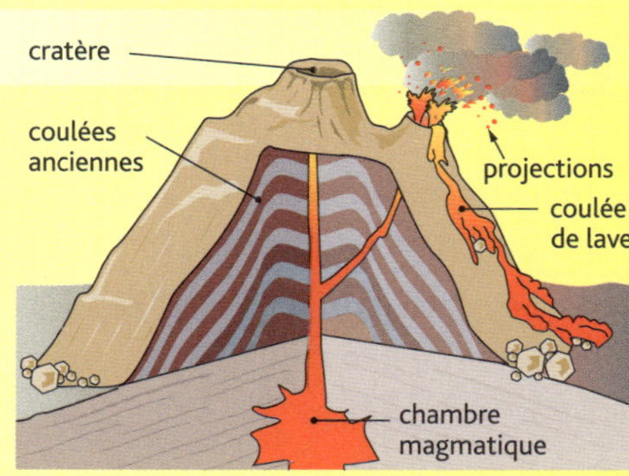

- Elles sont dues à la remontée de roches profondes très chaudes (le **magma**), stockées dans une **chambre magmatique** et poussées par des gaz sous pression.

Ces remontées se produisent :
– dans les zones où la croute terrestre est fragile ou fissurée ;
– dans des endroits appelés **points chauds**.

Elles provoquent des accumulations de lave autour du point de sortie en formant parfois un **cratère**.

▷ Deux grands types de volcans

■ L'éruption de l'Eldfeld sur l'ile d'Heimaey en Islande en 1973

- Les volcans **effusifs** comme ceux d'Hawaï et d'Islande émettent une lave fluide qui laisse les gaz s'échapper facilement.
- Les volcans **explosifs** émettent une lave visqueuse qui retient les gaz : cela provoque des explosions très violentes et meurtrières. La montagne Pelée en Martinique et le mont Saint Helens aux États-Unis en font partie.

■ Le mont Saint Helens en 1980

- Il existe aussi les **volcans sous-marins** dans des zones où la croute terrestre s'écarte sous la poussée du magma.

Je sais ce qui se passe

▷ Qu'est-ce qui provoque une éruption explosive ?

- Quand je fais cuire de la purée de pommes de terre en flocons dans du lait, au début, des petites bulles éclatent à la surface de la purée liquide. Ensuite, quand la purée épaissit, **les bulles de gaz formées par la chaleur grossissent et éclatent, provoquant des projections** qui partent dans tous les sens.

→ De la même façon, de grosses **bulles de gaz** explosent en surface et projettent dans les airs des blocs de lave appelés **bombes volcaniques**.

Je m'entraine

1 Coche la ou les bonne(s) réponse(s).

a. Où la lave est-elle stockée ?

❑ dans la chambre magmatique
❑ dans la cheminée
❑ dans le cratère

b. Par quel chemin la lave remonte-t-elle des profondeurs ?

❑ par la cheminée
❑ par des fissures
❑ par un tuyau

c. Ce sont les gaz qui poussent le magma vers la surface.

❑ vrai ❑ faux

d. Les bombes volcaniques provoquent des explosions.

❑ vrai ❑ faux

e. Il existe des volcans au fond des océans.

❑ vrai ❑ faux

f. Les volcans effusifs sont les plus dangereux.

❑ vrai ❑ faux

2 Réponds aux questions.

a. Qu'est-ce que le magma ?
b. Quels sont les deux grands types de volcans ?
c. À quels endroits les volcans apparaissent-ils ?

3 Lis ce texte et réponds aux questions.

Une prévention des risques sur l'ile du volcan Sakurajima

Devant les risques provoqués par ce volcan coléreux, il serait prudent de déserter l'ile. Pourtant, de nombreux hommes y vivent. Mais il faut protéger la population.
Des scientifiques le surveillent en permanence à l'aide d'appareils sophistiqués. Des canaux artificiels guident les coulées de boues.
Des abris en béton sont construits au bord des routes et les enfants portent des casques chaque fois qu'ils sortent dans la rue. En cas de danger d'explosion, toute la population peut être évacuée de l'ile en quelques heures.

a. Comment les gens se protègent-ils des chutes de pierres ?
b. Comment peut-on prévoir une éruption catastrophique ?
c. Quelle est alors la mesure prévue ?

Super exercice

Lis ces textes et réponds aux questions.

Texte 1. Le mont Saint Helens, au nord-ouest des États-Unis, était calme depuis 123 ans. L'alerte est donnée en mai 1980 : le volcan « gonfle » sous l'effet du magma qui remonte. Le secteur est évacué.
Texte 2. Le magma cause un glissement de terrain. Les gaz sont libérés lors d'une très forte explosion, entrainant des débris et des cendres à 20 km d'altitude. Sur 600 km^2, les alentours sont dévastés, 61 personnes sont tuées.
Texte 3. Il ne reste sur le cône volcanique qu'un énorme trou qui indique la masse de matériaux emportés par l'explosion.

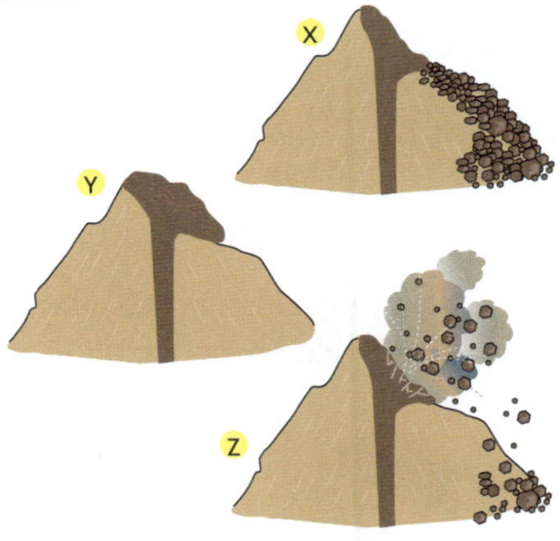

a. Remets les dessins dans l'ordre en les associant à chaque texte.

Texte 1 : dessin ....

Texte 2 : dessin ....

Texte 3 : dessin ....

b. Le mont Saint Helens produit-il une lave fluide ou visqueuse ?

Sciences

12 Les séismes et les risques pour les sociétés humaines

Je retiens l'essentiel

OBJECTIF
→ Reconnaitre et comprendre les manifestations sismiques.

JE SAIS DÉJÀ
✔ Des séismes ont lieu régulièrement sur la Terre.

SUPER MÉMO
Des fractures profondes créent des vibrations qui provoquent souvent des destructions en surface.

▷ Causes des séismes

• Des cassures plus ou moins profondes se produisent dans l'**écorce terrestre**, déclenchant le départ d'**ondes sismiques** dévastatrices. Un **séisme** ou **tremblement de terre** se produit alors en surface. Quand un séisme se produit sous la mer, il peut provoquer un raz de marée ou tsunami.

• Les principaux volcans ainsi que les zones sismiques se situent là où l'écorce terrestre est fragile. En ces lieux, les plaques qui forment l'écorce s'écartent ou se rapprochent à des vitesses très lentes sous la poussée du magma en mouvement.

▷ Étude des séismes

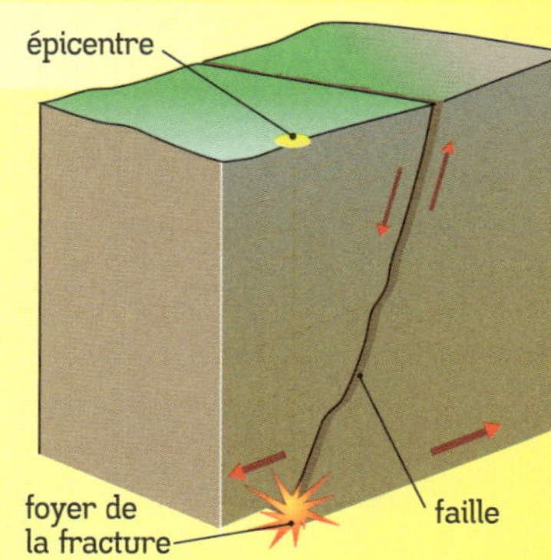

• Les séismes sont très meurtriers car ils sont difficiles à prévoir. Pour les étudier, on utilise des **sismographes**, très sensibles aux vibrations du sol. Grâce à ces appareils, on peut savoir où s'est produite la cassure (**le foyer**) et connaitre ensuite l'endroit en surface (**l'épicentre**) le plus proche du foyer et le plus atteint.

• La **magnitude** ou puissance d'un séisme est mesurée avec l'**échelle ouverte de Richter** qui peut dépasser 9 degrés. L'échelle de Mercalli ou celle de MSK, à 12 degrés, permettent d'en mesurer l'intensité par ses effets destructeurs.

▷ Prévention des risques

• Dans les régions menacées, les hommes essaient de se protéger en bâtissant des **constructions parasismiques** qui résistent aux secousses sismiques.

Je sais comment c'est fait

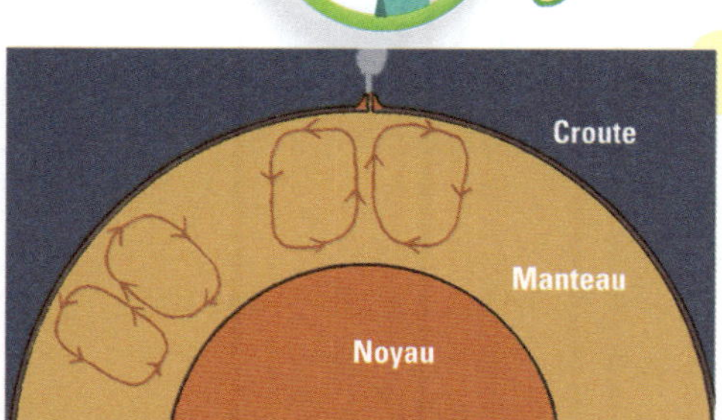

▷ Qu'y-a-t-il dans les profondeurs de la Terre ?

L'étude de la **vitesse des ondes sismiques** (10 km/s) qui traversent la Terre a permis de découvrir sa **structure**.
La Terre est formée d'un **noyau**, d'un **manteau** et d'une **croute** où nous nous trouvons. La grande chaleur du manteau provoque d'immenses **mouvements de convection** de roches qui, en se déplaçant, sont responsables des séismes et du volcanisme.

Je m'entraine

1 Coche la bonne réponse.

a. Quelle échelle permet de mesurer la magnitude d'un séisme ?
- ❑ l'échelle de Mercalli
- ❑ l'échelle de Richter
- ❑ l'échelle de MSK

b. Qu'est-ce qui provoque un séisme ?
- ❑ des vagues sur l'eau
- ❑ une cassure dans le sol
- ❑ une explosion souterraine

c. Les ondes sismiques se propagent à la vitesse moyenne de :
- ❑ 10 km/heure
- ❑ 10 km/seconde
- ❑ 300 000 km/seconde

d. Que mesure l'échelle de Mercalli ?
- ❑ la magnitude d'un séisme
- ❑ l'intensité d'un séisme

2 Réponds aux questions.

a. Comment se nomme l'endroit où se produit la cassure responsable d'un séisme ?

b. Comment se nomme le point en surface atteint le premier par les ondes sismiques ?

c. Quel type d'appareils utilise-t-on pour étudier les séismes ?

d. Pourquoi certains bâtiments sur la photo de la page 208 sont-ils restés intacts ?

3 Observe les documents et réponds aux questions.

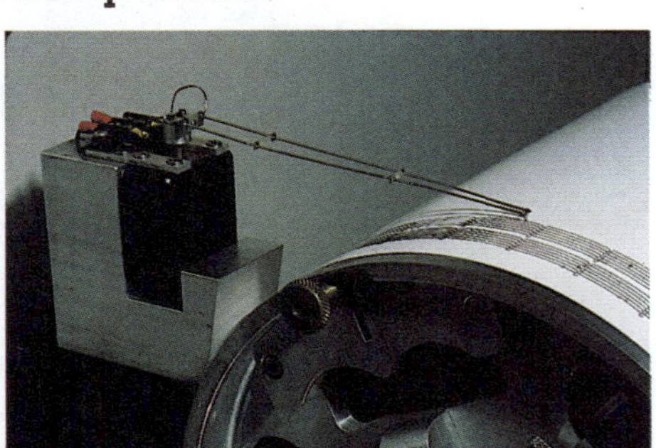

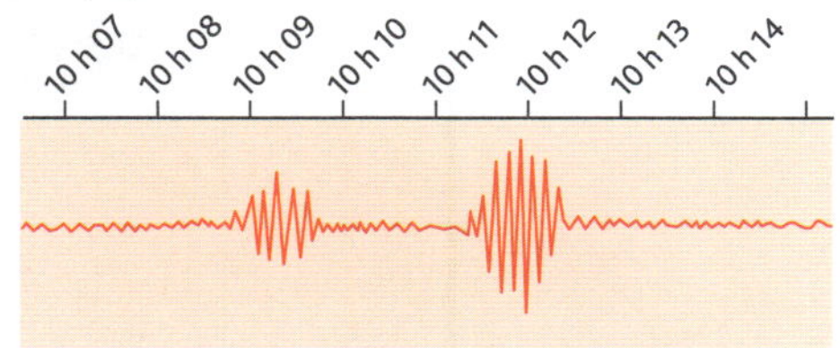

Il existe dans les laboratoires de sismologie (où l'on étudie les séismes), des sismographes qui enregistrent les moindres vibrations du sol. Ces appareils sont capables d'inscrire le tracé des secousses d'un séisme même très lointain.

a. Marque par une flèche sur le tracé le début de l'arrivée des ondes sismiques.

b. À quelle heure les premières ondes se sont-elles manifestées ?

c. Les ondes sismiques arrivent-elles toutes en même temps ?

Super exercice

Lis, observe et réponds aux questions.

Le 9 septembre 1954, un séisme provoqua la mort de plus de 1 200 personnes à Orléanville (aujourd'hui El Asnam), en Algérie.
La carte représente la région sinistrée.
On a reporté des lignes reliant des points de même intensité selon l'échelle de Mercalli.
Plus le nombre est grand, plus les dégâts sont importants.

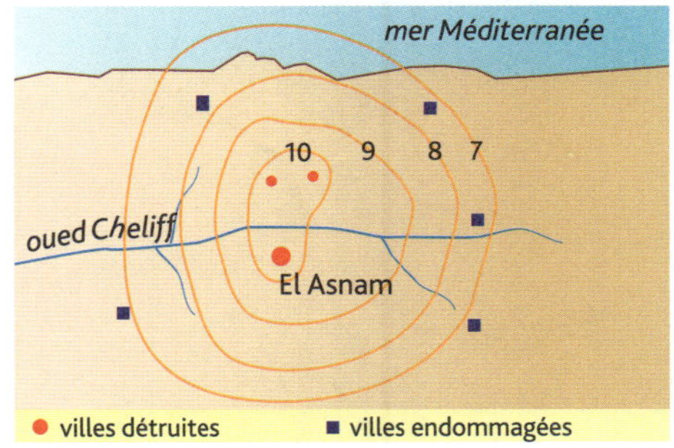

a. Que mesure l'échelle de Mercalli ?

b. Quelle est l'intensité atteinte dans la ville d'El Asnam ?

c. Où se situe l'épicentre de ce séisme ?

d. Que se passe-t-il à mesure que l'on s'éloigne de cet épicentre ?

Anglais

DATE ÉVALUATION

1	Hello! Where are you from?	212		
2	The family / The house	214		
3	The body and the face / The clothes	216		
4	What's your job?	218		
5	Numbers / Animals	220		
6	Time / Days / Seasons	222		
7	Holidays and sports	224		

Certains exercices proposent des compléments audio, disponibles sur le site www.hatier-entrainement.com

Ils sont signalés par : site **www.hatier-entrainement.com**

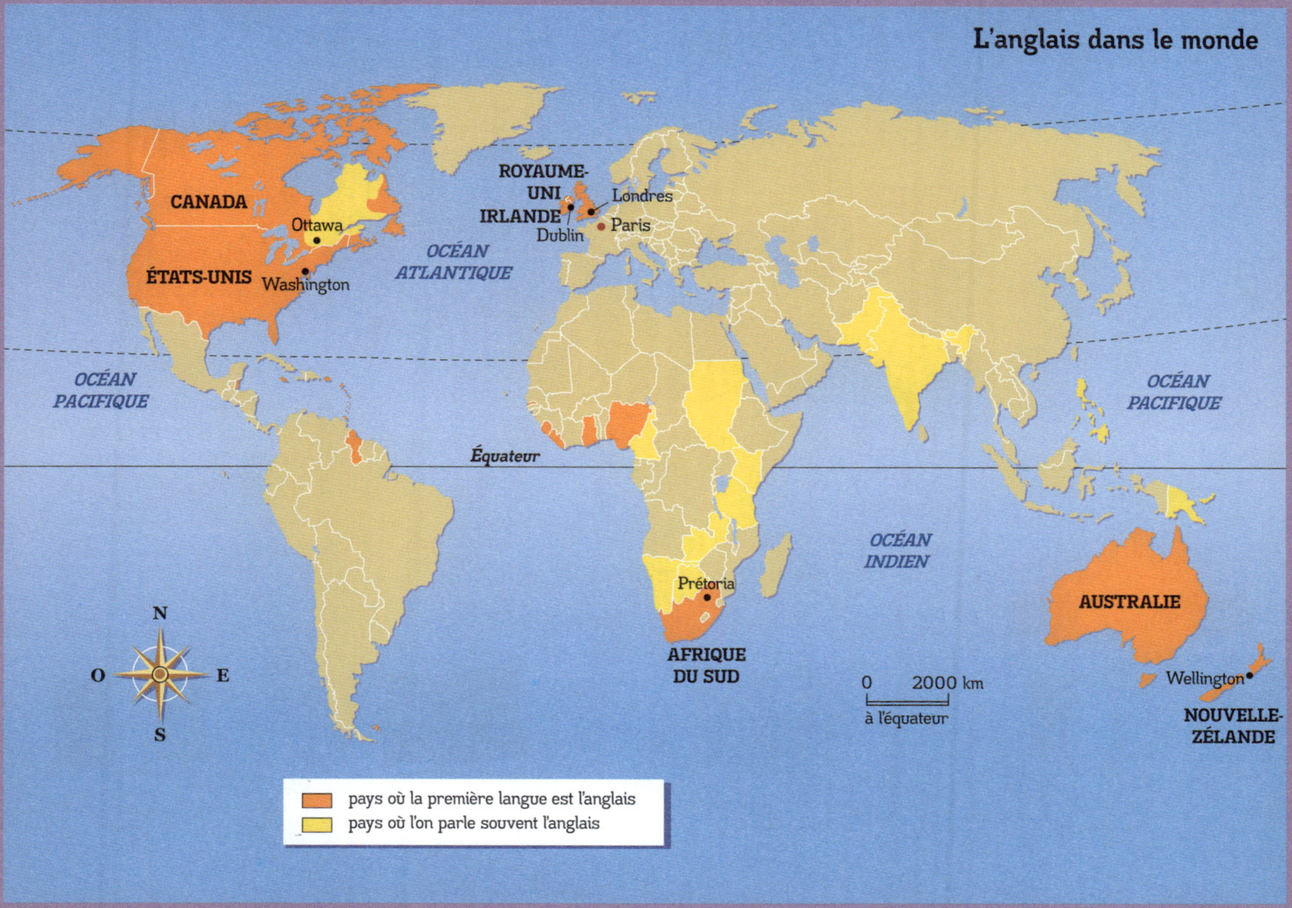

1 Hello! Where are you from?
Bonjour! D'où viens-tu ?

Vocabulary

OBJECTIF
→ Savoir dire et demander d'où l'on vient.

INFOS CIVILISATION

La fête américaine de *Thanksgiving* a lieu le 4e jeudi de novembre. Les repas se composent de dinde farcie, de purée de pomme de terre ou de patates douces et de tarte aux pommes ou à la noix de pécan.

Dialogue

site **www.hatier-entrainement.com**

– Bonjour, je m'appelle Jessica, je viens de Paris.
– Bonjour, je m'appelle Allison. Je viens de Londres.
– Salut! Je m'appelle Giani. Je viens de Rome.
– Eh! D'où viens-tu? Comment t'appelles-tu?

!

Where are you from?
D'où viens-tu ?

I'm from…
Je viens de…

She / He is from…
Elle / Il vient de…

My name is… I'm…
Je m'appelle…

SUPER MÉMO
penfriend: correspondant(e)

READ and REPEAT

French English Spanish Italian

VOCABULAIRE sur le site **www.hatier-entrainement.com**

Games

1 Mets les mots dans le bon ordre pour former trois phrases.

YOUR | ? | 'S | NAME | WHAT

....

FROM | ? | YOU | WHERE | ARE

Where are you from?

MADRID | FROM | AM | I

MORNING | GOOD

....

2 D'où viennent ces enfants ? Complète les phrases comme dans l'exemple.

Paris

I'm from Paris.
I'm French.

London

....

....

Berlin

....

....

Rome

....

....

Madrid

....

....

3 Place les mots sous les bonnes horloges.

GOOD MORNING | GOOD EVENING

GOOD NIGHT | GOOD AFTERNOON

→ Read

- My penfriend is from the United States. She lives in New York. She is American. Her name is Britney. Where are you from?

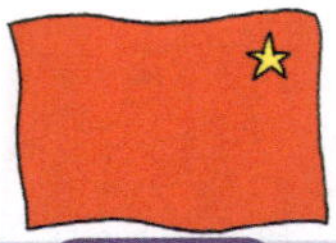

Chinese

German

Belgian

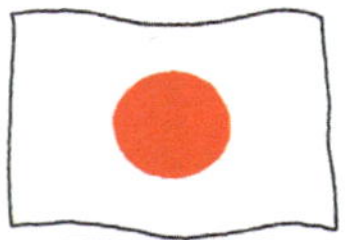

Japanese

Anglais

Ton évaluation sur ce chapitre

2 The family / The house
La famille / La maison

Vocabulary

- **The family**

OBJECTIF
→ Acquérir le vocabulaire de la famille et de la maison.

INFOS CIVILISATION

La ville de Dublin se trouve en Irlande. C'est la capitale et c'est également la plus grande ville du pays.

- **The house**

The kitchen

The dining room

The bedroom

The sitting room

The bathroom

Dialogue

SUPER MÉMO

only: seulement
all: tous

READ and REPEAT

► Voici ma petite sœur Charlize.

► Et ce sont mes six frères !

!

This is
+ singulier :
c'est, voici :
This is my room.

These are
+ pluriel :
ce sont, voici :
These are my dogs.

ANGLAIS

Games

1 Remplace les dessins par les mots corrects.

a. There is a 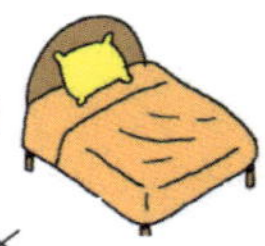 in my 

b. The  is in the 

c. There are four  in the 

d. The yellow  is on the 

e. The 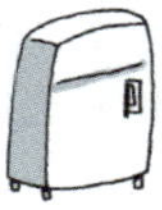 is in the 

2 Observe cet arbre généalogique et complète cette liste.

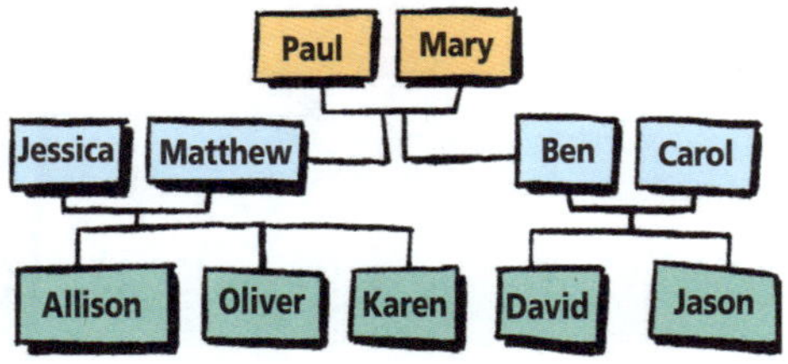

Exemple : Matthew and Jessica
= father and mother

a. David and Jason
= brother and ....

b. Oliver and Allison
= brother and ....

c. Ben and Carol
= uncle and ....

d. Mary and Paul
= grandmother and ....

3 Complète cette grille.

4 Fais des phrases avec les éléments dans le tableau.

THIS THESE	IS ARE	Elliot my brother. my new shoes. my friend Jennifer.

....

....

....

→ Read

- My uncle, my aunt and my cousins live in London in a big house with a beautiful garden.
- My cousins have all got a television in their rooms, not like me! We have got only one in the sitting room.

between

behind

near

above

Anglais

Ton évaluation sur ce chapitre

3 The body and the face / The clothes
Le corps et le visage / Les vêtements

Vocabulary

OBJECTIF
→ Acquérir le vocabulaire du corps, du visage et des vêtements.

INFOS CIVILISATION
Les anglais aiment aller au pub pour boire un verre entre amis ou déguster un repas traditionnel tout en jouant aux fléchettes.

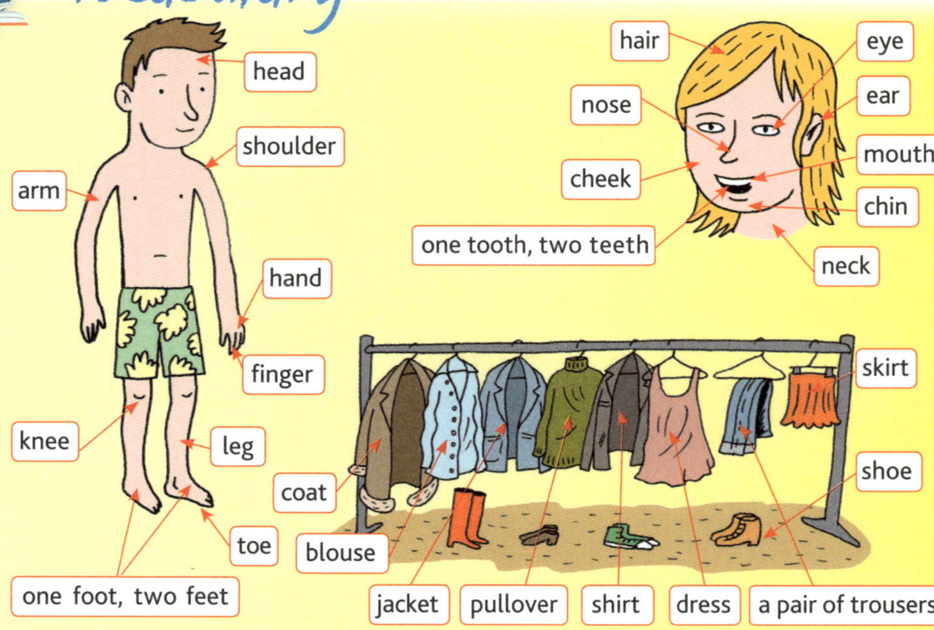

Dialogue

site **www.hatier-entrainement.com**

– Sortons maintenant ! Mets ton manteau et tes chaussures !
– Mais je porte une veste chaude ; je n'ai pas froid.

– Décris ton (ta) meilleur(e) ami(e).
– Elle s'appelle Allison, ses cheveux sont longs, son nez est petit, ses yeux sont bleus…

!

I am cold = I'm cold = j'ai froid

I am hot = I'm hot = j'ai chaud

I am thirsty = j'ai soif

I am hungry = j'ai faim

SUPER MÉMO

too: trop
take off: retirer
all: tout

READ and REPEAT

hot / cold

big / small

long / short

VOCABULAIRE sur le site **www.hatier-entrainement.com**

Games

1 Mets ces lettres en ordre pour trouver des parties du corps ou du visage.

a. MAR ....

b. HOULSRED ....

c. OTE ....

d. GLE ....

e. AHDN ....

2 Relie les phrases aux personnages.

I am cold.

I'm hot.

I'm thirsty.

I'm hungry.

I'm old.

I'm young.

I'm dirty.

3 Ces vêtements ont perdu leurs voyelles. Retrouve-les.

a. DR★SS

b. P★★R ★F TR★★S★RS

c. J★CK★T

d. SH★★S

e. P★LL★V★R

f. S★CKS

g. SK★RT

h. C★★T

i. BL★★S★

j. SH★RT

4 Quels sont les personnages qui correspondent à ces descriptions ?

a. His hair is long.
His nose is big.
Paul ☐ Benjamin ☐

Paul Benjamin

b. She is wearing a red dress,
a white jacket and blue shoes.
Betty ☐ Diana ☐

Betty Diana

5 Dans cette grille entoure 4 vêtements et 7 parties du corps ou du visage.

T	A	O	C	T	O	E
M	O	U	T	H	B	T
K	N	E	E	S	L	E
H	E	Y	E	S	O	K
E	E	S	O	N	U	C
A	N	E	C	K	S	A
D	S	H	O	E	E	J

→ Read

— I'm too hot!
— So take off your coat,
your jacket and your pullover of course…
Your cheeks and nose are all red!

Anglais

cheap / expensive

empty / full

clean / dirty

4 What's your job?
Quel est ton métier ?

Vocabulary

OBJECTIF

→ Acquérir le vocabulaire des métiers.

INFOS CIVILISATION

Il existe un métier à Londres qui s'appelle *beefeater*. Ce ne sont pas des mangeurs de bœuf comme ce terme peut l'indiquer mais les gardiens de la Tour de Londres.

Dialogue

site **www.hatier-entrainement.com**

– Quel est son métier ?
– Elle est professeur.

– Quel est son métier ?
– Il est policier.

!

his dog

her dog

SUPER MÉMO

job: métier
what: que, qu'est-ce que
her: son, sa, ses (à elle)
his: son, sa, ses (à lui)
like: aimer
nurse: infirmier/ère
sweets: bonbons

READ and REPEAT

butcher

greengrocer

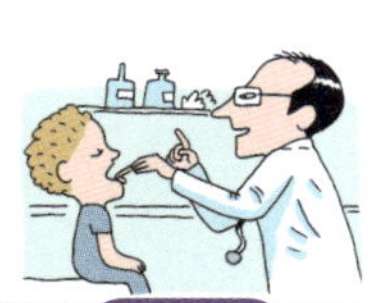

doctor

vet

VOCABULAIRE sur le site
www.hatier-entrainement.com

ANGLAIS

Games

1 **Qu'utilisent ces personnes dans leurs métiers ? Relie à la personne l'objet qui lui correspond.**

teacher
greengrocer
policeman
painter
baker
postman

2 **Barre les lettres qui se trouvent en double sur ce camion. Les lettres restantes, dans l'ordre, te donneront le nom d'un métier.**

....

3 **Relie chaque objet à la bonne personne, Lea ou Tyrone. Attention à *his* et *her*.**

her telephone
his skateboard
his bike
her ice cream
her bag
his dog

→ Read

- My mother is a nurse and my father is a dentist. I don't like his job because I cannot eat sweets or chocolate.

fireman

painter

postman

actor

5 Numbers / Animals
Nombres / Animaux

Vocabulary

site **www.hatier-entrainement.com**

OBJECTIF
→ Acquérir le vocabulaire des nombres et des animaux.

INFOS CIVILISATION

Le métro de Londres s'appelle *underground* mais on dit généralement *the tube*.
C'est le premier métro du monde, il a été construit en 1863.

Numbers

1	one	**22**	twenty-two
2	two	**23**	twenty-three
3	three	**24**	twenty-four
4	four	**25**	twenty-five
5	five	**26**	twenty-six
6	six	**27**	twenty-seven
7	seven	**28**	twenty-eight
8	eight	**29**	twenty-nine
9	nine	**30**	thirty
10	ten	**31**	thirty-one
11	eleven	**32**	thirty-two . . .
12	twelve	**40**	forty
13	thirteen	**44**	forty-four
14	fourteen	**45**	forty-five
15	fifteen	**46**	forty-six
16	sixteen	**47**	forty-seven
17	seventeen	**48**	forty-eight
18	eighteen	**49**	forty-nine
19	nineteen	**50**	fifty
20	twenty	**100**	one / a hundred
21	twenty-one		

Animals

Dialogue

– Combien de singes y a-t-il ?
– Je vois 5 singes.

– Non ! Il y a 6 singes ! Regarde sur ton épaule !
– Oh non !

!

how many = combien

how many dogs = combien de chiens

SUPER MÉMO

even: même
I think: je pense
more than: plus que
these: ces

READ and REPEAT

ANGLAIS

Games

1 **Observe bien ce dessin, compte les carrés, les cercles et les étoiles puis réponds aux questions.**

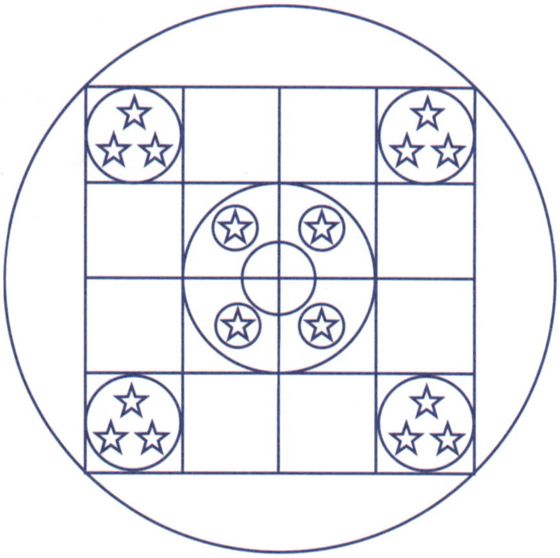

How many squares can you see? I can see ....

How many circles can you see? I ....

How many stars can you see? ....

2 **Écris ces nombres en lettres.**

85 : quatre-vingt-cinq

28 : vingt-huit

100 : cent

13 : treize

70 : soixante-dix

91 : quatre vingt-onze

12 : douze

20 : vingt

56 : cinquante-six

38 : trente-huit

11 : ....

64 : ....

3 **Colorie comme on te le demande l'objet que ces personnages tiennent.**

She has got a pink tulip.

She's got a brown book.

He's got a green and red ice cream.

He's got a black and grey cat.

→ Read

- This zoo is fantastic! There are bears and even kangaroos! Look at these snakes! How many are there? More than twenty I think.

Anglais

6 Time / Days / Seasons
Heure / Jours / Saisons

Vocabulary

OBJECTIF
→ Acquérir le vocabulaire de l'heure, des jours et des saisons.

- **What time is it?**

It's nine o'clock.	It's five past nine.	It's ten past nine.	It's quarter past nine.	It's twenty past nine.	It's half past nine.

- **Days**

Monday	Tuesday	Wednesday	Thursday	Friday	Saturday	Sunday
lundi	mardi	mercredi	jeudi	vendredi	samedi	dimanche

- **Seasons**

Spring

Summer

Autumn

Winter

INFOS CIVILISATION

Les Écossais sont connus pour porter un costume traditionnel. Ils portent un *kilt* qui est une jupe portefeuille plissée en laine.

Dialogue

SUPER MÉMO
beach: plage
country: campagne

– Je suis en retard pour l'école.
– L'école ? Mais on est dimanche. Il n'y a pas école le dimanche !

– Quelle heure est-il ?
– Il est 8 heures.

!
Les noms de jours prennent toujours une majuscule :
Monday Friday
Ils sont précédés de *on* :
I go to school ON Mondays
= Je vais à l'école le lundi.

READ and REPEAT

play

walk

open

close

ANGLAIS

Games

1 Écris l'heure en toutes lettres.

a.  ....

b.  ....

c.  ....

d. 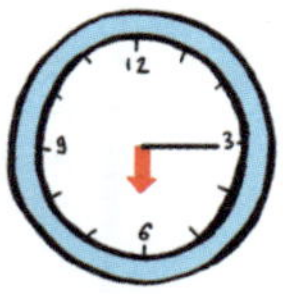 ....

e.  ....

2 Complète la grille avec les noms de jours.

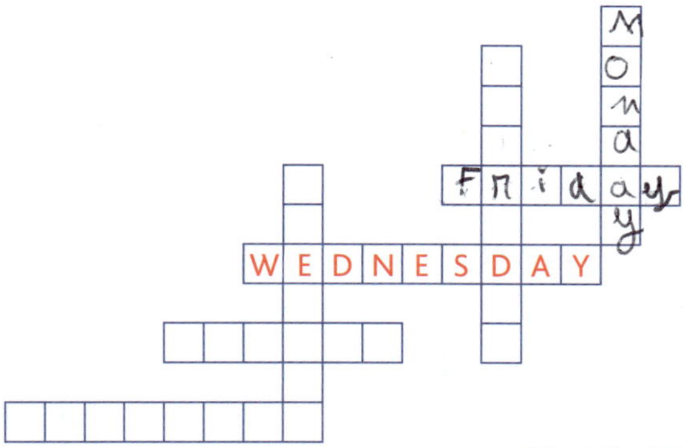

3 Place les mois dans la boite des saisons à l'aide de flèches.

January — May — July — December — September — March

SUMMER	SPRING
AUTUMN	**WINTER**

October — April — February — June — August — November

→ Read

- What do you do on Saturdays and Sundays? I go to the beach in summer. I like July and August. I go to the country in winter.

Anglais

7 Holidays and sports
Vacances et sports

OBJECTIF
→ Acquérir le vocabulaire relatif aux vacances et aux sports.

Vocabulary

At the beach

At the mountain

On a farm

INFOS CIVILISATION

Aux États-Unis le pont le plus haut se trouve à San Francisco. C'est le *Golden Gate Bridge*, c'est un pont suspendu qui fait 2 737 mètres de long.

Dialogue

► Je vais à la plage en aout. J'adore le bord de mer.

► Je vais dans la ferme de mon oncle. J'aime l'odeur des cochons !

!

I am going to… = je vais à

I like = j'aime

I love = j'adore

SUPER MÉMO

favourite: préféré
snowboarding: snowboard
good at…: bon en…

READ and REPEAT

swim

play tennis

cycle

catch

Games

1 Chasse l'intrus.

towel — waves — sand — chairlift — seashells

sheep — farmer — pond — barn — bucket

snowboard — ski lift — grass — mountain — chairlift

2 En utilisant ce code, reconstitue ce que disent ces enfants.

A	B	C	D	E	F	G	H	I	J	K	L	M
26	25	24	23	22	21	20	19	18	17	16	15	14
N	O	P	Q	R	S	T	U	V	W	X	Y	Z
13	12	11	10	9	8	7	6	5	4	3	2	1

Alex : 24 12 14 22 / 7 12 / 7 19 22 / 25 22 26 24 19 / 4 18 7 19 / 14 22 /

Leo : 13 12 /, 18 / 24 26 13' 7 / 8 4 18 14

....

....

3 Relie le sport à l'objet qui lui correspond.

diving

ice skating

swimming

skiing

tennis

cycling

football

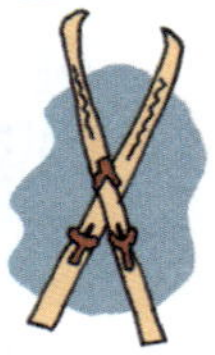

→ Read

- Skiing is my favourite sport because I love mountains in winter. My parents say that I'm a good skier. I am also good at snowboarding.

go horse riding

skate

ski

dive

Anglais

Mais que vas-tu faire l'année prochaine en 6e

Après les grandes vacances tu vas entrer en 6e. Beaucoup de choses vont changer. Tu vas quitter ton école pour aller dans un collège. Et tu auras un professeur différent pour chaque matière. Mais si tu as bien travaillé au CM2, ça ne devrait pas être trop difficile !

L'année prochaine, c'est un grand changement pour toi. Tu vas entrer au collège. Tu vas peut-être devoir y aller seul, et il est peut-être assez loin de chez toi. Il faudra aussi apprendre à t'y repérer : les bâtiments sont souvent plus grands que ceux que tu connaissais, et il y a beaucoup d'élèves plus âgés dans les couloirs et la cour de récréation.
Tu auras un professeur différent pour chaque matière. Mais rassure-toi, tout ce que tu sais déjà faire va t'aider. La 6e prolonge le CM1 et le CM2 et, à la fin de l'année, les professeurs jugeront l'ensemble de tout ce que tu as appris dans ces trois classes. Voici les choses les plus importantes qu'ils attendent de toi, matière par matière.

✓ Français

En français, **à l'oral** il faut que tu comprennes bien ce que tu entends : les consignes, les descriptions, les récits, les énoncés des devoirs. Tu devras savoir t'exprimer, demander, donner ton opinion et tes arguments le plus clairement possible. Tu devras aussi pouvoir participer aux conversations avec les autres élèves et les adultes, en sachant comment d'adresser aux gens selon la situation.
Pour la lecture, tu sauras comprendre et interpréter et réagir à des textes que tu liras seul. Tu sauras aussi comprendre des documents (par exemple des tableaux, des graphiques, des schémas ou des diagrammes). Ça te servira dans d'autres matières comme les mathématiques, les sciences ou l'histoire-géographie.
Tu sauras aussi **écrire** un texte d'une à deux pages, en l'organisant pour qu'il soit compris par celui qui le lit. En orthographe, tu appliqueras les règles d'accord, distingueras les homophones et vérifieras dans le dictionnaire les mots dont tu n'es pas sûr.

✓ Mathématiques

En maths, tu dois comprendre ce que signifient **les différentes opérations** que tu as apprises. Il faut connaitre **les différentes sortes de nombres** et **les règles de calcul** pour résoudre les problèmes. Tu sauras expliquer comment tu obtiens tes résultats. En **géométrie**, tu devras savoir lire des plans et te repérer sur une carte. Tu pourras reconnaitre, décrire et dessiner des formes et des objets simples et trouver en quoi ils se ressemblent et en quoi ils sont différents. Tu sauras utiliser pour cela des maquettes, des photos ou des patrons.

✓ Histoire

En histoire-géographie, il faudra te souvenir des programmes des années précédentes et savoir **expliquer quand, pourquoi, comment se sont produits les évènements** que tu as appris et **quelles conséquences ils ont sur la vie d'aujourd'hui**. Tu sauras les expliquer par écrit et à l'oral, comme tu sauras comprendre et choisir les différentes informations que tu découvriras dans des films, des livres ou lors de sorties. Tu devras bien sûr savoir comment les sélectionner sur les sites Internet. Les cours d'histoire tourneront autour de trois thèmes : **les débuts de l'humanité** (de la Préhistoire jusqu'aux premières écritures) ; **les croyances et les religions** autour de la Méditerranée mille ans avant Jésus-Christ ; **l'Empire romain** dans le monde antique.

Enseignement moral et civique

Tu continueras à réfléchir et à discuter autour des grands thèmes qui constituent **la citoyenneté** : tout ce qui touche à la sensibilité (la tienne et celles des autres) et au **respect du droit et des règles** pour mieux vivre ensemble. Comment écouter et s'exprimer au sein du groupe ? Pourquoi l**a démocratie** implique-t-elle l'obéissance aux lois ? Quels principes défend la **République française** ? Quelles différences entre l'intérêt particulier et l'intérêt général ?

Géographie

En géographie, le thème central est lié à **l'habitat** : comment les gens vivent-ils dans une grande ville ? dans un territoire très peu peuplé ? au bord de la mer ? dans les différents endroits de la planète ?

Sciences et technologie

Tu étudieras comment les êtres vivants vivent dans notre **environnement proche** et comment ils se **répartissent**. Tu découvriras comment s'organise le **peuplement d'un milieu** et quelle est **l'action de l'homme** sur son évolution.
Tu travailleras sur **l'origine de la matière** chez les êtres vivants et son **devenir**.
Tu verras comment l'homme **produit** et **transforme** son **alimentation**.
Tu approfondiras la notion de **diversité**, les **liens de parenté** et **l'unité** qui existent entre les êtres vivants.

Langue vivante
(étrangère ou régionale)

En langue vivante, tu continueras celle que tu as commencé à apprendre, pour mieux la parler, la lire et l'écrire.

Attention : dans la plupart des matières, tu devras savoir travailler seul et en groupe. Car en 6e, il faut montrer ton sens de l'initiative et savoir être autonome. Tu auras plus de devoirs à faire le soir et il faudra t'adapter à un emploi du temps plus compliqué puisque tu auras plusieurs professeurs. Mais il y aura toujours des récréations et des amis. Ça, ça ne change pas !

Séance n°1 de révision

Date ....

Français

1 • Donne la classe grammaticale des mots soulignés.

C'est une louve noire, couchée en boule au milieu de ses petits, et qui fixe le garçon en grondant.

a. Noire : ....

b. Au milieu de : ....

c. Et : ....

d. Qui : ....

e. Le garçon : ....

VOIR LEÇON :
La classe ou nature des mots, p. 6-7.

........../10

2 • Souligne les mots invariables.

Les oiseaux n'avaient jamais vu un tel rassemblement de cerfs auparavant. La pie était vite partie annoncer l'évènement alentour. Immédiatement, le petit peuple de la forêt avait accouru, pressentant une nouvelle de premier ordre, peut-être grave.

VOIR LEÇON :
La classe et la nature des mots, p.12-13.

........../10

Mathématiques

3 • Dans un groupe de 100 élèves, 64 déclarent aimer les mathématiques.

a. Donne la fraction indiquant la proportion d'élèves aimant les mathématiques. ....

b. Simplifie cette fraction par 2. ....

c. Complète : $\frac{64}{100} = \frac{\dots}{1\,000}$.

d. Complète : $\frac{64}{100} = \frac{\dots}{25}$.

e. Dans un autre groupe de 250 élèves, la proportion d'élèves qui aiment les mathématiques est la même.

Combien d'élèves de ce groupe aiment les mathématiques ? ....

VOIR LEÇON :
Les fractions, p. 80-81.

........../10

4 • a. Range ces fractions par ordre croissant :

$\frac{24}{65}$ $\frac{33}{65}$ $\frac{7}{65}$ $\frac{77}{65}$ $\frac{65}{65}$

b. Complète : $\frac{59}{33} = \dots\dots + \frac{\dots}{33}$

c. Complète : $\frac{75}{23} = 3 + \frac{\dots}{\dots}$

d. Calcule : $\frac{32}{45} + \frac{17}{45} = \dots\dots$

e. Complète par le signe $<$ ou $>$: $\frac{17}{12}$ .... $\frac{25}{40}$

VOIR LEÇON :
L'addition et la comparaison de fractions, p. 82-83.

........../10

Histoire

5 • Réponds oralement

a. Comment s'appelle un régime où le roi concentre tous les pouvoirs ?

b. Comment s'appelle un régime où le pouvoir est exercé par plusieurs représentants élus ?

c. Comment s'appellent les empereurs qui se sont emparés du pouvoir au XIXe siècle ?

d. Quelles sont les dates de la Restauration ?

e. Entre la Révolution et 1870, combien de temps a duré la République ?

VOIR LEÇON :
L'installation de la République, p. 140-141.

........../10

Sciences et technologie

6 • Réponds oralement

a. Quel est le point commun entre tous les vertébrés ?

b. Quelle relation entre deux êtres vivants permet à chacun d'en tirer un bénéfice ?

c. Quelle est la relation la plus courante entre les êtres vivants ?

d. Qu'est-ce qu'un réseau alimentaire ?

VOIR LEÇON :
La classification des êtres vivants et la biodiversité, p. 186-187.

........../10

Séance n°2 de révision

Date ....

Français

1 • Précise la nature des pronoms soulignés.

« Aujourd'hui, <u>nous</u> allons nous transformer en loups-garous, dit la sorcière. Regardez bien ce que <u>je</u> fais, puis essayez <u>chacun</u> votre tour. »
Les lutins n'en croient pas leurs yeux. Les deux premiers avancent courageusement, mais les deux <u>autres</u> préfèrent se cacher derrière les rideaux. <u>Ils</u> n'ont pas du tout envie de devenir des loups-garous !

VOIR LEÇON :
Les pronoms, *p. 10-11.*

........../10

2 • Souligne les pronoms relatifs et indique leur fonction.

a. Un jeune homme qui partait en vacances rencontra un vieil homme qui admirait le paysage.

....

b. La vache que le paysan a achetée attend un veau.

....

c. Voici la bicyclette dont je t'ai parlé.

....

d. Verse-moi du thé dans la tasse où l'on voit des poissons chinois.

....

VOIR LEÇON :
Les pronoms relatifs, *p. 12-13.*

........../10

Mathématiques

3 • À partir du nombre 47,89 réponds aux questions suivantes.

a. Écris ce nombre sous forme de fraction décimale.

....

b. Écris ce nombre en lettres. ....

c. Quel est le chiffre des dixièmes ? ....

d. Quelle est sa partie entière ? ....

e. Décompose ce nombre. ....

VOIR LEÇON :
Les nombres décimaux et les fractions décimales, *p. 84-85.*

........../10

4 • a. Range ces nombres par ordre croissant :
4 789 3 652 4 765 8 974 8 456 4 723 10 258

....

b. Trouve le chiffre qui manque : 4 789 < 47........2

c. Range ces nombres par ordre décroissant.
34,789 23,45 34,702 34,12 23,8 23,405

....

d. Trouve le chiffre qui manque : 12,4......5 < 12,412

e. Encadre au centième près le nombre 45,109.

VOIR LEÇON :
La comparaison de nombres entiers et décimaux, *p. 86-87.*

........../10

Enseignement moral et civique

5 • a. Quel est le régime de la France ?

....

b. Où sont énoncés les principes de la loi ?

....

c. Quel est le texte à l'origine de la Constitution ?

....

d. Comment s'appelle le livre qui regroupe les lois ? ....

VOIR LEÇON :
La loi, *p. 160-161.*

........../10

Sciences et technologie

6 • a. Comment s'appelle la lave quand elle se trouve encore dans les profondeurs de la Terre ?

....

b. Quels sont les volcans les plus dangereux ?

....

c. Qu'est-ce qui a permis de connaître la structure interne de la Terre ? ....

d. Est-il facile de prévoir un tremblement de terre ?

....

VOIR LEÇONS :
Les volcans et les risques pour les sociétés humaines, *p. 206-207 ;* ***Les séismes et les risques pour les sociétés humaines***, *p. 208-209.*

........../10

Séance n°3 de révision

Date ....

Français

1 • Souligne en bleu les compléments de nom, en rouge les propositions subordonnées relatives.

Serge est un garçon qui aime les chats. Alors, comme personne n'est là pour le regarder, il fait le chat. Serge se souvient d'un rêve où il bondissait, léger, léger. Il grimpe sur le haut d'une armoire, s'accroupit et Blam ! voilà l'armoire de grand-mère qui bascule.

■ D'après P. Garnier, *Un chat comme moi*

VOIR LEÇON :
L'enrichissement du groupe nominal, *p. 12-13.*

........../10

2 • Indique après chaque phrase si elle est simple (S) ou complexe (C).

Plus tard, après la télé, maman nous a couchés. (................) Enfin elle est venue nous dire bonsoir. (................) Avant qu'elle ne ferme la porte, je l'ai entendue demander à mon père qu'il traduise la lettre. (................) Je suis malade de curiosité. (................) Je me suis donc levé doucement et j'ai entrouvert la porte de séparation (................).

■ D'après Brigitte Aubert et Gisèle Cavali, *Le Mensonge*

VOIR LEÇON :
Les propositions juxtaposées, coordonnées et subordonnées, *p. 16-17.*

........../10

Mathématiques

3 • a. Complète cette soustraction.

```
    .... 8 .... 2 3 , .... 1
–   2 .... 8 .... 7 , 2 ....
    ------------------------
    4 8 6 5 ...., 5 6
```

b. Calcule : 789,25 + 56,237 + 45,08 + 52 + 547,623 + 69,006 = ...

c. Complète : .... – 1 025,78 = 3 542,524

d. Complète : 78,356 – .... = 45,2

e. Un rectangle mesure 45,325 m et 27,951 m.

Quel est son périmètre ? ....

VOIR LEÇON :
L'addition et la soustraction de nombres décimaux, *p. 92-93.*

........../10

4 • a. Calcule : 45,79 × 407 = ...

b. Calcule : 89,568 × 100 = ...

c. Un robinet qui fuit laisse échapper 0,75 L par minute.

Quelle est la quantité d'eau perdue en 1 jour ?

d. Complète : 45,36 × .... = 9 072

e. Une personne mange en moyenne 0,125 kg de pain par jour.

Quelle est la consommation annuelle d'une famille de 5 personnes ? ....

VOIR LEÇON :
La multiplication de nombres décimaux, *p. 94-95.*

........../10

Histoire

5 • a. Quelles sont les trois raisons avancées pour coloniser de nouveaux territoires au XIXe siècle ? ....

b. Quel homme politique à l'origine des lois pour l'école est favorable à la colonisation ?

....

c. Comment appelle-t-on les personnes qui s'installent dans les colonies ? ....

d. Que font les populations indigènes ?

....

e. Dans quelles régions du monde la France s'installe-t-elle ? ....

VOIR LEÇON :
Les colonies françaises, *p. 144-145.*

........../10

Séance n°3 de révision

Date ....

Géographie

6 • **a.** Quels sont les quatre types de transport utilisés en France ?

....

b. Quels sont les inconvénients des transports routiers ? ....

c. Quels sont les avantages des trains ?

....

d. Pourquoi les avions ne sont-ils pas forcément empruntés pour des voyages à l'intérieur du pays ?

....

e. À quoi ressemblent les réseaux de communication ?

....

VOIR LEÇON :
***Se déplacer de ville en ville en France**, p. 168-169.*

........../10

Sciences et technologie

7 • **Réponds aux questions.**

a. Quel muscle permet le mouvement de l'air dans les poumons ? ....

b. Quels sont les gaz qui composent principalement l'air ? ....

c. L'air inspiré a-t-il la même composition que l'air expiré ? ....

d. Quels vaisseaux sanguins sont en contact avec les alvéoles pulmonaires ? ....

e. Quelle partie du corps utilise l'oxygène apporté par l'appareil respiratoire et produit le gaz carbonique rejeté ? ....

VOIR LEÇON :
***La respiration**, p. 190-191.*

........../10

Séance n°4 de révision

Date ....

Français

1 **• Souligne les propositions subordonnées relatives en rouge, les propositions subordonnées conjonctives en bleu.**

a. Le gardien demande que vous sortiez de la pelouse.

b. Nous n'allons jamais dans les pays chauds parce que mon père craint la chaleur.

c. Cette ville est célèbre pour ses musées qui présentent des objets rares.

d. J'aimerais que tu travailles tout seul.

e. Écoute bien les conseils que donne ce guide.

○ *VOIR LEÇON :*
Analyser une phrase complexe, *p. 18-19.*

........../10

2 **• Recopie ces phrases en mettant les sujets au pluriel et en faisant les accords nécessaires.**

a. La fleur est ouverte.

....

b. Ce bébé semble endormi.

....

c. Il sera le dernier à franchir la ligne d'arrivée.

....

d. Le nuage parait moins menaçant.

....

e. Ton devoir est resté incomplet.

....

○ *VOIR LEÇON :*
Le sujet et l'attribut du sujet, *p. 20-22.*

........../10

Mathématiques

3 **• a. Pose et effectue** la division 4 587 par 37.

b. Quelle est la **division** qui correspond à l'égalité 1 202 = (45 × 26) + 32 ?

c. Pour l'achat de 37 livres qui sont tous au même prix, un bibliothécaire dépense 1 591 euros.

Quel est le prix d'un livre ?

....

d. Dans un grand prix de Formule 1, les pilotes parcourent 192 km en tournant sur un circuit de 4 km de long.

Combien font-ils de tours ? ....

e. Complète cette division.

```
6  ....  ....  4  | ....  7
5  4               |----------
---                | 2  ....  4
   9  2            |
   8  ....         |
   ---------       |
   ....  ....  ....|
      1  ....  8   |
      ----------   |
            ....   |
```

○ *VOIR LEÇON :*
La division entre deux nombres entiers, *p. 98-99.*

........../10

4 **• a.** Un restaurant achète 85 couverts pour 293,25 euros.

Quel est le prix d'un couvert ? ....

b. Un garagiste paye 151 euros pour l'achat de 25 bidons d'huile.

Quel est le prix d'un bidon ? ....

c. Trouve une valeur approchée au centième de la fraction $\frac{48}{37}$.

d. Dans la division de 147 par 32, **trouve** le quotient décimal au centième près.

e. À partir de l'égalité 5 375 = 125 × 43, **trouve** le quotient de la division de 53,75 par 43.

○ *VOIR LEÇON :*
La division avec quotient décimal, *p. 100-101.*

........../10

Histoire

5 **• a.** Qu'est-ce que la révolution industrielle ?

....

b. Où travaillent les ouvriers ?

....

c. Qu'est-ce que l'exode rural ?

....

Séance n°4 de révision

Date ....

d. Quelles sont les conditions de vie des ouvriers ?

....

e. Quelle classe sociale fait face aux ouvriers ?

....

VOIR LEÇON :
Le travail au XIXe siècle, *p. 148-149.*

........../10

Géographie

6 • a. Comment s'effectuent la plupart des déplacements internationaux ?

....

b. Pour quelles raisons les personnes voyagent-elles dans le monde ?

....

c. Pourquoi les modes de transport ne sont-ils pas les mêmes dans tous les pays ?

....

d. À quoi ressemblent les réseaux de communication dans les pays pauvres ?

....

e. Dans quel hémisphère se situent les pays les plus riches ?

....

VOIR LEÇON :
Se déplacer dans le monde, *p. 172-173.*

........../10

Sciences et technologie

7 • Réponds aux questions.

a. Quelles sont les deux fonctions principales du sang ?

....

b. Quel est le muscle qui permet la circulation du sang ?

....

c. Le sang circule-t-il dans un circuit ouvert ou fermé ?

....

d. Comment le cœur réagit-il à un effort physique ?

....

e. Selon les règles de transfusion, combien existe-t-il de groupes sanguins ?

....

VOIR LEÇON :
La circulation et l'excrétion, *p. 192-193.*

........../10

Séance n° 5 de révision

Date ....

Français

1 • **Souligne les compléments de verbe.**

Le petit prince, qui assistait à l'installation d'un bouton énorme, sentait bien qu'il sortirait une apparition miraculeuse, mais la fleur n'en finissait pas de se préparer à être belle, à l'abri de sa chambre verte. Elle choisissait avec soin ses couleurs.

■ Antoine de Saint-Exupéry, *Le Petit Prince*

VOIR LEÇON :
Les compléments de verbe, p. 22-23.

........../10

Mathématiques

2 • **a.** Une combinaison de ski coutant 235 euros est soldée avec 20 % de réduction.

Quel est le montant de la réduction ? ....

b. Quatre personnes se partagent 1 284 euros.

Quelle est la part de chacune ? ....

c. Complète cette opération sans la poser :

$457{,}865 \times 100 =$ ....

d. Parmi 486 personnes interrogées, 50 % déclarent aimer le chocolat.

Combien de personnes aiment le chocolat ? ......

VOIR LEÇON :
Calcul mental, p. 102-103.

........../10

Histoire

3 • **a.** Dans quel contexte se déclenche la guerre de 14-18 ? ....

b. Que font les soldats pour se défendre et se protéger ? ....

c. En quelle année le conflit s'est-il mondialisé ?

....

d. À quelle date est signé l'armistice ?

....

VOIR LEÇON :
La Grande Guerre, p. 150-151.

........../10

Géographie

4 • **a.** Qu'est-ce qu'Internet ?

....

b. Cite quelques-unes des activités possibles sur Internet. ....

c. Pourquoi dit-on qu'Internet réduit le temps ?

....

d. Pourquoi les internautes sont-ils comparés aux habitants d'un même village ?

....

VOIR LEÇON :
Un habitant connecté au monde, p. 176-177.

........../10

Sciences et technologie

5 • **a.** De quoi a-t-on toujours besoin pour obtenir du mouvement, de la chaleur ou de la lumière ?

....

b. Quel est l'élément qui, en tournant, produit du courant électrique dans une centrale ?

....

c. Quelle source d'énergie utilise une centrale hydroélectrique ? ....

d. Quels matériaux isolants emploie-t-on dans les habitations ? ....

VOIR LEÇONS :
Les sources d'énergie, p. 198-199,
Les économies d'énergie, p. 200-201.

........../10

Anglais

6 • **Donne les nationalités correspondant à ces pays et capitales.**

England	London	....
Spain	Madrid	....
Germany	Berlin	....

VOIR LEÇON :
Hello! Where are you from?, p. 212-213.

........../10

Séance n° 6 de révision

Date ....

Français

1 • Écris les formes de ces verbes au plus-que-parfait et au futur antérieur.

a. Elle a choisi. ....

b. Ils ont entendu. ....

c. Tu as pris. ....

d. J'ai partagé. ....

e. Vous avez su. ....

VOIR LEÇON :
Les temps composés de l'indicatif, p. 28-29.

........../10

Mathématiques

2 • a. Un automobiliste parcourt 360 km en 5 heures.

Quelle est sa vitesse moyenne ? ....

b. Un cycliste roule durant 3 heures et demie à la vitesse moyenne de 27 km/h.

Quelle distance a-t-il parcourue ? ....

c. Pour relier deux villes distantes de 252 km, un automobiliste roule à la vitesse moyenne de 84 km/h.

Pendant combien de temps va-t-il rouler ? ....

d. Si un athlète court un 100 m en 10 secondes,

quelle est sa vitesse en km/h ? ....

e. Une tortue parcourt 227 m en 1 heure, un escargot parcourt 1 m en 1 minute.

Quel est l'animal le plus rapide ? ....

VOIR LEÇON :
Échelles et vitesses, p. 110-111.

........../10

Histoire

3 • a. Que se passe-t-il en 1939 ?

....

b. Que décide de faire le Maréchal Pétain ?

....

c. Quelle est la date de l'appel Général de Gaulle à résister aux Allemands ? ....

d. Que se passe-t-il le 6 juin 1944 ?

....

e. Combien de morts a provoqués cette guerre ?

....

VOIR LEÇON :
La Seconde Guerre mondiale, p. 152-153.

........../10

Géographie

4 • a. Qu'est-ce qu'un écoquartier ?

....

b. Que peut-on faire pour éviter d'utiliser les énergies polluantes ? ....

c. Cite deux installations utilisant des énergies renouvelables. ....

d. À quoi ressemblent les espaces verts dans une ville qui cohabite avec la nature ?

....

e. Comment peut-on réduire les pollutions atmosphérique et sonore en ville ?

....

VOIR LEÇON :
Cohabiter en ville avec la nature, p. 180-181.

........../10

Anglais

5 • Complète avec les verbes suivants : *eat, sing, open, play, drink*.

– I .... tea.

– I .... the door.

– I .... tennis.

– I .... a song.

– I .... hamburgers.

VOIR LEÇON :
Time – Days – Seasons, p. 222-223.

........../10

Séance n° 7 de révision

Date ....

Français

1• Complète ces phrases en mettant le verbe entre parenthèses au subjonctif.

a. Il faut que je .... (rencontrer) vos parents et que nous .... (discuter) de nos projets de vacances.

b. Je ne veux pas que tu .... (aller) voir ce film.

c. Il faut qu'il .... (être) sage et qu'il .... (avoir) le temps de se reposer.

VOIR LEÇON : *Le subjonctif présent, p. 34-35.*

........../10

Mathématiques

2• a. Calcule le périmètre d'un triangle dont les côtés mesurent 7 cm, 4 cm, 9 cm. ....

b. Écris un message qui permettrait à une personne qui ne voit pas cette figure de la tracer.

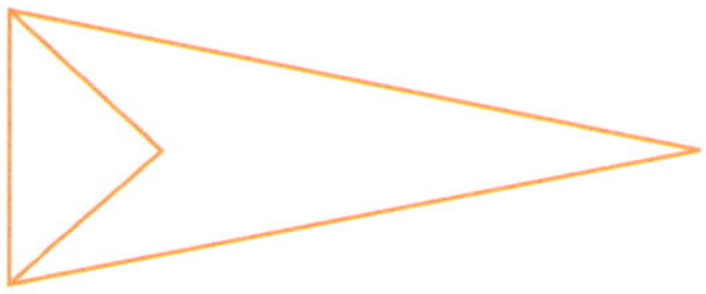

....

....

c. Combien de triangles peut-on compter sur cette figure ?

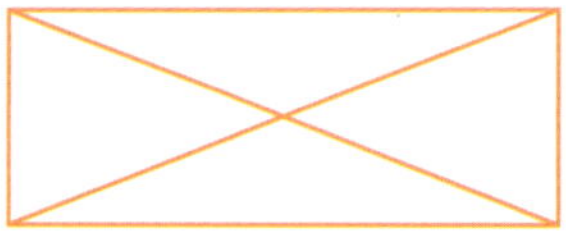

....

d. Peut-on dire qu'un triangle équilatéral est aussi un triangle isocèle ? ....

VOIR LEÇON : *Les angles et les triangles, p. 114-115.*

........../10

Histoire

3. a. Pour quelle raison la CECA a-t-elle été créée ?

....

b. En quelle année débute la CEE ? ....

c. Cite les six pays fondateurs de la CEE.

....

d. Combien de pays comprend l'Union européenne aujourd'hui ? ....

VOIR LEÇON : *La construction européenne, p. 154-155.*

........../10

Géographie

4• a. Pourquoi est-il important de trier les déchets ?

b. Qu'est-ce qu'un produit recyclable ?

c. Comment peuvent être valorisés les déchets qui ne peuvent pas être recyclés ?

VOIR LEÇON : *Recycler, p. 182-183.*

........../10

Sciences et technologie

5• a. Que se passe-t-il lorsqu'on met un peu de sel dans l'eau et que l'on remue ? Comment appelle-t-on ce phénomène ?

b. On met 1 gramme de sel dans 100 grammes d'eau puis on remue le mélange. Quelle est alors la masse de l'eau ?

c. Par quel procédé récupère-t-on le sel contenu dans l'eau de mer ? Comment s'appellent les bassins où l'on effectue cette récupération ?

d. Quelles substances peuvent être dissoutes dans l'eau minérale ?

VOIR LEÇON : *Des corps dissous, p. 194-195.*

........../10

Anglais

6• À quelles saisons correspondent ces mots ?

wind, dead leaves, clouds: ....

sun, sea, hot, beach: ....

cold, snow, snowman: ....

trees, warm, flowers, grass, birds: ....

VOIR LEÇON : *Time – Days – Seasons, p. 222-223.*

........../10

Index

Aa

accord du participe passé 46
accord sujet verbe 20
addition 82, 88, 92, 126
adjectif de couleur 36
adjectif qualificatif 6
adverbe 6, 12
adverbe en -ment, 44
aéroport 168, 170
air 190
aire 128, 130
alerter 158
alexandrin 68
Allemagne 152, 154
alliance / allié 150, 152
Alliance (la Grande) 152
alternateur 198
alvéole 190
analyser une phrase 18
angle 114
animaux 188
aorte 192
arête 120
argumentation 66
armistice 150, 152
artère 192
article 6
Assemblée nationale 162
atelier 148
attribut du sujet 20
autoroute 168, 170
Autriche-Hongrie 150
axe de symétrie 122
azote 190

Bb

bande dessinée 70
bateau 146
biodiveristé 186
biomasse 198
bombe volcanique 206
bourgeois 140, 148
braconnage 186
branchie 191
bronche 190
bronchiole 190

Cc

cadre naturel 190, 192
camembert 112
camp de concentration 152
capillaire 190, 192
capteur solaire 200
carnivore 188
carré 116, 124, 130
centrale électrique 198
centre 118
cercle 118
charbon 146, 148, 154146, 148, 154, 198, 200
Charles X 140
chiffre 78
chômage 156
citoyen 142, 160, 162
classe 78
classe ou nature des mots 6
classification 186
Code civil 161
coefficient 106
cœur 192
cohérence d'un texte 72
collaborer / collaborateur 152
colon/ colonie / colonisation 144, 150, 157
Commission européenne 162
communauté 176
communiquer 174, 176
comparatif 30
comparer 82, 86, 136
complément du nom 12
complément de phrase de temps 24
complément de phrase de lieu 24
complément de phrase de manière 26
complément de phrase de cause 26
complément du verbe 22
conditionnel 32
cône 120
conjonction de coordination 6
conjonction de subordination 6
connexion 174, 176, 178
Constitution 160,
construction européenne 154
convection 208
convertir 128, 132
coordination 16
corde 118
côté 116
coup d'État 140
Cour de justice européenne 162
courant électrique 198
courroie 196
cratère 206
crise 152, 154, 156
croissance 156
croute terrestre 208
cube 120
cybercafé 178
cyberespace 176, 179
cylindre 120

Dd

décantation 202
débarquement 153
débuter un récit 60
déchet 182
Déclaration des droits de l'homme et du citoyen 160
déclarative 14
décomposer 78, 82
définition d'un mot 52
de Gaulle 152
demi-droite 114
démocratie représentative 162
dénominateur 80
déplacement 166, 168, 170, 172
déportation 153
député 160, 162
description 62
déterminant 6
devise 163
devoir 160
diagonale 116, 124
diamètre 118
diaphragme 190
dictature 152
dioxyde de carbone 202
disque 118
dissolution 194
diviseur 96, 98
division 98, 100, 136
documentaire 64
drapeau 140
droit 114, 160
durée 126

Ee

échange gazeux 190
échanger 174
échelle 110
échelle de Mercalli 208
échelle de MSK 208
échelle de Richter 208
école 142, 144, 149
écoquartier 180
écorce terrestre 208
effet de serre 198, 202
embouteillage 166, 170
embryon 186
empire 140, 143, 144, 145, 147, 149, 150
emploi des temps composés 28
encadrer 86
énergie 180, 182, 198
enfant 140, 142, 148
engrenage 196
enrichissement du groupe nominal 14
environnement 166, 168, 180, 182
éolienne 198
épicentre 208
épithète 12
épuration 202
équilatéral 114
éruption volcanique 206
États-Unis 150, 151, 152, 154
étymologie 58
euro 154
Europe 144, 146, 150, 152, 154, 156, 170, 173, 178, 183
excrétion 192
exode rural 148
expansion du nom 12
expiration 190

Ff

face 120
facteur Rhésus 193
femme 140, 148, 149
Ferry (Jules) 142, 145
forme affirmative 14
forme négative 14
fossile 198
foyer 208
fraction 80, 82, 84
France 140, 144, 146, 148,

150, 151, 152, 154, 156, 168, 170, 178
frise chronologique 154
front 150
futur antérieur 28

Gg

gaz carbonique 190, 192
gaz naturel 198
génocide 152
géothermie 198
globule 192
gouvernement 162
Grande Alliance (la) 152
Grande Guerre / Première Guerre mondiale 150, 151
graphique 106, 112, 134
gratuite (école) 142
grève 149
groupe nominal 12
groupe sanguin 192

Hh

heure 126
héros 56
hexagone 118
hiberner 188
histogramme 112
Hitler 152, 153
homophones grammaticaux 38, 40
hydroélectrique 198

Ii

immigré 156
imparfait 34
impérative 14
indépendante 16
indicatif 28
indigène 144
inspiration 190
instituteur 142
instruction morale et civique 142, 143
Internet / internaute 174, 176, 178
interjection 6
intervalle 134
isolant 200

Jj

juge 162
Juif 152
juxtaposition 16

Ll

laïque (école) 142
langue courante / familière / soutenue 50
lave 206
LGV 170
liberté 140, 145, 160
litre 132
loi 140, 143, 144, 148, 160, 162
longueur 128
losange 116
Louis XVIII 140, 141
Louis-Napoléon Bonaparte / Napoléon III 140, 141
Louis-Philippe 140, 141

Mm

machine à vapeur 146, 147
magma 208
magnitude 208
maire 148
manteau terrestre 208
marais salant 194
marée noire 202
Marianne 140
masque à gaz 151
masse 132
matière première 144
mécanisation 148
mégalopole européenne 170
membres (pays) 154
métallurgie 147
microorganisme 202
migrer 188
milieu 186
mine 144, 147, 148
minute 126
missionnaire 144
monarchie (absolue) (constitutionnelle) 140, 141, 143, 145, 147, 149
mots en -é, -tié, -té, -ap, -ac 48
mot composé 40
mot outil 6
motrice 196
multiple 96
multiplication 90, 94, 126, 106
mutualisme 188

Nn

Napoléon Bonaparte / Napoléon Ier 140, 141
Napoléon III / Louis-Napoléon Bonaparte140, 141
narrateur 64
nature 180, 182
nature ou classe des mots 6
nazi 152
nombre décimal 84
nombre entier 78
nombre pair 96
noyau 208
nucléaire 198
numérateur 80
nutriment 190, 192

Oo

objet connecté 174, 176, 178
obligatoire (école) 142, 149
octogone 118
onde sismique 208
ordinateur 174, 179
oreillette 192
ouvrier 140, 148, 156,
oxygène 190

Pp

paix 151, 154,
parallèle (droite) 124
parallélépipède 120
parallèles 166
parallélogramme 116
Parlement européen 162
participe passé 50
passé composé 28
passé simple 30
patron 120
pavé 120
pays riche / pauvre 170, 172, 178, 183
paysage 168
pentagone 118
périmètre 114, 118, 130
perpendiculaire 124
perspective 120
Pétain 152
pétrole 198
photopile 198
phrase déclarative 14
phrase impérative 14
phrase interrogative 14
phrase simple 18
phrygien 140
pi 118
plaquette 192
plasma 192
pluriel du nom et de l'adjectif composé 36
plus-que-parfait 28
poème 74
poids 132
point chaud 206
pollution 166, 168, 170, 180, 202
polygone 116, 118
potable 202
poulie 196
pourcentage 102, 106
pouvoir exécutif 162
pouvoir judiciaire 162
pouvoir législatif 162
préfixe 56
Première Guerre mondiale / Grande Guerre 150, 151
préposition 6
président de la République 162
prisme 120
problème 134, 136
produit 90
pronom personnel 8
pronom relatif 10
propagande 152
proportionnalité 106
proposition indépendante coordonnée 18
proposition indépendante juxtaposée 18
proposition principale 16
proposition relative 12
proposition subordonnée 16
proposition subordonnée conjonctive 16
proposition subordonnée relative 14, 18, 20
prospérité 154, 156
puissances de l'Axe 152

puissance mondiale 150, 155
pyramide 120

Qq

quadrilatère 116
quart 102
quel 42
quotient 98, 100

Rr

radical 56
radioactif 202
rayon 118
récit 64, 66
rectangle 116, 130
recyclage 182
registre de langue 50
règle 160, 177
rein 192
religion 142
relire sa rédaction 74
renouvelable 180, 198, 202
répartition 136
République 140, 141, 142, 143, 144, 145, 147, 149, 160, 162
réseau alimentaire 189
réseau social 177
résister / résistance 152
respiration 190
ressource 182
restauration 140
reste 98, 100
résumer 64
Révolution 140
révolution industrielle 146, 148
richesse d'un pays 172, 179
rime 68
Royaume-Uni 150, 152,

Ss

sang 190, 192
seconde 126
Seconde Guerre mondiale 152, 154
secourir 158
séisme 208
sels minéraux 194
Sénat 162
sens figuré 52
sens d'un mot 52
sens propre 54
simplifier 80
sismographie 208
solide 120
soluble 194
suffrage 162
sommet 120
source d'énergie 198
soustraction 88, 92, 126
sphère 120
strophe 68
subjonctif 34
subordonnée 18
suffixe 56
sujet 20
superlatif 30
surexploitation 186
syllabe 68
symbole 160
symétrie 122
syndicat 148, 149

Tt

temps composés de l'indicatif 28
temps du récit 30
tercet 68
tétraèdre 120
texte documentaire 70
théâtre 70
tonne 132
tout 42
trafic
train 146, 166, 168, 170, 172
TGV 168, 170
traité 151, 153, 154
transfusion 193
transport 146, 166, 168, 170, 172, 180
trapèze 116
travail 144, 146, 148, 149, 156,
tremblement de terre 208
Trente Glorieuses 156
tri 182
triangle 114, 130
triangle isocèle 114, 122
triangle rectangle 114
turbine 198
type de phrase 14

Uu

Union européenne 162
Union soviétique 152, 153, 154
urgence (situation d') 158
urine 192
usine 146, 148

Vv

vaisseau 192
valeur approchée 100
vapeur (machine à) 146, 149
végétarien 188
végétaux 188
veine 192
ventricule 192
verbe 6
vers 68
vessie 192
ville 166, 168, 170, 172, 180
vitesse 110
volcan effusif 206
volcan explosif 206
volume 132

Ww

watts 146, 147

Droits de reproduction textes

Crédits photographiques

Guide parents

Achevé d'imprimer par Castelli Bolis - Italie Dépôt légal 99560 6 / 02 - Mai 2016

PAPIER À BASE DE FIBRES CERTIFIÉES

Hatier s'engage pour l'environnement en réduisant l'empreinte carbone de ses livres. Celle de cet exemplaire est de : 1.7 kg éq. CO_2 Rendez-vous sur www.hatier-durable.fr

Mathématiques

Tables de multiplication

2	3	4	5
1 × 2 = 2	1 × 3 = 3	1 × 4 = 4	1 × 5 = 5
2 × 2 = 4	2 × 3 = 6	2 × 4 = 8	2 × 5 = 10
3 × 2 = 6	3 × 3 = 9	3 × 4 = 12	3 × 5 = 15
4 × 2 = 8	4 × 3 = 12	4 × 4 = 16	4 × 5 = 20
5 × 2 = 10	5 × 3 = 15	5 × 4 = 20	5 × 5 = 25
6 × 2 = 12	6 × 3 = 18	6 × 4 = 24	6 × 5 = 30
7 × 2 = 14	7 × 3 = 21	7 × 4 = 28	7 × 5 = 35
8 × 2 = 16	8 × 3 = 24	8 × 4 = 32	8 × 5 = 40
9 × 2 = 18	9 × 3 = 27	9 × 4 = 36	9 × 5 = 45
10 × 2 = 20	10 × 3 = 30	10 × 4 = 40	10 × 5 = 50

6	7	8	9
1 × 6 = 6	1 × 7 = 7	1 × 8 = 8	1 × 9 = 9
2 × 6 = 12	2 × 7 = 14	2 × 8 = 16	2 × 9 = 18
3 × 6 = 18	3 × 7 = 21	3 × 8 = 24	3 × 9 = 27
4 × 6 = 24	4 × 7 = 28	4 × 8 = 32	4 × 9 = 36
5 × 6 = 30	5 × 7 = 35	5 × 8 = 40	5 × 9 = 45
6 × 6 = 36	6 × 7 = 42	6 × 8 = 48	6 × 9 = 54
7 × 6 = 42	7 × 7 = 49	7 × 8 = 56	7 × 9 = 63
8 × 6 = 48	8 × 7 = 56	8 × 8 = 64	8 × 9 = 72
9 × 6 = 54	9 × 7 = 63	9 × 8 = 72	9 × 9 = 81
10 × 6 = 60	10 × 7 = 70	10 × 8 = 80	10 × 9 = 90

Vocabulaire et formules de géométrie

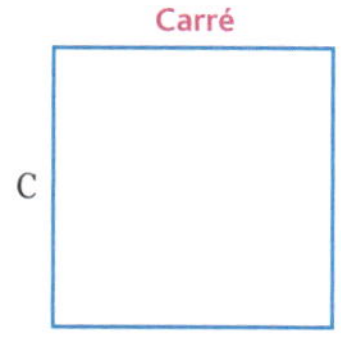

Périmètre = 4 × C
Aire = C × C

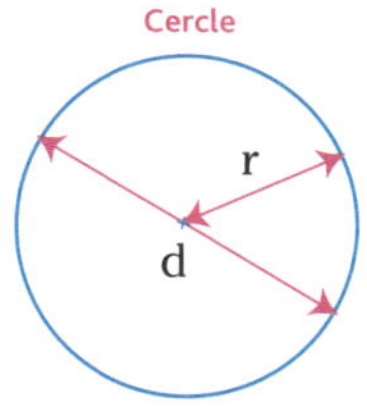

Périmètre = pi × d = 2 × pi × r

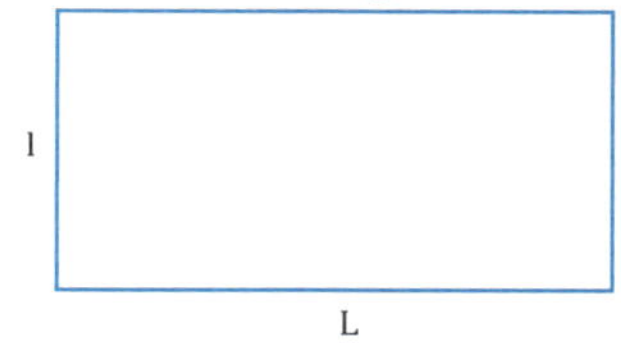

Périmètre = 2 × (L + l)
Aire = L × l

Différentes unités

Longueur		Aire		Masse		Capacité	
km	kilomètre	**km²**	kilomètre carré	**kg**	kilogramme		
hm	hectomètre	**hm²**	hectomètre carré	**hg**	hectogramme	**hL**	hectolitre
dam	décamètre	**dam²**	décamètre carré	**dag**	décagramme	**daL**	décalitre
m	mètre	**m²**	mètre carré	**g**	gramme	**L**	litre
dm	décimètre	**dm²**	décimètre carré	**dg**	décigramme	**dL**	décilitre
cm	centimètre	**cm²**	centimètre carré	**cg**	centigramme	**cL**	centilitre
mm	millimètre	**mm²**	millimètre carré	**mg**	milligramme	**mL**	millilitre

Durée

année	jour	heure	minute	seconde
1 an	1 j	1 h	1 min	1 s
(ou 365 j)	(ou 24 heures)	(ou 60 min) (ou 3 600 s)	(ou 60 s)	

De la première République à nos jours

LE PASSÉ RÉCENT

Mise en place de la République

1784-1900	Révolution industrielle
1789	Révolution française Déclaration des droits de l'homme
1792	**Ire République**
1799	Coup d'État de Napoléon Bonaparte
1804	Premier Empire, Napoléon 1er devient empereur.
1815	Restauration de la monarchie
1816	Premier bateau à vapeur en France
1830	Début des conquêtes coloniales
1841	Interdiction de travailler aux enfants de moins de 8 ans
1848	**Deuxième République**
1851	Limitation de la durée de travail des enfants
1852	Second Empire, Napoléon III devient empereur.
1852	Chemin de fer en France
1864	Droit de grève
1870	**Troisième République**
1882	L'école devient laïque, gratuite et obligatoire.
1884	Début des syndicats